La profecía de Orión

EDITORIAL KIER

Patrick Geryl

La profecía de Orión

Las profecías de los mayas y
de los antiguos egipcios

SEGUNDA EDICIÓN

EDITORIAL
kiER
*Desde 1907 un sello positivo
para un mundo que merece serlo*

Geryl, Patrick
   La profecía de Orión.- 1ª. ed. - 2ª. reimp. - Buenos Aires : Kier, 2004.
   256 p. ; 23x16 cm.- (Presencia del pasado)

   ISBN 950-17-1713-5

   1, Profecías I. Título
CDD 133.3

Título original: *The Orion Prophecy*
© 2001, by Patrick Geryl
ISBN: 0-932813-91-7
Adventures Unlimited Press, Kempton, Illinois
Enkhuizen, Holanda
Primera edición, Noviembre 2001
Todos los derechos reservados
One Adventure Place
Kempton, Illinois 60946, EE.UU.
Tapa:
Graciela Goldsmidt
Traductora:
Graciela Perillo
Correctora:
Delia Arrizabalaga
Diagramación de interiores:
Cálamus
LIBRO DE EDICIÓN ARGENTINA
Queda hecho el depósito que marca la ley 11.723
© 2004 by Editorial Kier S.A., Buenos Aires
Av. Santa Fe 1260 (C1059ABT), Buenos Aires, Argentina.
Tel. (54-11) 4811-0507 • Fax: (54-11) 4811-3395
http://www.kier.com.ar • E-mail: info@kier.com.ar
Impreso en la Argentina
Printed in Argentina

INTRODUCCIÓN

La motivación que me impulsó a escribir este libro fue el enojo, la desesperanza y la frustración. El sueño de mi vida se destruyó con una serie de descubrimientos que apuntan a una inminente catástrofe mundial, de hecho, la más grande de la historia de la humanidad. Nunca antes estuvo la Tierra tan densamente poblada, por lo tanto, este será un desastre sin parangón. Cuando me enteré, quedé destrozado y profundamente conmovido, sin poder conciliar el sueño durante noches enteras y esto comenzó a regir y dominar mi vida entera. Después de todo, esta estaba prolijamente planeada hasta ahora; pasé años siguiendo una dieta de frutas y verduras que me haría llegar a la edad de 120 años, invertí en varios fondos de pensión para poder jubilarme sin problemas de dinero, entonces ¡iba a poder disfrutar de 60 años de mi vida! y todo eso con una buena salud. Los que han leído mis libros anteriores saben de lo que estoy hablando. Las pruebas realizadas en animales han demostrado claramente que esto es posible, que su expectativa de vida aumenta entre un 30 y 100 por ciento cuando se alimentan con una dieta sana. Como no podía ignorar este hecho, decidí hacer lo mismo. La posibilidad de jubilarme rico y viajar por el mundo era una idea sumamente atractiva para mí. Entonces, mi sueño se hizo pedazos. De acuerdo con el libro *The Mayan Prophecies* [Las profecías mayas], la Tierra se destruirá el 21 ó 22 de diciembre de 2012. Las conclusiones del libro parecían correctas, aunque el autor sólo reveló una pequeña parte. Según los mayas, el magnetismo del Sol se dará vuelta ese día, causando probablemente un vuelco en la Tierra, con fatales consecuencias para la humanidad. Me sentí profundamente consternado. Un enorme desastre nos aguardaba, uno sin igual. Primero me paralicé y luego maldije e insulté con todo mi corazón. ¡Después de todo, recién podía cobrar mis jubilaciones en el año 2015! Hace veinte años firmé esta cláusula de no hacer efectiva ninguna suma antes de la fecha de vencimiento. De esa manera, el importe a pagar se incrementaría y yo podría tener una vida de lujos por décadas. Estaba completamente convencido de que había hecho un excelente negocio. Pero eso sucedió antes de leer ese libro en particular.

La profecía de Orión

Allí, toda mi certidumbre en la vida, al igual que todos mis sueños, colapsaron, entonces decidí investigar. Si este desastre en verdad va a ocurrir, yo tenía que comprobarlo con una sólida evidencia, pues se trata de la supervivencia de la humanidad.

Naturalmente, investigué y tuve éxito en develar este inminente desastre global. Prepárese para leer los descubrimientos más sorprendentes de nuestra moderna civilización. El desastre natural que nos golpeará excederá la comprensión de todos. Sus pensiones ya no tendrán valor; de hecho, ya cancelé las mías. No hay un solo gobierno que tome medidas para tratar de sobrevivir a la catástrofe y nadie lo creerá hasta que sea demasiado tarde. Por eso usted tendrá que controlarse y diseñar su propia estrategia de supervivencia. Yo actuaré como un banco de datos. Sobrevivir a tal inmenso desastre será sumamente difícil, si nada se ha preparado. Se destruirán los suministros de alimentos, no habrá atención médica y los profesionales que trabajan en los rescates, ellos mismos también habrán muerto. En resumen, sin un cuidadoso planeamiento no lo lograremos. Por lo tanto, debemos formar grupos urgentemente, para empezar a trabajar en esta enorme tarea. Será necesario construir "Arcas de Noé" para que nos transporten cuando lleguen las marejadas, y también procurarnos suministros de alimentos y energía. Habrá que hacer innumerables cosas y sólo nos quedan unos pocos años antes de la fecha fatal. Espero que se acerquen muchos voluntarios para poner en práctica la estrategia de supervivencia que detallaré en este libro.

Parte I

Descubrimientos asombrosos

1

EL ZODÍACO DE DENDERA

Luego de haber leído *The Mayan Prophecies* [Las profecías mayas] llegaron a mis manos algunas otras obras de esta índole. Según los autores del libro *When the Sky Fell* [Cuando el cielo cayó], la Atlántida se movió hacia el Polo Sur, debido a un enorme cambio de la corteza terrestre hace unos doce mil años. La base de esta hipótesis se halla en otro libro, *The Path of the Pole* [La senda del Polo] del profesor Charles Hapgood. En un prólogo para la primera edición de esta obra, Albert Einstein escribe:

"Con frecuencia recibo comunicaciones de personas que desean consultarme sobre sus ideas, que no han sido publicadas. De más está decir que estas ideas, rara vez tienen alguna validez científica. No obstante, la primera comunicación que recibí del Sr. Hapgood me dejó electrizado. Su idea es original, de gran simplicidad y, si puede demostrarse, será de gran importancia para todo lo que se relaciona con la historia de la superficie terrestre.

Gran cantidad de datos empíricos indican que en cada punto de la superficie de la Tierra que ha sido cuidadosamente estudiado, se han producido muchos cambios climáticos y aparentemente, de manera bastante repentina. Según Hapgood, esto es explicable si la corteza exterior de la Tierra, que es virtualmente rígida, de vez en cuando soporta un extenso desplazamiento de las capas interiores viscosas, plásticas y posiblemente fluídicas. Tales desplazamientos pueden tener lugar como consecuencia de fuerzas comparativamente suaves que se ejercen en la corteza y derivan del ímpetu de la rotación de la Tierra, la cual a su vez, tenderá a alterar el eje de rotación de la corteza terrestre.

El autor no se ha circunscripto a una simple presentación de esta idea, sino que también ha expuesto, con cautela y en profundidad, el rico material que apoya esta teoría del desplazamiento. Creo que esta idea algo asombrosa, incluso fascinante, merece una seria atención por parte de todo aquel que se interese en la teoría del desarrollo de la Tierra".

En ediciones posteriores, el profesor Charles Hapgood escribe:
"Los avanzados conocimientos de las condiciones de la corteza terrestre ahora sugieren que las fuerzas responsables de estos movimientos en la misma, se encuentran a cierta profundidad dentro de la Tierra, más que en su superficie.

A pesar de este cambio en el carácter de la explicación ofrecida sobre los movimientos, la evidencia de que estos se produjeron se ha multiplicado en los últimos años. Los temas principales del libro, es decir, los desplazamientos de la corteza que se han producido, incluso en una reciente historia geológica, y sus efectos en la formación de las características de la superficie de la Tierra, por lo tanto, permanecen inalterables".

Cuando tiene lugar un deslizamiento de la corteza, algunos continentes se mueven hacia los Polos y otros se alejan de ellos, y una ola gigantesca cruza toda la Tierra. Los sobrevivientes no pudieron hacer otra cosa más que huir de su tierra condenada, el día en que la Atlántida se movió hacia el Polo Sur; y en este libro demostraremos con claridad que tales cosas sucedieron. Inmediatamente después de los acontecimientos, la agricultura prosperó en distintas partes del planeta. Esto, sin dudas, relaciona la muerte de un mundo con la fundación de nuevas culturas en los lejanos continentes. Así, los atlantes estuvieron presentes no sólo en el origen de la cultura maya, sino también en el de la india, china y egipcia. Casi todos están familiarizados con la leyenda de la Atlántida, la tierra que desapareció en terribles terremotos de desconocida intensidad. El filósofo griego Platón tuvo noticias de ello, en el antiguo Egipto. Si todo esto es verdad, entonces tiene que haber una conexión entre las profecías maya y egipcia.

Revisé varias obras sobre cultura egipcia y sus grandes logros me impresionaron cada vez más.

Un caleidoscopio de templos, pirámides, obras de arte, esfinges, etc., desfilaron ante mis ojos, pero no hallé la conexión; eso fue frustrante. Les conté a varias personas amigas sobre mis malogrados intentos, hasta que uno de ellos me preguntó: "¿No has leído aún *Serpent in the Sky* [La serpiente en el cielo]?" "No, ¿quién lo escribió?"

"John Anthony West. Estuvo en televisión el otro día con un documental sobre la Esfinge. Mostraron evidencia de que la Esfinge es miles de años más antigua de lo que siempre se ha pensado y que el secreto conocimiento de la Atlántida tal vez esté oculto justo debajo de ella".

"¡Ahí está!" pensé, si los atlantes manejaban esta importante información, entonces tenían que estar interconectados con el mundo egipcio. Empecé a leer el libro y me sorprendió que yo hubiera subestimado su inteligencia. Sus matemáticas tenían un nivel sumamente alto y el libro contiene ejemplos de ello; en verdad, me asombró sobremanera. También me enteré de que nadie logró traducir aún una parte importante de los jeroglíficos. "¡Qué mal!", pensé, "si debo empezar aquí, esto será una tarea imposible". Leí casi el noventa por ciento del libro, aprendí muchísimo, pero no lograba avanzar, hasta que comencé el capítulo denominado *"Egypt: Heir of Atlantis"* [Egipto: Heredero de la Atlántida]. En él, West comenzó a investigar la edad de la Esfinge, siguiendo una sugerencia del filósofo francés R. A. Schwaller de Lubicz, quien dijo que los patrones de erosión sobre la Esfinge apuntan a ser más antiguos de lo que siempre se ha asumido. Demostrar esto se convirtió en el motivo de su vida. De ser cierto, testimoniaría que la civilización egipcia es miles de años más antigua de lo que comúnmente se creyó y que provendría de la Atlántida.

Estaba por terminar el libro, pero aún no hallaba nada que resultase de utilidad para mi investigación y estuve a punto de abandonarlo, cuando en la anteúltima página, algo llamó mi atención. Allí vi fotos y dibujos del zodíaco de Dendera; se lo veía radiante y misterioso al mismo tiempo. Yo nunca había sido un creyente de las predicciones de un zodíaco y su existencia casi me hacía reír. Pero entonces, en una décima de segundo, mi manera de razonar y también mi vida, cambiaron profundamente. Cada vez más perplejo miré las antiguas escrituras; eran una sublime obra de arte, algo especial y único en la ciencia arqueológica. Más aún, eran mágicas, inspiradoras y tenían cierto encanto. Supe que Cotterell halló muchos más códigos en la tumba de Palenque, de los que alguien podría imaginar a primera vista y aquí también, tuve la sensación de que este sería el caso. Pero ¿cómo descifrar el código? Los jeroglíficos superaban con largueza mi comprensión, y los dibujos, aunque mucho más claros, contenían un código terriblemente difícil.

Un enigmático secreto del pasado

Esta obra de arte no fue realizada para reírse de ella y luego dejarla de lado. Muchas personas creen en las predicciones del zodíaco, por lo tanto,

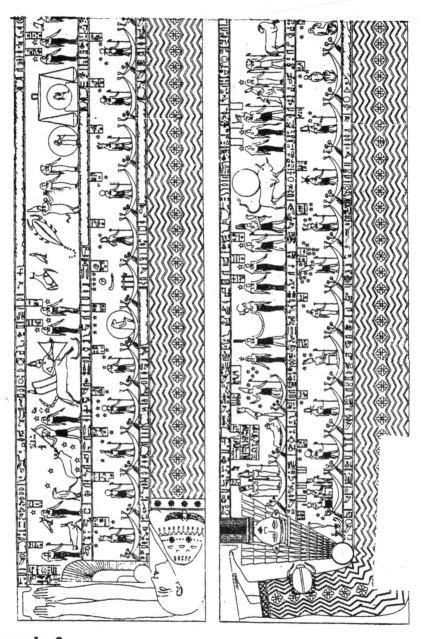

Figuras 1 y 2.
El Zodíaco de Dendera de ángulo recto, una de las creaciones más enigmáticas de los antiguos egipcios.

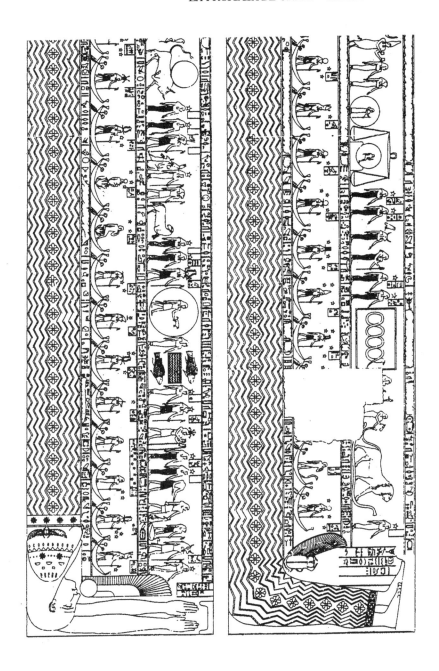

asumamos que está basada en la realidad. Aceptemos también que los autores del zodíaco querían compartir parte de su sabiduría, por ejemplo, el día del fin de la Atlántida y el día del próximo cataclismo. ¡Eso debe ser! ¡No puede tratarse de ninguna otra cosa!

¡El zodíaco predijo la fecha exacta del próximo fin de la Tierra!, y fue mi intuición la que me condujo a esta conclusión. Más adelante, claramente, lo intuido resultó ser cierto. Sentí que con gusto estaba dispuesto a dar parte de mi vida para resolver estos acertijos, aunque por supuesto no podía hacerlo solo. Necesitaba con urgencia la ayuda de un egiptólogo, pues esta era la única manera de revelar los antiguos misterios.

Pero ¿a quién convocar? Hice algunos contactos, pero ellos no estuvieron interesados. Entonces, la suerte dio un giro a mi favor. Una periodista del diario belga *Het Belang Van Limburg* vio un artículo sobre mí en el mayor periódico holandés, *The Telegraph*. En este artículo, yo explicaba que vivía a base de una "dieta de hambre", consistente en frutas y verduras, con el propósito de alcanzar la mayor longevidad. Hasta ese momento, era el único en Bélgica y los Países Bajos que lo estaba intentando; en EE.UU. había fácilmente unos cien voluntarios, pero aquí el interés era escaso. La periodista decidió que quería conocerme y escribir un artículo, incluso, lo redactó ese mismo día porque al siguiente se iba de viaje. El artículo debía aparecer dos o tres días más tarde y, por cierto, yo compré el diario para el que ella trabajaba, todos los días subsiguientes. Hasta que se desató el mayor escándalo sobre pedofilia en la historia de Bélgica. La noticia cubría todos los periódicos y mi artículo quedó de lado durante un tiempo. No obstante, el sábado 17 de agosto de 1996, compré el periódico. Coincidentemente, leí un artículo sobre astronomía en el cual se hablaba del astrónomo Gino Ratinckx, quien estaba interesado específicamente en la arqueoastronomía. Para ser más preciso, estaba buscando una similitud entre ciertas constelaciones estelares y la ubicación de antiguos templos, como las pirámides de Giza, por ejemplo, que están emplazadas de acuerdo con la constelación de Orión. Él tenía sumo intenso interés en esto. El artículo mencionaba su domicilio y número de teléfono; vivía en las afueras de Amberes, muy cerca de mi casa. Recorté el artículo y lo guardé, pues antes de establecer el contactarlo, quería leer el libro *Keeper of Genesis* [El guardián del Génesis], en el cual Bauval y Hancock demuestran de manera brillante, dónde los atlantes enterraron su secretos conocimientos. Luego de leerlo, llamé a Gino Ratinckx. Esta llamada iba a cambiar mi vida para siempre.

"Sr. Ratinckx, le habla Patrick Geryl. Leí un artículo sobre usted y me gustaría conocerlo personalmente".

"¿De qué desea hablar?"

"En el libro *The Mayan Prophecies* se describe cómo el autor descifró el código de los mayas. Tengo un libro con el zodíaco de Dendera y estoy convencido de que, similarmente, también contiene códigos. ¿Podría ayudarme a descifrarlos?"

"¡Oh, eso no va ser ningún problema! Hice un estudio sobre el templo de Dendera para mi examen de arqueología".

Al oír esto, mi corazón se llenó de gozo y le pregunté: "¿Es posible que nos encontremos para discutirlo?"

"El próximo miércoles a la noche me viene bien".

Era lunes a la noche y, en dos días más, probablemente iba a hallar un avance real en mi investigación. Entonces le pregunté: "¿A las ocho está bien?"

"Venga a mi casa, ¡ah! y llámeme Gino".

La primera reunión

Miércoles a la noche, ocho menos diez. Nervioso, toqué el timbre. Gino abrió la puerta. Decididamente, me resultó un hombre agradable. Me llevó al primer piso; allí estaba su computadora, sobre un caótico escritorio. Al mirar alrededor vi algunos muebles antiguos muy bonitos y las paredes cubiertas con las pinturas de su esposa. Nos sentamos a la mesa y le mostré la pila de libros que había leído.

"Mire", comencé, "según los mayas, el año 2012 deparará un desastre porque habrá un cambio en el magnetismo solar, y ahora que he visto esta foto y estos dibujos del zodíaco, por alguna razón estoy convencido de que allí hay códigos ocultos".

"Bueno, usted ha llegado al lugar indicado, pues yo participé de la investigación sobre el significado de algunos de los códigos mayas".

Bueno, pensé, ¡esto no podría haber resultado mejor! Entonces proseguí: "¿Tiene usted alguna idea sobre cómo podemos manejar esto?"

"Las ideas no son un problema para mí, pero sí tengo dificultad para escribirlas; de hecho, soy incapaz de producir un libro escrito con fluidez".

Sonreí, era justo para mí. Yo ya había escrito seis libros y en uno de ellos demostraba que la teoría de la relatividad era incorrecta. Hasta ese momento no lo había mencionado, pues, como Gino era astrónomo, tal vez se hubiera sentido un poco alarmado al oír que yo disentía con Einstein. Pero como parecía muy afable me animé y le dije: "Puede dejar la escritura para mí; ya he escrito varios libros, incluyendo uno en el cual demuestro que los quásares ¡son inconsistentes con la teoría de la relatividad!"

Esto captó la atención de Gino y con cierta sorpresa me preguntó: "¿En verdad? ¿Y puede explicármelo?"

"Usted sabe que cuando la velocidad de un objeto aumenta, su masa también aumenta, según los cálculos de Einstein. Cuanto más nos aproximamos a la velocidad de la luz, más aumenta la masa. Ahora, imagine que hay un bulto de masa increíblemente grande al final del universo. Con sus fuerzas gravitacionales "tira hacia sí" los sistemas estelares en el centro del universo. Lentamente, comienzan a moverse en su dirección. En miles de millones de años, la masa de los soles pertenecientes a dicho sistema aumenta. Por cierto, pierden masa por la radiación, pero la ganan por aumento de masa. Todos saben que cuando la masa de un planeta aumenta, la fuerza gravitacional también aumenta. En la Luna, por ejemplo, usted puede saltar diez metros con total facilidad, pero en Júpiter casi no puede moverse. Debido a este aumento de la masa de un sistema estelar, el sistema mismo está sujeto a un continuo proceso de achicamiento. Finalmente, el sistema colapsará y se convertirá en un quásar".

Gino me miró sorprendido y respondió: "Es la primera vez que oigo esta teoría, pero me parece lógica. ¿Puede darme más evidencia?"

"Si la velocidad de un sol aumentara a la velocidad de la luz, su masa también aumentaría. Todos los astrónomos saben que el lapso de vida de un sol depende de la cantidad de su masa. Cuanto más pesado es el sol, más rápido será el proceso de envejecimiento. Tomemos nuestro Sol, por ejemplo. Tiene una expectativa de vida de diez mil millones de años. Un sol con el doble de esta masa sólo tiene una expectativa de vida de ochocientos millones de años. Esto es así porque las fuerzas gravitacionales internas aumentan tanto que las reacciones nucleares se aceleran. Un sol que aumenta en velocidad y, por lo tanto, en masa, se quemará más pronto y tendrá una vida más corta. Yo la denomino la paradoja de la gravitación cuántica".

Gino reaccionó con entusiasmo y me preguntó: "¿Existe alguna otra consecuencia?"

"Escribí las principales consecuencias en mi libro *A New Space-Time*

Dimension [Una nueva dimensión del tiempo y el espacio]. Una de ellas, bastante importante, es que la galaxia se está expandiendo a un ritmo acelerado.[1,2] Otra es que el noventa por ciento del universo contiene sistemas estelares explosivos, los cuales están pereciendo, debido al aumento de la fuerza gravitacional. Desde un punto de vista estrictamente científico, la vida extraterrestre es imposible allí, por lo tanto, la vida tiene que estar limitada al centro del universo. Por cierto que esto incluye a muchos sistemas estelares, pero son muchos más de lo que todos piensan. Las series de televisión como 'Viaje a las estrellas' están profundamente equivocadas, pues su historia trata de mundos que no podrían existir de ninguna manera".

"Lo que usted me está diciendo aquí podría ser cierto y si se publicara, podría provocar bastante consternación. Pero está bien, hay algo que debemos hacer primero: descifrar el código Dendera".

Gino tomó un libro de un estante: "Pienso que tengo precisamente lo que necesita. Aquí está la decodificación de *The Egyptian Book of the Dead* [El libro egipcio de los muertos]. Hasta la fecha de publicación de este libro, nadie había logrado decodificar las veneradas escrituras. Este autor, Albert Slosman, lo hizo, y ¡quedará sorprendido por su contenido!"

Con respeto, tomé el libro en mis manos y, de inmediato, me di cuenta de que había generado en mí un intenso sentimiento. ¡Este era el indicado! Y aquí yo iba a hallar códigos de suma importancia. Esa misma noche empecé a leer la obra y hallé claves de una catástrofe.

---

[1] Fue confirmado por los astrónomos en 1998.

[2] El viernes 23 de noviembre de 1990, la televisión belga (BRT) difundió esta teoría durante 15 minutos. En ese entonces, Patrick Geryl fue el único en el mundo que difundió con precisión esta expansión acelerada del universo. En 1983 también predijo correctamente que IRAS [Satélite Infrarrojo Astronómico (N. de la T.)] iba a encontrar miles de millones de galaxias en el infrarrojo. Nuevamente, fue el único que hizo esta afirmación en ese entonces. Esto se publicó en el diario belga *Het Laatste Nieuws*, el 11 de febrero de 1983. Su correspondencia con G. Neugebauer —del Instituto de Tecnología de California— y Peter Clegg —de la Facultad Queen Mary (Universidad de Londres)—, lo confirma. Ambos fueron responsables de la interpretación de los resultados de IRAS. Todos estos hechos demuestran la validez de estas teorías.

2

CLAVES PARA UNA CATÁSTROFE

Leer el libro *Le Livre de l'au-delà de la vie* [El libro de allende la vida] no resultó nada simple. Yo no entendía francés muy bien y hasta un simple texto ya me resultaba difícil, por lo tanto, esto era mucho más complicado. Una secuencia de palabras inusuales, códigos misteriosos, sagradas escrituras y arcaicas palabras mitigaron mi entusiasmo. Tuve que leerlo siete veces para comprenderlo.

Afortunadamente, mi intuición no me abandonó y no pasó mucho tiempo antes de que yo comprendiera la importancia de algunos de los códigos. Todo el resto era menos importante para mi investigación. Lo que había leído era suficiente para poner el mundo de la egiptología patas para arriba. Las traducciones del Libro Egipcio de los Muertos eran desastrosas, estaban tan llenas de flagrantes errores e interpretaciones equivocadas, que no quedaba nada de su significado original. Sólo Albert Slosman logró traducir las venerables escrituras correctamente y yo pude distinguir con claridad sus asombrosas conclusiones. En primer lugar, el título del libro era una versión errónea, pues debería llamarse *El libro de la luz* y no *El libro de los muertos*. ¿Por qué este título? Porque describe con precisión los acontecimientos celestiales que se produjeron durante la caída de la Atlántida. Más aún, describe cómo los sobrevivientes fueron guiados por el Sol en su huida a Egipto. Como lo más importante fue lo sucedido en el Sol mismo. Como el tema central de las escrituras es, en especial, el hecho de que el Sol irradiaba la luz de la luz —en otras palabras, una luz increíblemente intensa—; el nombre correspondiente es *El libro de la luz*. A fin de informar cuán razonables son los hallazgos hechos, se presentan los jeroglíficos originales junto con la traducción del primer verso:

Soy el más Elevado, el Primero, el Creador del Cielo y
la Tierra, soy el Moldeador de los cuerpos humanos,

y el proveedor de las partes espirituales. He colocado al Sol sobre un nuevo horizonte, como un signo de benevolencia y como prueba de la Alianza.

Explicación: él levantó el Sol naciente hacia un
nuevo horizonte, entonces la nueva Tierra se hizo realidad.

Para hacerlo, los Mandamientos del Creador,
verificados por el más Elevado de Todos, actuando por medio de las Almas
de los Antepasados, fueron transmitidos a los más jóvenes,

siendo sus cuerpos traídos nuevamente a la vida, por haber
empezado a funcionar los Ocho Lugares.

En esta correcta traducción, los códigos astronómicos derraman una nueva luz sobre el origen y la religión de Egipto. Si comparamos esta versión con las otras, las diferencias son realmente notables. Los egiptólogos tan sólo usan jerigonza.

Sin embargo, en la interpretación de Slosman uno puede hallar cosas lógicas, con un poco más de estudio. Más aún, parece que los atlantes conocían y usaban el zodíaco para procesar datos astronómicos.

El día de la destrucción: "He colocado al Sol sobre un nuevo horizonte". Esta es una acertada traducción. Más adelante, en el libro se dice que el Sol "da vueltas" en el zodíaco (= cordón), lo cual significa que el Sol se mueve por los signos del zodíaco. La única interpretación correcta para esto es que no es el Sol sino la Tierra la que giraba sobre su eje. Este girar sobre el eje hizo que el Sol se elevara a un nuevo horizonte. En otras palabras, la corteza terrestre se había movido, tal como yo lo había leído en otros libros.

La teoría de la obra *The Path of the Pole* [La senda del Polo] sostiene que la corteza de nuestro planeta ha sufrido reiterados desplazamientos y que estos se produjeron con mucha rapidez; en cuestión de días o tal vez de horas. Hapgood explica que el caparazón exterior de la Tierra se mueve de tanto en tanto, trasladando algunos continentes hacia los polos. Como resultado de sus estudios, Hapgood asevera en una nota preliminar de su libro *The Path of the Pole:*

> Hasta hace una década, la idea de que los polos a menudo han cambiado su posición en la superficie de la Tierra era considerada como extrema, improbable y sin sustento, siendo apoyada por gente un tanto excéntrica. Nadie con cierto renombre en el mundo de las ciencias iba a tener algo que ver con esto.
>
> Las modas cambian; actualmente, todos los libros que tratan sobre las ciencias de la Tierra dedican espacio al deambular de los polos y a los impulsos continentales.
>
> Este libro presentará evidencia de que el último movimiento de la corteza terrestre (la litosfera) tuvo lugar en tiempos recientes, a fines de la última era glacial.

Como ya lo ha leído anteriormente, los egipcios hablan en sus textos en carácter de testigos de esos notables acontecimientos. Quedé sin aliento cuando empecé a darme cuenta de esto. En otra nota, hallé que este evento, "el gran cataclismo", sucedió el 27 de julio de 9792 a.C. He aquí los jeroglíficos:

Soy la temible luz encendida

que navega por el cordón, permitiendo desde lejos,
en el firmamento, que se juzguen las acciones de todos.

Explicación: Su nombre es Osiris (Orión). Descripción: Él es la semilla del contenido de todos los cuerpos humanos. Segunda descripción:

Su nombre comanda desde lo alto las partes espirituales
en los cuerpos humanos. Tercera descripción:

El nombre del Glorioso brilla
eternamente en lo infinito. Él crece todos los días

en el firmamento de las estrellas.

Explicación: el Sol feroz que se quema muestra que su campo magnético
se ha dado vuelta. Esto se cumple por violentas explosiones en la superficie
solar, mediante las cuales, el Sol parece "incendiarse" (ver Figura 3).

La configuración estelar de Orión está señalada como el principal culpa-
ble de este acontecimiento. Juzga a las almas humanas y su supervivencia.
Más adelante menciona que Orión está conectada directamente con el código
para calcular el cambio del campo magnético del Sol; así tenemos entonces, el
código de Orión de las pirámides de Giza. Fueron puestas ahí para advertirnos
que Orión es de suma importancia para nosotros y debe ser estudiada minuciosamente. En los escritos de Ibrahim Ben Ebn Wasuff Shah, leemos: "El complejo de Giza fue construido para conmemorar un tremendo cataclismo en el sistema planetario de la Tierra, que afectó al globo, con fuego e inundaciones".

Llamé a Gino y se lo expliqué. "Gino, te habla Patrick, tengo un problema.
Según las venerables escrituras, Orión concordaría con ciertos códigos del día
del cataclismo. ¿Podrías averiguar esto?"

"Ahora sí que tenemos un problema. Yo sólo puedo reconstruir en parte la
posición de las estrellas y los planetas, tanto en el futuro como en el pasado.
¿Tiene alguna idea sobre qué códigos está buscando?"

"En realidad, no. No logro decodificarlos correctamente. He estado devanándome los sesos durante días, pero no lo hallo".

"Bueno, sí, eso puede llegar a ser un problema; las posibilidades son enormes".

Figura 3.
Antiguos textos describen un catastrófico cambio en el campo magnético del Sol.

Entonces, algo me sucedió: "Espere un minuto", dije, "los códigos del pasado tienen que coincidir exactamente con los códigos del 21 / 22 de diciembre de 2012. ¡Tienen que hacerlo! Si las estrellas y planetas durante la desaparición de la Atlántida tuvieron cierta posición, esto apunta a una similitud con ese acontecimiento; esa era su manera de describirlo".

Gino, de inmediato estuvo de acuerdo con mis hallazgos y se dispuso a trabajar los dos días siguientes. Pero se fue de vacaciones por más de una semana y la tarea quedó inconclusa. Me llamó a su regreso: "Tengo noticias alarmantes, Patrick, las posiciones de Orión y Aldebarán coinciden de manera precisa con ambas informaciones. Yo lo había calculado manualmente y ocurre tres veces en doce mil años. La otra fecha es 3114 a.C. Eso podría ser correcto porque varios pueblos, entre ellos los mayas, comienzan su era desde este punto".

¡Allí estaba! Me sentía como si estuviera dando saltos mortales. Con esta prueba quedaba irrefutablemente demostrado que la fecha de la destrucción del mundo en el año 2012 provenía de los atlantes. Más aún, los egipcios tenían que conocer esta fecha también. Pero esto era para más adelante. Nadie podía negarlo: la fecha de la destrucción de la Atlántida era ciento por ciento correcta. Esto hizo del trabajo de Slosman algo incontestable de un solo golpe. El mundo egiptólogo entero podrá hacer lo que le plazca, ¡pero la Atlántida era un hecho! Y con él, también la desaparición futura de nuestro mundo. El hecho de que yo hubiese resuelto esto tan rápidamente me dejó sin habla. Algunos meses después, Gino me dijo que sus cálculos no eran una prueba real, pero para entonces ya habíamos descifrado los verdaderos códigos de la destrucción, contenidos en las venerables escrituras egipcias. Con esto teníamos la prueba definitiva de la exactitud de nuestra teoría. Media hora más tarde me encontraba observando, junto a Gino, el cielo del año 2012.

"Observe con cuidado", me dijo Gino. "Programé el horizonte sobre El Cairo; puede ver a Venus elevándose justo sobre las pirámides, seguido de otras constelaciones y de Orión".

Me dejó sin aliento. "¡Oh!", exclamó Gino sorprendido, "aquí hay algo que se me escapó antes".

Miré con atención el programa de la computadora y le pregunté: "¿A qué se refiere?"

"Venus pasa por los signos de la Serpiente y Escorpio; la serpiente es un importante símbolo mitológico tanto para los mayas como para los egipcios, pero el escorpión también era temido".

"Posiblemente recibieron sus nombres por los acontecimientos de la Atlántida, o por los que vendrán en el año 2012", repliqué.

"Es posible. De ese modo, tanto la Serpiente como Escorpio pudieron haberle dado un simbólico mordisco mortal a Venus, ¡y eso puede llegar a explicar muchas cosas!"

Yo temblaba de emoción, pero también de miedo. Mi suposición parecía ser verdad, por lo tanto, la Tierra entonces iba a ser golpeada por un gigantesco cataclismo; los códigos lo demostraban con suficiente claridad. ¡Rayos, entonces era cierto, después de todo! Entusiasmado con esta serie de descubrimientos, me fui a casa. Esa noche no pude dormir; pensaba en eso una y otra vez. El cataclismo anterior había sucedido en la era de Leo (10.960 a 8800 a.C.).

La Esfinge, acerca de la cual tanto se habla actualmente, no sólo tuvo un significado astrológico o mitológico, sino también uno práctico. Fue construida por los sobrevivientes de la Atlántida para advertirnos de lo que había ocurrido. Pero eso es sólo una parte de la historia. Esta Esfinge, junto con los otros códigos de las pirámides, tienen que brindarnos un indicio de la fecha del próximo cataclismo; y de esto trata toda la "religión" egipcia. Es un gigantesco monumento arqueoastronómico que nos dice exactamente lo que sucedió y lo que volverá a suceder. ¡No podrían haberlo hecho más grande! Aun así, lo hemos ignorado durante mucho tiempo. Ahora que ya casi es demasiado tarde, los códigos empiezan a irradiar sus signos de advertencia. Si el mundo no va a recibir la información, la humanidad será nuevamente reducida por miles de años a un estado primitivo. Esta era mi tarea: pulsar el botón de alarma. No tenía sentido seguir esperando. Entonces, decidí comenzar un libro de inmediato para que se publiquen las primeras conclusiones. Nadie podrá culparme alguna vez de no haber hecho nada. Sólo espero que este mensaje ominoso sea comprendido a tiempo. No pueden iniciarse los preparativos necesarios con un

Figura 4.
Los leones en dirección opuesta son un símbolo de que el Este se convirtió en Oeste y viceversa.

año de anticipación, pues no habrá el tiempo o el poder suficiente para que se logre el éxito en la operación de rescate más grande de todos los tiempos.

Al día siguiente de haber imaginado que la Tierra temblaba y que miles de millones de personas morían en una gigantesca marejada demoledora, empecé a escribir mi mensaje de advertencia.

Cuando el Sol pasó el décimo sexto grado del signo de Leo en el año 9792 a.C., el infierno se desató. Una luz abrasadora proveniente de aquel alcanzó la Tierra y el cielo pareció desmoronarse, pero de hecho, la Tierra se inclinó. El símbolo de los dos leones es una ilustración de nuestra evidencia.

La interpretación correcta del símbolo de los dos leones es la siguiente: al sufrir la corteza terrestre un desplazamiento, los continentes ya no se encontraron en su posición original. Pero hay más todavía: cuando el Sol volvió a salir en el horizonte, este era un nuevo horizonte porque la Tierra se había dado vuelta. Los egipcios simbolizaron esto, agregando una cruz de asa, que es el símbolo de la vida eterna en Egipto. El Sol iría a quedarse en ese horizonte hasta el día del próximo cataclismo, después del cual puede empezar un nuevo ciclo de destrucción y resurgimiento. El profesor Frank C. Hibben describe la magnitud de la destrucción provocada por el último cataclismo, en la obra *The Lost Americans* [Los americanos perdidos]:

> Parecería que en medio de un cataclismo catastrófico hace doce mil años, todo el mundo viviente de animales y plantas de Alaska se congeló de repente, en plena actividad, originando así un tétrico acertijo [...] Los grandes animales que le habían dado el nombre al período se extinguieron y su muerte marcó el fin de una era.
>
> Pero ¿cómo murieron? ¿Qué fue lo que causó la extinción de cuarenta millones de animales? Este misterio constituye una de las más antiguas historias de detectives en el mundo. Un buen relato detectivesco incluye seres humanos y muerte, condiciones que se hallan al final del pleistoceno. En este caso particular, la muerte tuvo tan colosales proporciones que daba vértigo contemplar sus rastros [...]
>
> De los fosos de estiércol del valle del Yukón hemos obtenido el cuadro de una rápida extinción. Las pruebas de violencia allí son tan obvias como las de los campos del horror en Alemania. Esas pilas de cuerpos de animales o personas no ocurren simplemente porque haya intervenido un

medio natural común[...]

A través del estiércol de Alaska también hay evidencia de que hubo alteraciones atmosféricas de una violencia sin par. Los mamuts y bisontes, por igual, fueron destrozados y retorcidos como por una mano cósmica en un arranque de furia divina... Los animales fueron desgarrados y desparramados por todo el paisaje como si se tratase de hebras de paja e hilo; aunque algunos de ellos pesaban varias toneladas. Mezclados con las pilas de huesos se encuentran los árboles, también retorcidos, destrozados y apilados en grupos confusos; y todo esto cubierto por un fino estiércol cernido que, al congelarse, quedó en estado sólido.

Esto sucedió la última vez. Ahora nos encontramos frente al próximo cataclismo. ¿Será en la parte final de la Era de Piscis, la cual finaliza en 2016, o en la Era de Acuario? Estamos buscando la respuesta a esta pregunta, urgentemente. El momento del próximo cataclismo ha sido descripto en el zodíaco de Dendera. Descifrar el código es un proceso difícil, pero estamos logrando algún progreso. De hecho, por el libro de Slosman, sabemos que la posición de las estrellas durante el cataclismo anterior tiene que concordar con su posición en el año de la próxima hecatombe. Es fácil, ¿no es cierto? Sinceramente, espero que en verdad sea así de fácil. Pero además del zodíaco simbólico hay algunos otros códigos y glifos que complican sumamente el caso. Esperamos recibir alguna ayuda de otro libro de Slosman, *Les Divines Combinaisons* (Las combinaciones divinas). En él, trata de descifrar los códigos. Pero esta obra apareció sólo en una edición limitada y fue objeto de burla de los egiptólogos oficiales. La suegra de Gino está haciendo todo lo posible para conseguir un ejemplar; hemos depositado toda nuestra esperanza en ella, aunque aún no hemos tenido suerte.

Un terrible secreto del pasado

Al comparar la información de las venerables escrituras con los datos de otros libros que he leído, muchas cosas se aclaran. Surge que una luz incandescente alcanzó la Tierra. Según los mayas, se produciría un cambio en los polos magnéticos del Sol en el año 2012. Entonces, desde el interior del Sol, se liberarán enormes fuerzas electromagnéticas con un poder desconocido. Llamaradas gigantes desde el Sol enviarán una descomunal onda de partículas a la Tierra. Este fenómeno se ha observado recientemente y se ha confirmado en dos soles. Durante varias horas exhibieron una actividad explosiva, después de la cual regresaron a su estado normal. Los astrónomos se preguntaban si este sería un acontecimiento único o si podría ocurrir más a menudo. ¡Pueden estar seguros de que volverá a ocurrir! Nuestro Sol también muestra este tipo de patrón.

Las partículas que son expulsadas harán que la atmósfera de la Tierra "entre en llamas" con un efecto verdaderamente destructivo en las Bandas de Van Allen [Ver N. de la T]*. Debido al continuo flujo de electromagnetismo, el campo magnético de la Tierra se sobrecargará, billones de partículas llegarán a los polos y se generarán desconocidas fuerzas eléctricas, en resumen, una pesadilla para todos. Cuando los polos se llenen de auroras de las partículas que caen, lo inevitable sucederá: el campo interior electromagnético de la Tierra se sobrecargará y estallará, siendo esto un megacircuito corto con efectos superletales. Toda la atmósfera del planeta sin una protección magnética, será bombardeada por partículas que caen. El campo magnético de la Tierra funciona para protegernos, dirigiendo partículas electromagnéticas a los polos, pero esto se tornará imposible. Las partículas van a penetrar en la Tierra desde todas partes, generando una intensa radiación, tanto en luminosidad como en radioactividad. El cielo completo podría describirse como si ardiera con toda intensidad, o como dicen las sagradas escrituras: "la luz de las luces se encuentra alrededor del mundo, ahora". Y ese es el preludio del cataclismo. El núcleo de hierro de la Tierra es magnético; debido al desplazamiento del núcleo magnético, la Tierra comenzará a moverse hacia el otro lado. En consecuencia, la corteza terrestre exterior se desgajará, en otras palabras, quedará "flotando", suelta, ya no estará aferrada a su "patrón". Si usted se encuentra en el planeta en ese momento, este se inclinará unos miles de kilómetros en un par de horas. Al mirar al cielo parecerá que este "se viene abajo", como lo describen las antiguas escrituras. Se producirán sismos gigantescos. Las láminas terrestres se moverán, las montañas se elevarán allí donde no había nada, partes de la tierra se abrirán y colapsarán, las montañas van a desmoronarse, la tierra se hundirá en el océano y los volcanes entrarán en erupción en muchos lugares. En resumen, la peor de las pesadillas no podría ser tan terri-

---

* [N. de la T.]: Son cinturones de radiación, descubiertos por James Alfred Van Allen, físico estadounidense.

ble para describir la destrucción de este mundo. Para saber cuán dramáticos fueron los acontecimientos hace 12.000 años, puede leer *The Path of the Pole*. Allí, Hapgood escribe:

> Un número considerable de antiguas playas que ahora se hallan en grandes elevaciones sobre el nivel del mar —y a veces, tierra adentro, lejos de las actuales costas—, evidencian cambios verticales prácticamente drásticos en las posiciones de las masas de la Tierra. Así, el geólogo P. Negris dijo haber encontrado evidencias de playas en tres montañas de Grecia, a saber, Monte Hymeto, Monte Parnaso y Monte Geraneia, a 1.400, 1.500 y 1.700 pies, respectivamente, sobre el nivel del mar; también encontró una playa en el Monte Delos, a 500 pies.
>
> Sobre la costa de la Baja California pueden hallarse rastros de costas "labradas" por las olas, ahora en perfecto estado de preservación, y en algunos casos, a unos mil quinientos pies sobre el nivel del mar. Estos rasgos son testimonios de las más grandes perturbaciones, producidas por los terremotos que visitaron la región en épocas recientes.

Sería posible multiplicar interminablemente la evidencia de las playas elevadas que se hallan en todas partes del mundo, y muchas de ellas pueden implicar cambios en las elevaciones del fondo del mar, como lo sugiere Umbgrove.

Una de las características más sobresalientes de la superficie terrestre es el gran valle producido por la falla en África. El ya fallecido Dr. Hans Cloos señaló que los elevados acantilados de una de las márgenes de este valle, alguna vez fueron el borde del propio continente africano, no sólo el comienzo de la plataforma continental sino el mismísimo borde de la masa del continente. En algún vasto movimiento, ese costado del continente fue tremendamente elevado y el fondo del mar también subió con él cerca de una milla, de modo que pasó a convertirse en tierra seca. Esto es tan interesante que yo cito a Cloos, extensamente, en *Conversation with the Earth* [Conversación con la Tierra]:

> Continentes hundidos y surgentes.
>
> Hay dos márgenes del continente africano y el problema fundamental aparece dos veces, a saber: ¿por qué los continentes de la Tierra terminan de manera tan abrupta y se sumergen tan empinadamente en el profundo mar? [...] Y más sorprendente aún, ¿cuál es el significado de las márgenes montañosas de la mayoría de los continentes, que son altas, gruesas y en relieve?

[...] La corta sección transversal en la larga cadena Lebombo no parece demasiado impresionante, pero ilumina acontecimientos lejanos de este remoto solar de la Tierra, pues aquí queda expuesta la antigua margen del continente. No hace mucho tiempo, durante el período cretácico, el mar se extendía hasta aquí desde el Este. Y la llanura entre las colinas de Lebombo y la actual costa, es el lecho del mar elevado... Lo que vemos son los flancos de una curva descendente de África Septentrional hacia el océano Índico.

Pero vemos mucho más. Vemos los estratos sedimentarios seguidos por rocas volcánicas hacia el este de las colinas; algunas corren paralelas a los estratos, como torrentes o láminas derramados sobre ellos e inclinadas con ellos. Otras irrumpen por las capas de piedra arenisca, elevándose empinadamente desde abajo. Esto significa que, dado que el borde del continente se plegó en las colinas de Lebombo, la corteza explotó y se abrieron grietas, por las cuales la sustancia incandescente e hirviente salió disparada.

En consecuencia, la margen oriental —hacia fines del período paleozoico—, era una gigantesca bisagra sobre la cual se doblaba la corteza terrestre para ser cubierta por el océano. Lo que vemos aquí es meramente una sección transversal [...], uno puede seguir más adelante hacia el Norte o Sur, e incluso al otro lado del continente y descubrir que grandes franjas de esta tierra especial han tenido el mismo destino. Los océanos se hundieron adyacentes a los continentes, y el continente se elevó desde el océano.

Por lo tanto, queda en claro que los continentes se elevaron y se plegaron a escala gigantesca y que volverán a hacerlo en el año 2012. Esto nos retrotrae a nuestra historia. Cuando, luego de horas y horas, la onda cargada de partículas declina, el magnetismo del interior de la Tierra puede restablecerse. Sin embargo, los polos igual se moverán porque el que se encuentra más cerca del Sol habrá recibido el impacto completo. La corteza terrestre dejará de flotar acompañada nuevamente por apocalípticos terremotos, con partes de tierra que se derrumban, una desconocida actividad tectónica y volcanes en erupción. Pero entonces, como si eso no fuera lo suficientemente malo, la mayor catástrofe sucederá, pues debido a la inercia, el movimiento de los océanos no puede detenerse, por lo tanto, una gigantesca ola cubrirá la tierra. Según la antigua tradición, la altura de semejante ola llegó a alcanzar en muchos lugares un kilómetro y medio. Por eso, y no sin razón, los mayas estaban horrorizados. Escondido en lo alto de la montaña había un templo de vírgenes quienes, luego del desastre, debían encargarse de volver a poblar el mundo.

Antigua ciencia

Esta es la ciencia de los ancestros y yo creí firmemente en ellos sin ninguna duda. ¿Por qué? Porque nuestro campo magnético es una de las maravillas menos comprendidas del universo. En el artículo "Reversiones geomagnéticas" publicado en *Science* el 17 de enero de 1969, Allan Cox afirma: "Existe una incómoda falta de teorías que expliquen el actual campo magnético". En el año 2000 nada ha cambiado. ¿Qué piensan los científicos ahora? Nuestro campo magnético es electromagnético; todo el mundo lo sabe. ¿Cómo es eso? Bueno, dado que nuestro planeta rota, el magnetismo es inducido de una manera muy similar a la inducción por el flujo de una corriente eléctrica, a través de una bobina de alambre. En otras palabras, la Tierra es una dínamo gigantesca con un polo norte y otro sur. Eso es todo. No les pregunte más, pues ¡en verdad no lo saben!

Las reversiones de la polaridad suelen ocurrir y los geólogos lo han comprobado. Sucede cada 11.500 años, pero nadie sabe por qué. Toda especulación conduce a una "fuerza desconocida" que produce las reversiones, pero aún no hay respuestas. ¿Incómodo? ¡Seguro que sí! Eso nos conduce al Sol, donde se observa qué poderosa puede llegar a ser una reversión magnética. Las fuerzas magnéticas son el mismísimo disparador de millones de explosiones nucleares en el Sol. Esto es así porque nuestro Sol es una estrella magnética, con un polo norte y un polo sur, además de un ecuador.

Al igual que la Tierra, el Sol rota y lo hace muy rápidamente, a más de 6.400 km por hora en la superficie, creando millones de campos magnéticos que calientan su corona a más de un millón de grados. Sólo una llama solar que explota desde un cortocircuito en un campo magnético, da tanta energía como dos mil millones de bombas de hidrógeno. Imagine semejante explosión en la Tierra y rápidamente podrá calcular la magnitud del daño.

Luego están las manchas solares. Su propiedad más predominante es su intenso campo magnético. La fuerza magnética de una mancha solar es inmensa, 20.000 veces más poderosa que la de la Tierra. Las manchas solares explotan por la superficie del Sol cada once años, ese es su ciclo. Al comienzo de cada ciclo, la polaridad magnética en las manchas solares se revierte, creando gigantescas explosiones nucleares.

Eso nos retrotrae a los antepasados. Ellos habían hallado una teoría sobre los campos magnéticos del Sol. En su libro *The Mayan Prophecies* [Las profecías mayas], Cotterell describe esta teoría y presenta los cálculos mayas de las reversiones en el campo magnético del Sol, estableciendo que al cabo de miles de años se produce una verdaderamente grande. Cuando eso suceda, enormes llamas solares escaparán del Sol y caerán sobre los polos de la Tierra. Y luego, ¡pum! El campo magnético de la Tierra se revertirá y esta comenzará a girar en otra dirección, convirtiéndose el polo norte en el sur y viceversa. ¿Leyó eso? ¡La Tierra comenzará a girar en sentido contrario y los polos se revertirán!

Después de leer estas advertencias, un terrible temor se apoderó de mí. Es evidente que un desastre mundial de desconocidas proporciones se está acumulando para nosotros. Casi toda la población de la Tierra perecerá. Europa se deslizará nuevamente a la era glacial y se tornará inhabitable, pues la corriente del Golfo habrá desaparecido. América del Norte será peor, pues desaparecerá de un momento a otro bajo el hielo del Polo Sur, así como ocurrió con la Atlántida. Me desesperé tanto que pude haberme matado. Por fortuna, no tuve tiempo de hacerlo porque primero debía terminar mi investigación. No cabe ninguna duda de que esto va a suceder. En su libro *The Path of the Pole*, el profesor Charles Hapgood escribe:

> He hallado evidencia de tres posiciones diferentes del Polo Norte, recientemente.
>
> Durante la última glaciación de América del Norte, el polo parece haber estado ubicado en la bahía de Hudson, aproximadamente a 60° de latitud Norte y a 83° de longitud Oeste.
>
> Parece ser que se corrió a su sitio actual en medio del Océano Ártico, hace unos 12.000 años.
>
> Los métodos para obtener datos sobre la radiación, también nos sugieren que el polo llegó a la bahía de Hudson hace unos 50.000 años; antes de esa fecha, se encontraba ubicado en el Mar de Groenlandia, aproximadamente a 73° de latitud Norte y a 10° de longitud Este. Treinta mil años antes, es probable que el polo haya estado en el distrito del Yukón en Canadá.

Si el Polo Norte cambia, el Polo Sur cambia también. Hapgood escribe lo siguiente:

> Una poderosa confirmación de otro de los corolarios de un polo emplazado en la bahía de Hudson, proviene de la Antártida. Con un Polo Norte a 60° de latitud Norte y 83° de longitud Oeste, el Polo Sur correspondiente habría estado ubicado a 60° Sur y 97° Este en el océano que baña las costas de Mac-Robertson en la tierra de la Reina Maud, en la Antártida. Esto colocaría al Polo Sur unas siete veces más lejos del casquete del Mar de Ross en la Antártida, de lo que está ahora (ver la figura). Cabe esperar, entonces, que el Mar de Ross no se haya helado en esa época.

Precisamente, tenemos la confirmación de este hecho.

Junte la precesión equinoccial —que es un desplazamiento de la corteza terrestre— y las reversiones magnéticas y habrá creado un asesino colosal. Estas transportan islas y montañas más alto aún, hacia el cielo, provocando extinciones a una escala gigantesca. Es innegable que existe un vínculo entre

LA SENDA DEL POLO SUR

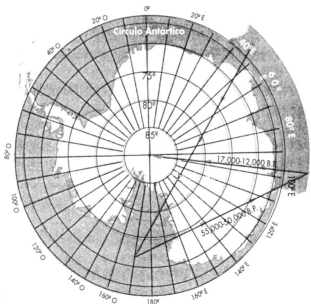

Figura 5.
La senda del Polo Sur según Hapgood.

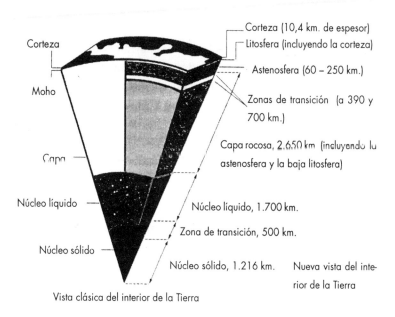

Figura 6.
Nueva vista del interior de la Tierra

las eras glaciales y las reversiones magnéticas. El hielo desempeñó un papel fundamental en casi todas las extinciones de la historia. Steven M. Stanley —de la Universidad John Hopkins— dice que el enfriamiento climático fue el "agente dominante" de la extinción cámbrica, como lo fue en el período pérmico, en el devónico, etcétera.

Hace poco más de cien años, la gente se asombraba ante la sugerencia de que grandes láminas de hielo con un espesor de aproximadamente 1,6 km, alguna vez se depositaron sobre las templadas tierras de América del Norte y Europa. Luego, la gente aceptó la idea no sólo de una era glacial sino de una serie de ellas. A medida que pasó el tiempo se hallaron evidencias de eras glaciales en todos los continentes, aun en los trópicos. Se descubrió que las láminas de hielo alguna vez cubrieron vastas áreas de la India tropical y del África ecuatorial. Coleman, una de las mayores autoridades sobre eras glaciales, escribió en su libro *Ice Ages Recent and Ancient* [Eras glaciales recientes y antiguas]:

También se descubrió que estas láminas de hielo se distribuyeron aparentemente de una manera caprichosa. Siberia, ahora una de las partes más frías del mundo, no estaba cubierta, tampoco lo estaban la mayor parte de Alaska ni el territorio del Yukón en Canadá, si bien el norte de Europa, con su clima relativamente cálido, se encontraba bajo el hielo a la altura de Londres y Berlín. La mayor parte de Canadá y Estados Unidos estaba cubierta de hielo hasta la altura de Cincinnati y el valle del río Mississippi.

Los escritores más recientes concuerdan en que la situación descripta por Coleman, en esencia es muy precisa. El profesor J. K. Charlesworth, de la Universidad de Queen en Belfast, expresa su opinión de la siguiente manera: "La causa de todos estos cambios, uno de los mayores acertijos en la historia geológica, aún no ha sido develada, a pesar del esfuerzo realizado por generaciones de astrónomos, biólogos, geólogos, meteorólogos y físicos".

Coleman, quien realizó un gran trabajo de campo en África y la India, estudiando las evidencias de las eras glaciales, narra de manera interesante sus experiencias, al hallar signos de un intenso frío, en áreas donde debía trabajar bajo el abrasante calor del sol tropical:

Una calurosa tarde de comienzos del invierno, a dos grados y medio dentro de la tórrida zona en medio de un entorno tropical, era muy difícil imaginar esta región cubierta, durante miles de años, con miles de pies de hielo. El contraste del presente con el pasado era sorprendente y resultaba fácil ver por qué algunos de los primeros geólogos lucharon tanto tiempo contra la idea de la glaciación en la India a fines del período carbonífero.

Después de algunas horas de trepar y martillar bajo el intenso sol africano, a 27° 5 minutos de latitud, sin una gota de agua, juntando piedras estriadas, y una losa de piso pulido de pizarra, me ofrecieron un contraste sumamente impresionante entre el presente y el pasado, pues aunque en el 27 de agosto aún está por comenzar la primavera, el calor es muy igual al que se encuentra en un soleado día de agosto en América del Norte. La luminosidad agobiante y la transpiración hicieron que la idea de pensar en una lámina de hielo de algunos miles de pies de grosor, en ese punto, fuera algo sumamente increíble pero muy atractivo[...]

Por lo tanto, ahora sabemos que las eras glaciales y los desplazamientos de los polos suceden con frecuencia. En unos pocos años volverá a ocurrir. Pero aún yo tenía muchas preguntas que seguían sin respuesta, tales como: si de repente mi país es destruido, ¿cómo puedo escapar si no tomé ningún recaudo? En la obra *When the Sky Fell* estaba claramente escrito que, luego del desastre de la Atlántida, se inició la agricultura en diversos lugares del mundo y con los mismos cultivos y las mismas técnicas. ¡Estos debían provenir sin duda de la misma civilización! Con intriga lo leí y me quedé pensando sobre el tema. Parecía un acertijo sin solución, algo imposible. Si su país desaparece de un plumazo, no puede levantar vuelo con una carga de cereales y construir una civilización como la de Egipto. Me era imposible resolver esto, hasta que un día recibí el libro *Le Grand Cataclysme* (El gran cataclismo) de Albert Slosman. Anne Papillon me lo envió desde París. Yo la había conocido dos meses antes en Amberes y le había comentado acerca de mi investigación. Entonces, ella comenzó a buscar en las librerías de París para mí y halló una copia del libro, de segunda mano. Empecé a leerlo con grandes expectativas.

3

EL GRAN CATACLISMO

Rara vez he leído con tanto asombro un libro. No me permitió relajarme; Slosman, en verdad sabe cómo captar nuestra atención. Desde el comienzo no se advierte al lector que esto no es una novela sino una historia real, una que pasó realmente. Fue una ardua tarea decodificar los jeroglíficos que describen los últimos años de la Atlántida. Gracias a sus enormes esfuerzos, ahora estamos familiarizados con los secretos de una civilización que se esfumó en un día, en un gigantesco cataclismo. En un minuto le ofreceré un breve resumen de *Le Grand Cataclysme*. Es chocante y se aplica directamente a nosotros. Más adelante comprenderá por qué, pero primero debe saber que el conocimiento de los atlantes sobre el movimiento de las estrellas y la posición de los planetas era muy superior al nuestro. Es de suma importancia que sepamos esto porque nos conduce a develar sus secretos. Vea usted, ellos percibieron el fin de la Atlántida con sus conocimientos sobre astronomía. El día que la Atlántida se hundió bajo las aguas, un 27 de julio de 9792 a.C., Orión, Venus y algunas pocas estrellas y planetas más ocuparon algunas "posiciones codificadas". Los sumos sacerdotes que escaparon del cataclismo se llevaron los conocimientos con ellos y los guardaron en el laberinto (el Círculo de Oro) en Egipto. Y allí precisamente se elaboró el plan maestro para advertir a la humanidad sobre el próximo cataclismo. Esta historia increíblemente asombrosa debe ser conocida en el mundo entero, porque en el año 2012 las estrellas estarán exactamente en la misma posición que en el año en el cual la Atlántida se hundió.

Osiris

La historia de Osiris (Orión) empieza en el año 10.000 a.C. L'An-Nu, el sumo sacerdote de Aha-Men-Ptah, reunió al consejo. Tenía noticias alarmantes, pues con "cálculos matemáticos de las configuraciones estelares", estaba en condiciones de calcular la fecha del fin de su mundo. Esto se basaba en los sucesos del cataclismo anterior, ocurrido el 21 de febrero de 21.312 a.C., cuando la Atlántida fue destruida en parte (la Tierra giró 72 grados en el zodíaco). Su mensaje fue sumamente doloroso y duro: "Hermanos, estamos hoy reunidos aquí para hablar de los aterradores acontecimientos que sufrirán nuestros bisnietos. Sin dudarlo, debemos organizar un éxodo de nuestro pueblo hacia otras regiones y esto representa un enorme esfuerzo durante mucho tiempo".

Pudo oírse un murmullo y luego una ola de protestas, pero el alto prelado era inexorable: "No me baso en las sagradas escrituras sino en combinaciones matemáticas que pueden ser comprendidas por cualquiera que lo elija. Todo movimiento de las estrellas y los planetas se produce en armonía, siguiendo las leyes de Dios. Lo que sabemos con seguridad es que las 'combinaciones matemáticas celestiales' tienen influencia sobre todos los organismos de la Tierra, por medio de las configuraciones que representan. Eso, por una parte. Segundo, los cálculos de mis predecesores y de los científicos de nuestra 'Doble casa de la vida' de Septa-Rerep establecen que una catástrofe de desconocidas proporciones nos aguarda. Durante la anterior, el Norte de nuestro país se convirtió en un enorme iceberg y fueron destruidas otras partes del mundo. Esta vez, nuestro país entero desaparecerá. He recalculado lo que nuestros científicos estimaron tantas veces con anterioridad, y lo único que podemos decir es que nuestro país desaparecerá por completo bajo las aguas. No quedará nada, y si no se toma ninguna medida no habrá nadie que pueda contar la historia de nuestra patria, porque pertenecerá al reino de los muertos".

La mayoría de los oyentes permanecían en silencio, pues estaban impresionados por lo que acababan de oír. Uno de los miembros más ancianos interpretó la conmoción general: "¡No dudo del poder de sus palabras! Es lógico que si aceptamos este gran cataclismo como algo que sucederá con certeza, aquí debemos discutir el éxodo con calma. Pero esto significa la construcción de cientos de miles de barcos, sin mencionar toda la comida que se necesita para millones de personas. Se requiere la intervención de varias generaciones de preparativos".

L'An-Nu volvió a hablar: "La ley celestial determina la armonía de los cielos y el movimiento matemático de la Tierra a lo largo del tiempo. Sobre la base de esto, 'aquellos que saben de números', podrán determinar la fecha exacta y la ley causante de la catástrofe. Se producirá el 27 de julio de 9792 a.C., dentro de 208 años y será inevitable. Por lo tanto, apresúrense, honorables miembros del consejo, a tomar las medidas necesarias para que dentro de dos siglos todos puedan abandonar estas tierras e iniciar una segunda patria. Los primeros signos de lo que nos aguarda ya son visibles en el horizonte, donde el Sol está más rojizo a su salida. Aquí concluyo mi argumento, el Este tendrá color rojo, tan rojo como nuestra sangre, porque nuestro imperio pertenecerá a los muertos".

Esto produjo el efecto deseado. A partir de ese día, empezaron a tomar las medidas precautorias necesarias para llevar a cabo un éxodo sin fallas.

Los años transcurrieron. En 9842 a.C. nació el primer hijo del rey Geb y la reina Nut. Era un varón y su madre le puso el nombre de la constelación que dominaba el cielo meridional, es decir, Osiris u Orión. Estaba predestinado a convertirse en el gobernante 589° de Aha-Men-Ptah. (Posteriormente, Aha-Men-Ptah fue llamada Atlántida, por los filósofos griegos.) En 9841 a.C. nació su hermano Seth y un año más tarde, sus hermanas mellizas Isis y Nepthys. Todos amaban a las dos niñas, pero Seth se comportaba como un pequeño tirano. Envidiaba el éxito de sus hermanas y estaba sumamente enojado por no ser el heredero del trono. A Isis le gustaba reír y a menudo se la veía en compañía de Osiris. El rey Geb observó una estrecha relación entre los dos y decidió que se casaran. En presencia de una gran audiencia, el matrimonio fue solemnizado. Seth estuvo ausente, dado que estaba furioso cuando se enteró del casamiento. En un rapto de ira, se marchó luego de amenazar con vengarse y cometer fratricidio.

De la unión entre Isis y Osiris nació Horus. Mientras tanto, Seth se dedicó a reunir un ejército cada vez más grande. Muchos de sus rebeldes se irritaron al tener que realizar las medidas coercitivas que les infligían para el cataclismo venidero, rehusándose a seguir participando de las tareas por algo en lo que ellos no creían. En esos tiempos difíciles, Osiris se convirtió en el nuevo gobernante, a los treinta y dos años de edad. Era 9805 a.C., y faltaban trece años para la fecha del cataclismo. Osiris, inmediatamente tomó medidas para asegurarse la fidelidad de los otros estados del país. Formó un ejército que no sólo tendría que conquistar a los rebeldes, sino también proteger los puertos y los depósitos de almacenaje. Miles de botes se guardaron, luego de haberse dado cuenta de que muchos de ellos se habían ido y ahora servían como madera para hacer fuego. Una profunda reorganización tuvo lugar para que pudiera lograrse una tranquila evacuación de aquellos que permaneciesen leales.

El resto de la tierra era un caos causado por Seth. Hubo una increíble cantidad de material a utilizarse en el éxodo que se tornó inútil, se demolió, se rompió o fue robado. Seth ejerció una dictadura criminal y provocó el terror, demostrándolo cuando envió de regreso a dos embajadores del palacio, decapitados, en sus ataúdes. Su mensaje era claro: "No voy a negociar".

Sólo quedaban tres años. Horus tenía 24 años cuando su tío incorporó su séptimo estado y ordenó la inmediata destrucción de 4.000 "*Mandjits*". Estos barcos a prueba de hundimientos, ¡deberían asegurar la supervivencia de 30.000 personas de esa provincia! Luego de este insensato aniquilamiento hubo un *impasse* por unos tres años. Un par de semanas antes del cataclismo, Seth intensificó su ataque vigorosamente. En la noche del 26 de julio pudo hacerse con la capital, por sorpresa. Sin duda, todos estaban preocupados por el cataclismo venidero que interfería con las medidas que debían adoptarse para la defensa.

El resultado fue desastroso. Hubo saqueos y asesinatos; sólo el palacio real no fue tomado. Seth discutió con sus capitanes la estrategia necesaria, pero decidió no atacar porque sus tropas estaban demasiado ebrias y en este estado no iban a hallarse en condiciones de conquistar las tropas de elite, que se encontraban bajo el mando de Horus. La oposición también supo que Seth no tomó prisioneros y que ellos iban a luchar con todo su vigor por sus vidas. Entonces pensó en una treta. Envió un mensajero al palacio para ofrecer una rendición honorable, con la condición de que Osiris en persona viniera a firmarla. A pesar de las advertencias de Geb, Nut e Isis, el rey decidió ir. Dejó la defensa en manos de su hijo Horus. Lo escoltaron seis hombres y un oficial. Osiris condujo hasta el lugar del encuentro, pasando por las ruinas en llamas de su capital. Antes de que pudieran reaccionar, las lanzas penetraron los corazones y las cabezas de sus escoltas y los hombres fueron brutalmente asesinados. El rey apenas había sido herido y fue conducido a una habitación donde Seth, con sus oficiales comandantes, lo aguardaban con impaciencia. Convencido de su triunfo, Seth miró a su hermano con arrogancia, en tanto que este sólo lo observaba con profunda tristeza. Entonces, una ira irracional lo invadió. Tomó la espada de uno de sus capitanes y la clavó en el cuerpo de su hermano; ni un sonido se oyó de los labios de Osiris. Luego, le ordenó a sus capitanes que hicieran lo propio. Osiris murió sin emitir un solo sonido. Seth miró a su alrededor, notó que allí había una piel de toro y arrojó el cuerpo aún tibio sobre ella, atando las dos partes que la constituían. Después, ordenó a sus capitanes que arrojaran el "paquete" al mar. Los peces carnívoros y los cangrejos se darían un festín con él.

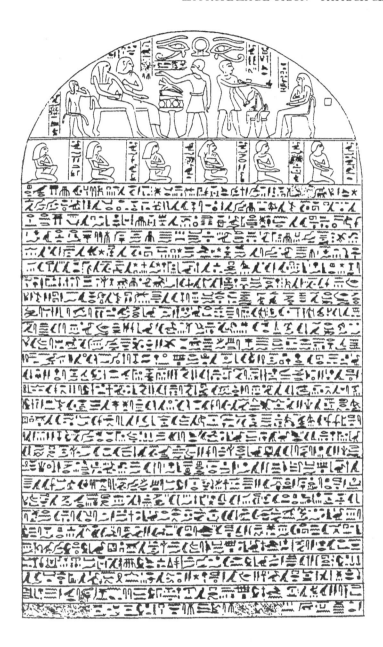

Figura 7.

Jeroglíficos de las vidas de Isis y Osiris.

En el palacio, Nepthys, que tenía el don de la videncia, vislumbró los trágicos acontecimientos. Luego de comunicárselos a Horus, este decidió lanzar un contraataque. En muy poco tiempo reunió a dos mil hombres, les explicó lo ocurrido y les informó qué se esperaba de ellos. Con sus corazones llenos de enojo, comenzaron el ataque, matando instantáneamente a cada rebelde que encontraron a su paso. Pronto arribaron al lugar donde habían asesinado al padre de Horus. Eran espectadores de una escena apocalíptica: estaba lleno de cuerpos a los cuales se les había dado muerte de una manera bestial, pero Osiris no estaba allí. Horus continuó con la reconquista y pronto recibió refuerzos de los habitantes y de las otras brigadas. Justo antes del atardecer, la capital fue liberada, ¡pero completamente destruida!

Figura 8.
Osiris retomó su lugar a la diestra de Dios, lo cual indica que la Tierra se dará vuelta.

En el momento en que el Sol debía elevarse sobre el horizonte, no sucedió nada.

Era el 27 de julio de 9792 a.C. y ese sería el último día de la Atlántida. Apareció un ocaso irreal, sin sol ni cielo; una bruma rojiza, sofocante, de difusa claridad a causa de su espesor, fue tendiéndose como un manto parejo que no sólo absorbió todos los sonidos sino también la luz del Sol. La respiración se hizo difícil debido al profundo olor a muerte que dominaba la atmósfera. En todo el continente, la gente comprendió que lo inevitable estaba por desencadenarse. El instinto de supervivencia afligió a todos con un intenso temor del drama que estaba por venir. No hay palabras para expresar el pánico que se desató. En los anales está registrado en detalle y puede comprenderse el pandemónium descripto, al pensar en el temible panorama que la gente debía enfrentar. La mañana transcurrió sin que nadie estuviera en condiciones de precisar la hora, porque el Sol permaneció invisible detrás de la sofocante niebla, que se tornó color rojo sangre.

Horus comprendió que este era el fin de su país. También se dio cuenta de que si la desesperanza de su pueblo era así de enorme, mucho peor iba a resultar con los rebeldes. Entonces, decidió aprovechar esta situación y asestar un golpe definitivo a las tropas de su tío. Brevemente, explicó esto a sus comandantes, quienes se entusiasmaron mucho con la idea. Les prometió a los soldados que podrían irse a tiempo con sus familias. El asfixiante silencio de la bruma estaba enloqueciendo a las tropas y, debido al olor insoportable y a este rojizo fenómeno, casi perdieron la razón. Como consecuencia, se produjo un violento encuentro con el enemigo, algo que pareció casi un sueño, pues la borrosa bruma aún impedía una clara visión.

Entonces, la furia celestial se hizo conocer en su omnipresencia; suaves terremotos pusieron fin a la batalla. Nadie pudo ganar porque todos iban a perecer. Muchos fueron arrojados al suelo con sus cuerpos temblorosos a causa de las siniestras oscilaciones. Esto se prolongó con igual intensidad, mientras la bruma impenetrable parecía aclararse.

En el palacio, Geb asumió el mando nuevamente. El monarca anterior no tenía otra alternativa, pues su hijo estaba muerto y Horus aún no había tomado su juramento. Basándose en las leyes reales, decidió iniciar de inmediato el éxodo general. Debieron abandonarlo todo, sin ninguna esperanza de recuperarlo. Primero se envió la orden al puerto para poder empezar con las acciones y medidas planificadas y evitar, en lo posible, el pánico. Los soldados reales estaban todos allí para facilitar la partida del pueblo que estaba a punto de huir.

En el puerto real había miles de "*Mandjits*", cuya característica principal era que no podían hundirse. Estaban rigurosamente protegidos y a bordo tenían equipos completos de supervivencia, como por ejemplo, botellas de agua, tortas de cebada, cereales, etc. Se había practicado la evacuación hacía tiempo y esta había funcionado sin fallas. En un breve lapso, cientos de miles de personas se embarcaron. A su vez, comenzó la evacuación de la familia real y de los sumos sacerdotes. Todos se dirigieron a los botes que ya habían sido designados con anterioridad. Para estas personas, las medidas que se habían tomado hacía años, ahora estaban rindiendo sus frutos. El sumo sacerdote, con calma, impartió sus órdenes, las cuales fueron acatadas al pie de la letra. Un gran contingente de seguidores pusieron los tesoros a salvo; nadie tenía la menor idea del alcance de la catástrofe, aunque todos se imaginaban lo peor.

A ciento sesenta kilómetros, los antiguos volcanes que tenían más de mil años de antigüedad se reactivaron. Con un enorme poder arrojaron rocas, tierra y polvo al aire, y la bruma volvió a tornarse espesa. Una lluvia de piedras más pequeñas y pedazos de toda índole cayeron sobre la capital y el puerto; como consecuencia de ello muchas personas fueron heridas o murieron. En medio del pánico que sobrevino, perdieron el autocontrol y comenzaron una verdadera carrera hacia el puerto. Todos arrojaron lo que llevaban consigo, para poder escapar más rápido. Cualquier indicio de pensamiento humano fue reemplazado por un puro instinto animal de supervivencia. Los soldados fueron atropellados por esta estampida de personas. La turba saltó a los barcos de papiro que estaban recubiertos con resina y betún para impermeabilizarlos y hacerlos indestructibles. El terror causado por los horribles e inimaginables acontecimientos hizo que la gente olvidara toda noción de seguridad. En lugar de subir a bordo en un número no mayor a diez por barco, luchaban por subir en los primeros *Mandjits* a su alcance. Cientos de barcos se hundieron junto con sus pasajeros ni bien zarparon, o incluso antes de hacerlo. Miles de desafortunados murieron en el puerto, el cual ya no iba a subsistir por mucho tiempo más.

Desde lejos se podía oír los volcanes otra vez, que arrojaban lava al aire. El resto de la aterrorizada población que permaneció en tierra, pereció en un torrente de fuego. Cientos de miles de litros de un infernal fuego líquido, hallaron su camino en los pueblos y las ciudades, destruyendo y cubriéndolo todo a su paso.

En medio de este terrorífico curso de los acontecimientos, Nepthys e Isis buscaban el cuerpo de Osiris. Nepthys condujo a su hermana a través de la bruma de la invisibilidad. De los soldados que los acompañaban sólo quedaron tres. Dado que la "vidente" tenía grandes dificultades para concentrarse en el lugar exacto donde se encontraba el cuerpo envuelto en el cuero del toro, la búsqueda se hacía muy difícil. El pánico omnipresente y los miles de cadáveres complicaban su tarea. Al parecer, eran los únicos que aún permanecían vivos en este inmenso cementerio, donde las aves, otros animales y las personas habían muerto. ¿Valía la pena seguir buscando, si de todos modos iban a morir?

Eso era exactamente lo que se preguntaba Seth. Luego de los primeros temblores, la parte principal de sus brigadas partió; los que se habían reído incrédulos ante el profetizado final de su mundo, se apresuraban a escapar de su desobediencia a las leyes de Dios, aunque para muchos ya era demasiado tarde. Seth se dio cuenta de que esta rebelión contra las leyes celestiales había, incluso, acelerado el proceso inevitable. Se quedó solo, estupefacto y sin comprender qué había sido de su honor y su reino perdidos.

Horus les dio a los hombres restantes la libertad de partir en orden y decidió quedarse a la zaga y buscar a su tío, para matarlo en venganza por su padre. Ahora había dos hombres en el bosque, cuyas cabezas estaban atiborradas con los trágicos sucesos, sabiendo ambos que uno debería matar al otro a fin de sobrevivir.

Una vez más, la furia celestial se desató. El tumulto en el puerto ahora estaba en su punto máximo. Cientos de miles se empujaban en la densa niebla para poder abordar alguna nave. No había soldado que pudiera cumplir con su deber en esta masa de gente que se atropellaba camino a la muerte. Las primeras filas simplemente fueron echadas al agua. En ese momento, los rebeldes que aún quedaban llegaron al puerto. Con una despiadada violencia se abrieron paso hacia los botes. Todo el que se interponía en su camino era arrojado al agua o asesinado, luego de lo cual, los soldados se arremolinaron frente a los barcos. Pero a causa de su miedo, cometieron los mismos errores que aquellos que los habían precedido, pues sobrecargaron los botes con demasiados hombres. En cuestión de segundos se hundieron y los ahogados se unían a las pilas de cuerpos flotantes. Otros se dirigieron al puerto real donde se llevaba a cabo el éxodo con toda calma, pero con gran apuro. Los rebeldes provocaron un gran derramamiento de sangre y enfilaron hacia el mar en barcos hurtados. Afortunadamente, el sumo sacerdote y su familia, junto con otras naves que también transportaban a sacerdotes, ya habían partido. Debido a la densa niebla, no les era posible ver u oír nada acerca de este criminal episodio en el último día de su reinado.

Mientras tanto, los comandantes se acercaban unos a otros sin que se dieran cuenta. La niebla los hacía invisibles e inaudibles entre sí. Seth miró a su alrededor cuando una ráfaga de viento rasgó la niebla; entonces vio a Horus, que estaba meditando a unos veinte metros de distancia. Lleno de odio y sufrimiento, con el deseo de matar al hijo de su hermano, dio un paso adelante. Otra vez la Tierra temblaba y se expandía una temeraria sinfonía, cuya fantasmal imagen era pesada y siniestra. La lava volvía a correr, continuando su destructivo trabajo. Los árboles se quebraban como si sólo fuesen pequeñas ramas y luego ardían en llamas. El fuego rugiente mataba todo lo que encontraba a su paso, tanto vegetal como animal. Nada podía escapar a eso. Un desagradable olor acompañaba todo ese panorama. Seth, quien en ese momento se encontraba sólo a tres pasos de su sobrino, cayó presa del miedo; un pánico irracional se apoderó de él y atacó sin pensar. Su grito se perdió en el ruido atronador del bosque envuelto en llamas, cuando su espada rozó el hombro de Horus; con otro golpe le pegó a la cara de su sobrino. Horus estrechó sus manos frente a su rostro y pronto estas comenzaron a sangrar. Seth estaba seguro de su victoria y se escapó, tratando de huir del torrente de lava que se aproximaba. Aunque Horus aún estuviera vivo, con seguridad iba a morir en ese torrente de fuego fantasmal. Unas enormes nubes ardientes provenían de la lava, la cual serpenteaba emitiendo monstruosos silbidos. Cada vez se acercaba más al hijo de Osiris quien, solo y muy herido, había quedado a merced de los cielos. Había perdido su ojo derecho y el otro estaba lleno de sangre, tenía una rodilla destrozada y un hombro roto, pero aún estaba vivo, aunque no podía ver ni moverse. Sabía que el infierno se cernía sobre él y tenía la esperanza de que Isis y el resto de su familia hubieran podido escapar a tiempo. El arroyo hirviente llegó a los árboles cercanos y los destruyó en apenas unos segundos. Un profundo suspiro se escapó de sus pulmones y sintió el intenso calor que en breve lo iría a quemar hasta convertirlo en cenizas. Entonces se produjo el milagro. Horus yacía sobre un afloramiento de granito, dado que la lava no podría pasar por allí; más bien sólo podría rodearlo, dejándolo a salvo por algún tiempo.

En la costa, por fin Nepthys tuvo éxito. Divisó una pequeña bahía con una enorme higuera. Allí, en una rama que se encontraba sobre el agua debería estar colgado el cuero que guardaba el cuerpo de Osiris. Se comprobó que esto era cierto. Isis suspiró con alivio, pues al final, su demora en abandonar esta tierra había tenido su recompensa. Las dos hermanas, con cuidado tomaron el cuero y los soldados lo colocaron en uno de los pequeños *Mandjits* que había por ahí abandonados. Al cabo de un corto intercambio de ideas, la reina le ordenó a su hermana que se uniese a su familia junto con los soldados. Isis se fue sola en búsca de su hijo, quien era el heredero legal del reino que ahora se

Figura 9.
Jeroglíficos que describen la pelea entre Horus y Seth.

había perdido y llegó al palacio real donde Geb y Nut se disponían a partir. Habían estado aguardando las noticias de su hijo y nieto, desesperadamente. Confrontados con la resoluta decisión de Isis de buscar a su hijo, Geb impartió sus últimas órdenes. Sin más demora, Nut y los restantes jefes debían irse, siendo su lugar de destino, allí donde terminaba el parque y empezaba el canal. Dos fuertes galeras que eran lo suficientemente resistentes como para navegar por los mares más bravíos los aguardaban. Un nuevo país iba a necesitar una nueva madre, señora de un nuevo cielo, la cual, en ausencia de Osiris y Horus, debía enseñarles a los sobrevivientes cómo vivir en su segunda patria. Su nombre sería Ath-Ka-Ptah, cuyo significado literal era "Segunda Alma de Dios", el cual luego sería cambiado fonéticamente por los griegos por Ae-Guy-Ptos (o Egipto, en castellano).

Nut, a quien no le había gustado tener que dejar a su amado, fue arrastrada por los incontrolables elementos. Una enorme explosión en el centro de la capital sacudió a los sobrevivientes, impeliéndolos hacia el caos. Geb, que había decidido acompañar a su hija, se apoderó de varios caballos para poder moverse lo más rápido posible. En cuanto vio todo ese daño y caos, dudaba de que Horus aún estuviera con vida. Pero Isis no quería oír hablar de abandonar la búsqueda. Con confianza lo alentó a continuar, aunque no era una tarea fácil en medio de la niebla. De repente y de la nada, empezó a aclarar y por primera vez hubo luz ese día. La actividad volcánica en la distancia, habiendo lanzado miles de toneladas de lava, se detuvo y un silencio sobrenatural los rodeó. ¡Esto tendría que ayudarlos a encontrar a Horus! Pero ¿dónde buscarlo? Isis extendió sus brazos hacia el cielo y rezó: "¡Oh, Ptah-Hotep, rey de los cielos, abre tus esclusas y detén el fuego; salva al hijo de tu hijo! Ordena que este día del gran cataclismo no se convierta en el día del gran luto. Oh, Ptah-Hotep, rey de la tierra, ordena que el gran arroyo abra todas sus reservas!"

Seis mil años después, esta plegaria está cincelada en todas las tumbas del valle de los reyes de Luxor, y también en Dendera. Y en los anales del libro *The Four Times* [Las cuatro veces] se lee: "La plegaria de Isis fue respondida y una lluvia rojiza se esparció sobre la tierra, como si la sangre de los muertos se hubiera desparramado sobre la tierra rasgada". Al cabo de algunas horas, la lava se había enfriado y para Isis y Geb era difícil trepar por ella. La reina, desesperada por la tristeza, no sabía qué camino elegir en este desolado paisaje. Como su padre, estaba completamente mojada y exhausta, y apenas podía moverse por entre las rocas endurecidas. Entonces, Isis vio el cuerpo que estaba buscando... ¡y parecía moverse! Lágrimas de alegría brotaron de sus ojos. Horus pensó que estaba alucinando, pues no podía ser que su madre estuviera tan cerca. Pero una mano lo tocó y una voz amorosa le habló: "Ya no tengas miedo hijo mío, Dios me mostró el camino para llegar a ti y salvarte".

Isis, en su mano, juntó un poco de agua que brotaba de la roca y lavó la sangre del ojo que Horus no se había lastimado, entonces él pudo ver a su madre y también lloró de alegría. Trató de pararse, pero se hubiera caído pesadamente si su abuelo no lo hubiera sostenido, a raíz de su rodilla destrozada. Con la ayuda de Isis, lo tomaron por los hombros y muy despacio lo llevaron hacia los caballos que aguardaban pacientemente. Allí, Geb habló con una voz que no admitía réplica alguna: "Isis, debes irte de inmediato, Osiris escondió un *Mandjit* bajo un techo en el Lago Sagrado. Apresúrense los dos para llegar allí y váyanse lo más rápido posible al mar abierto. Hay sólo un par de remos a bordo y les resultará fácil partir. Yo soy prácticamente un peso muerto para ir con ustedes; además, aún debo arreglar algunos asuntos en el palacio. No piensen en mí, ¡es una orden! Sólo piensa en tu hijo. Ahora, váyanse".

"¡Pero, padre!"

"¡Váyanse, es una orden!"

Era imposible oponerse a su decisión e Isis se fue, con su otro caballo detrás de ella. Durante la travesía le habló a su hijo de manera alentadora. Ella sabía que el sufrimiento debía ser insoportable y trataba de hacerle olvidar el dolor por un momento. Llegaron al barco sin ninguna dificultad. Isis se sentó en el lugar de los remos y comenzó a remar con vigor hacia el estrecho, donde probablemente podría cambiar por un barco más grande y Horus podría ser cuidado por otros sobrevivientes. Luego de haber pasado el canal grande y el pequeño, se produjo el primer choque sísmico verdadero. La tierra fue arrojada hacia los cielos, mientras una intensa luz destellante atravesó el cielo antes de desaparecer en las aguas, en dantescas llamas saltarinas. Horus no se dio cuenta de ninguna de estas convulsiones de la tierra, pues estaba inconsciente.

Durante ese día —día que aparentemente nunca llegaba a su fin (27 de julio)—, el destino de Aha-Men-Ptah quedó sellado. En el extremo meridional del continente que se hundía, flotaban los *Mandjits* considerados como imposibles de hundirse y ahora había llegado el momento de probar su reputación. En Occidente, el cielo aún brillaba con un color púrpura, a causa de los acontecimientos producidos por el cataclismo. Pero ¿en verdad era el Oeste? Se avecinaba una tormenta, en tanto olas de varios metros de altura se estrellaban contra los *Mandjits*. El agua entraba por los huecos de las embarcaciones haciendo difícil que estas se mantuvieran derechas. Luego de un período relativamente tranquilo, la violencia volvió a desatarse. Esta vez fue un ciclón y algunos de los barcos de papiro se hicieron trizas. En estas enormes masas de agua, los capitanes sobrevivientes de los barcos trataron de luchar contra el terror de la naturaleza. Aún no habían sobrepasado el límite de lo imposible. En el cielo púrpura que ahora estaba tranquilo, de repente vieron salir el Sol con movimientos abruptos y lo observaron con angustia. Se aferraron a las barandas de los barcos para cerciorarse de que todavía estaban a bordo. Unos minutos más tarde, el Sol volvió a desaparecer y sobrevino la noche. Para su asombro, las estrellas también adoptaron ese ritmo rápido; luego la Luna apareció y se movió con tal velocidad por el cielo que parecía que iba a chocar con la flota. La noche entera sobrevino en menos de una hora. Nadie sabía qué estaba sucediendo, nadie podía decir si este día sería seguido por otro o no. El

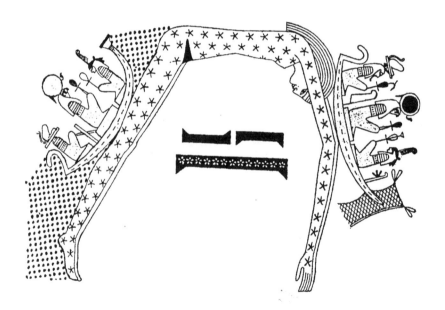

Figura 10.
Esta es una de las ilustraciones fundamentales, escritas en las paredes de los templos egipcios. Muestra el escape de Osiris, Horus e Isis. A la izquierda está la inundación y a la derecha, los *Mandjits* casi destruidos. En el medio la reina Nut. Ella los protege.

horizonte se mantuvo color carmín, con una claridad sobrenatural, fantasmal y enigmática. Todos pensaban que su final había llegado, como así también había llegado el fin del mundo, por obra de titánicos terremotos. Todo se había ido, excepto la bruma.

En el horizonte la calma reinaba otra vez. Un chorro de piedras incandescentes fue arrojado en la lejanía y el mar turbulento se encendió. Mientras caía una lluvia de fuego, los sobrevivientes se dieron cuenta de que habían presenciado las últimas convulsiones de Aha-Men-Ptah. Para muchas personas era demasiado duro de creer, pues por generaciones y generaciones su tierra había sido el centro del mundo y ahora se caía a pedazos, mezclándose con las aguas que se elevaban, abandonándolos. Los que tenían buena vista pudieron ver a través de una niebla púrpura que las últimas montañas habían desaparecido bajo las aguas. ¡Nada había quedado! ¡Nada!

Este hundimiento elevó el nivel de las aguas. Una ola gigantesca, de doce metros de altura y varios kilómetros de ancho se aproximó envolvente hacia ellos, destruyéndolo todo a su paso. Cientos de personas fueron arrojadas al mar pero, afortunadamente, muchos se habían atado a los mástiles, con las sogas que colgaban de las velas. Isis y Horus estaban atados sujetos en su barco perdido, igual que Nepthys y Nut y sus compañeros. ¡Y Seth también! Él se las había ingeniado para escapar y ahora buscaba a los "Hijos de la Rebelión".

Mientras tanto, Horus empezó a diseñar estrategias tratando de olvidar su insoportable dolor. No iría a salvarse permaneciendo en su barco; a fin de sobrevivir, debía elegir un lugar de destino donde pudiera desembarcar sin peligro. Se preguntaba cómo podría suceder todo esto. Del "Maestro de las Combinaciones Matemáticas Celestiales" había aprendido que la Tierra era una esfera, igual que la Luna y el Sol. La observación, seguida por minuciosos cálculos de figuras geométricas formadas por los planetas y los cuerpos celestiales, habían revelado una única ley universal, la cual condujo a este gran cataclismo. Pero la Tierra iba a seguir existiendo, aunque fuera destruida en su mayor parte por los acontecimientos. Esto era algo esperanzador.

De repente, Horus se dio cuenta de que los *Mandjits* no se mantendrían a flote. Habían sido tratados con betún y este ya se estaba derritiendo a causa del calor. Pronto comenzarían a tener filtraciones y desaparecerían en las profundidades. Después de este descubrimiento, volvió a dormirse y llenarse de sueños. Se preguntaba por qué los sacerdotes apuntaban a la falta de creencia como la causa principal del cataclismo. ¿Acaso su Creador no sentía ninguna piedad por ellos? Él tendría que empezar todo de nuevo para poder comprenderlo. Un grito de su madre lo devolvió a la realidad. Abrió el ojo que le quedaba, que por cierto tenía severas heridas, y a través de la bruma preguntó: "¿Hay algún problema con los *Mandjits*, madre?"

"No, es el día, el cual aparentemente está comenzando por el lado correcto".

"¿Por el lado correcto? ¡Eso es imposible! Eso sería posible sólo si estuviéramos en la dirección equivocada".

"Por cierto que es el Este, Horus, porque hay tierra visible en el Oeste".

El nuevo acertijo dejó a Horus perplejo; ya era hora de encontrar una solución para todos estos acontecimientos apocalípticos. Un clamor angustioso provenía de todos los barcos cuando vieron este inexplicable movimiento del Sol. Todos estaban aterrorizados. Pero el día transcurrió con el Sol del lado equivocado, sin que nada sucediera y la paz fue restituida. Isis se cambió la ropa y fue reconocida por su pueblo. Cuando estuvieron cerca, ella habló con voz estentórea: "Les hablo a todos, si están dispuestos a vivir en paz con Dios, quien los creó a su imagen, entonces una segunda patria los aguarda: Ath-Ka-Ptah. Allí, los rayos de un segundo Sol se encargarán de nuestra resurrección".

En otro barco, Nepthys pensaba. En la proa se encontraba el cuerpo de su querido hermano, envuelto a salvo en el cuero del toro. De repente ella "vio" ¡a una persona muerta!, algo que no tenía cómo explicar...

Entonces se llenó de regocijo; comprendió que un milagro se había producido. Frente a ella, Osiris apareció en el cielo estrellado. ¡Él, que había nacido como un Dios y asociado con esta constelación, renacía en el cielo! Su Padre, para hacerles saber de su omnipresencia en toda circunstancia, ¡le dio vida otra vez a su Hijo!

Nepthys no sabía por qué, pero de pronto se sintió llena de confianza en sí misma.

Aquí la historia de los muertos de la Atlántida llega a su fin. Todos los hechos estarían entretejidos más adelante en la religión egipcia.

La constelación de Orión —nombre con el cual Osiris fue designado—, hallará su imagen en la Tierra en las tres pirámides de Giza. El hecho de que Orión (Osiris) volvió a "despertar" en el cielo estrellado, se convertirá en la fuerza conductora que sustenta la religión estelar egipcia. Todos los posteriores faraones que fueron sucesores quisieron "renacer" en la bóveda de estrellas, como lo había hecho su ilustre predecesor. Por eso, las pirámides están

Figura 11.
Osiris, Amo de las Dos Tierras: Aha-
Men-Ptah y Ath-Ka-Ptah.

construidas a semejanza de las estrellas; la culminación del ciclo real de nacer de nuevo. En esencia, una religión basada en estrellas se generó a partir de la creencia de que los reyes muertos se convertirían en almas estelares. ¡Esta religión iba a durar más de 9.000 años!

Los faraones se consideraron a sí mismos como los seguidores de Horus reencarnado, el Viviente. Cuando murieran, renacerían a fin de poder elevarse a las estrellas. Todos los funerales tuvieron lugar en la margen occidental del Nilo, donde la comarca de las pirámides simbolizaba el área que rodeaba a Orión en las "orillas" de la Vía Láctea. El traslado de los cuerpos muertos a la orilla opuesta del Nilo era un simbólico pasaje ritual del alma hacia el otro lado del Nilo celestial (la Vía Láctea), donde se encontraba el paraíso celestial y donde Osiris empuñó el cetro. Ahora todos pueden comprender por qué: Orión (Osiris) fue el primer rey-Dios que resucitó, ¡por eso el monumento erigido en su nombre es la mayor obra "arqueoastronómica" de la resurrección que jamás haya existido!

Los puntos cardinales en esta brújula eran importantes en este ritual, pues el Sur marcaba el comienzo del ciclo, el Oeste el inicio de la muerte simbólica en el momento en que la estrella desaparecía en el horizonte; el Este simbolizaba el renacimiento de la estrella. Todo esto es una reminiscencia de los acontecimientos del día del "Gran Cataclismo". Aparte de eso, hay centenares de cosas que podrían simbolizar la religión y los hechos interconectados. Por ejemplo, en Heracleópolis, se ofrendaba un toro por día para que tomaran su cuero; en el templo de Dendera, el cuero del toro simbolizaba la mayor santidad. El ojo perdido de Horus puede hallarse en el pecho de todos los faraones, etc. En Egipto, también es posible encontrar "arcas" de la Atlántida.

4

LOS *MANDJITS* DE LA ATLÁNTIDA

Del capítulo anterior sabemos que los sobrevivientes de la catástrofe tuvieron que agradecer por sus vidas a los *Mandjits*, que tenían fama de permanecer siempre a flote. Naturalmente, sus descendientes iban a incluir este gozoso suceso en su religión. El descubrimiento de embarcaciones en medio del desierto, sólo representó una fuente de problemas insuperables e inexplicables para los egiptólogos. En mayo de 1954, el arqueólogo Kamal-el-Mallakh halló un pozo en el lado sur de la Gran Pirámide, de 31,5 metros de largo y 23,5 metros de profundidad. Dos metros debajo de eso, encontró bloques de piedra caliza, algunos de los cuales pesaban más de quince toneladas. Debajo de este techo de piedra se encontró un bote de cedro, desarmado. Tardaron catorce años en reconstruirlo, pero el resultado valió la pena, pues resultó ser una nave de 43 metros de longitud, del mismo tamaño que tenían las que eran usadas por los vikingos para cruzar el Atlántico. El hallazgo provocó muchos interrogantes entre los egiptólogos. Si este barco había sido construido por armadores que tenían conocimiento de navegación en el mar abierto, entonces ¿quiénes eran ellos? Según la historia ortodoxa, los egipcios fueron nómadas durante algunos siglos antes de la construcción. ¿Dónde habrían podido adquirir los conocimientos en el desierto para construir embarcaciones para navegar en el mar? Por cierto, podría decirse que los faraones sólo los usaban en los rituales, pero aun así, ¿de dónde obtuvieron el diseño? Preguntas, preguntas y más preguntas. Por supuesto, ya sabemos que la única respuesta lógica es que provenía de sus antepasados, los cuales usaron embarcaciones similares para escapar de su país. En 1991 el misterio fue aun mayor para los egiptólogos. En Abydos existe uno de los edificios más antiguos de Egipto, el Osireion. Según el profesor Naville, quien descubrió la estructura en 1914, este enorme edificio fue un gran depósito de agua que se llenaba cuando subía el río Nilo. El templo cercano de Seti estaba dedicado a Osiris. Los textos de la

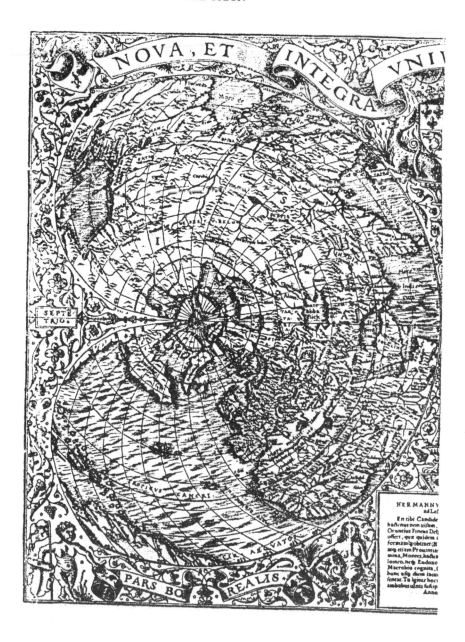

Figura 12. Oronteus Finaeus, mapa de la Antártida, Oronteus Finaeus de la Antártida.

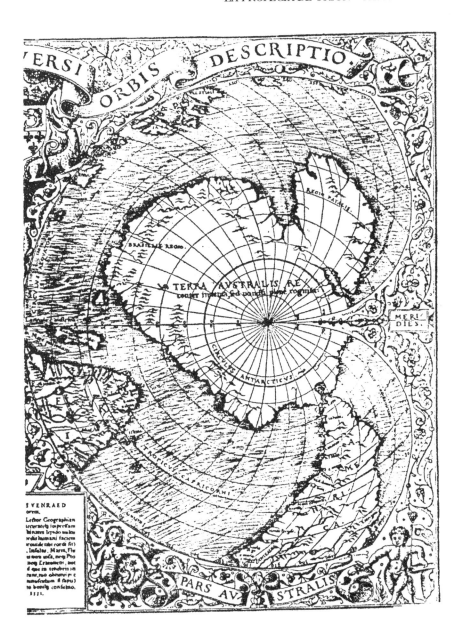

pirámide dicen lo siguiente sobre el tema: "Tú has muerto, pero vivirás de nuevo. Ve al lago y sigue por el canal a Abydos".

Una vez más, vemos aquí la conexión con los acontecimientos que habían sucedido casi doce mil años antes. Osiris (Orión) se encontraba en una bahía y fue transportado por el mar. Luego, él "despertó" en el cielo. Si echamos una cuidadosa mirada al mapa estelar, veremos que la Vía Láctea se encuentra situada próxima a la constelación de Orión. En Egipto se asociaba al Nilo con la Vía Láctea (o el mar de estrellas), por lo tanto, la historia es correcta en todos sus detalles. Una reconstrucción de estos datos nos ofrece la siguiente historia Orión, que está en la pirámide, debe ir al lago y desde allí, al Nilo en dirección a Abydos. Naturalmente, esto sólo puede hacerse por barco. Y ¿qué encontramos a un kilómetros hacia el Noroeste de Osireion? Exactamente doce grandes barcos. ¿Por qué doce? Es probable que haya una conexión con el zodíaco. En la publicación *The Guardian*, del 21 de diciembre de 1991, leemos lo siguiente al respecto: "Una flota de barcos reales de hace cinco mil años fue hallada a 31 kilómetros del Nilo. Los expertos dicen que los barcos, que pueden variar en longitud de 15 a 18 metros, son los primeros barcos reales de Egipto y los más antiguos que se hayan encontrado". Ocultas en sus sepulturas de ladrillos, las embarcaciones probablemente fueron colocadas primero sobre la arena del desierto. La capa de tiza blanca alrededor de los sepulcros permitía que, bajo el Sol, se advirtiera su brillo desde lejos. Los investigadores también convinieron en que los barcos pudieron soportar las peores condiciones climáticas en el mar. Sin embargo, eran 500 años más antiguos que el barco de la pirámide. Otro sorprendente misterio fue que los mismos barcos se hallan representados en pinturas murales que son 1.500 años más antiguas. Los egiptólogos aún no logran resolverlo. Pero nosotros sí que lo sabemos, pues los atlantes eran una nación con muchas habilidades como navegantes que hasta trazaron un mapa perfecto de la Tierra. Sabían todo acerca del movimiento de las estrellas y los planetas, y este conocimiento era necesario para que sus marineros pudieran navegar hacia otros países. En su libro *The Path of the Pole* [La senda del Polo], el profesor Charles Hapgood escribe:

Todo investigador serio debe conseguir un gran mapa moderno de la Antártida, ya sea el que produjo *National Geographic Society* o el que preparó *American Geographic Society*, que es más elaborado y más moderno. En ese gran mapa debe seguir la costa, comparándola con el mapa de

Oronteus Finaeus y esta tabla. Estoy seguro de que llegará a la conclusión de que la concordancia entre los mapas antiguos y modernos está completamente más allá de toda probabilidad de coincidencia. Como un comentario final sobre esta extraordinaria evidencia, diré que aunque está comprobado que este mapa ya existía en 1531, no hubiera sido posible dibujar uno con semejante precisión en los tiempos modernos, hasta la invención del cronógrafo en el reino de Jorge III, alrededor del año 1780. Este instrumento primero hizo posible la determinación exacta de la longitud. Conclusión: el mapa es una evidencia de una adelantada civilización perdida.

Con este conocimiento y gracias a los *Mandjits*, los atlantes pudieron escapar al cataclismo; a ellos les deben sus vidas. Por eso el éxodo a través del mar seguía repercutiendo miles de años más tarde. A causa de esto, mucho después se construyeron enormes barcos de piedra y con las mismas exactas proporciones; algunos fueron descubiertos en Abusir y Saqqara, en el camino a Giza, con sus proas apuntando hacia el Oeste.

El barco en Abusir mide cerca de 30 metros y es un verdadero monumento. El nombre que había sido cincelado en él en jeroglíficos es lo suficientemente claro: "Padre de Osiris", en otras palabras, ¡Dios! Este *Mandjit* fue construido por orden de Ni-Osiris-Ra, faraón de la quinta dinastía, cuyo nombre significa, "Descendiente de Osiris y del Sol". La orientación del barco es Oeste-Este, con la proa apuntando hacia el Oeste, donde el Sol actualmente "está tranquilo". La amarra, al igual que sus otras partes, habían desaparecido, pero el barco conservaba su excelente estructura. El notable casco de la embarcación, capaz de soportar los mares más bravíos, muestra una ingeniosa disposición de líneas, igual que los *Mandjits* de papiro.

El barco de piedra de Abusir, por lo tanto, es tan importante como los de madera. Entonces, desde aquí hago un llamado urgente a los egiptólogos para que se ocupen del alto valor simbólico de todos estos barcos.

Cuando uno tiene una de estas embarcaciones delante de sí y conoce la historia del éxodo, entonces soñar despierto es casi inevitable. El inolvidable espectáculo de los miles de *Mandjits* dirigiéndose al mar durante el cataclismo, pronto aparecerá en su mente. Sin estos navíos, Egipto nunca hubiera existido como lo conocemos hoy. Sin ellos, Isis, Horus, Nepthys, el sumo sacerdote y su familia e innumerables personas, no hubieran podido escapar. Dado que la civilización actual se basa completamente en la egipcia, sólo seríamos una

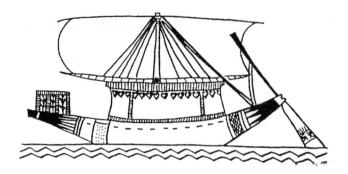

Figura 13.
Réplica de un pequeño *Mandjit.*

cultura primitiva, ni siquiera cercana a la presente.

Sólo quiero dejar aclarado lo importantes que estos *Mandjits* fueron. Su existencia hizo posible que se nos revelaran los secretos de la Atlántida, siendo primordial en esto, el hecho de que los sacerdotes pudieron predecir el día del cataclismo con ayuda de las "Combinaciones Matemáticas Celestiales". Este día se está acercando a pasos agigantados. Como sucedió antes, tendremos que construir una flota de modernos *Mandjits* para sobrevivir a la catástrofe. La conciencia de esto hará despertar a los egiptólogos, confiriendo a dichas embarcaciones su merecido lugar en la historia. De hecho, todos los historiadores deberían proceder así. Después de todo, yo inicié y terminé el primer capítulo, señalando que justo a posteriori del último derrumbe —en el cual la Atlántida se destruyó—, la agricultura apareció en diversas llanuras elevadas, en el mundo. El botánico ruso Nikolai Vavilov se ha dedicado a un profundo estudio sobre esto, habiendo ubicado ocho centros agrarios diferentes, donde se usaron *los mismos* semilleros. La pregunta que yo formulé (¿cómo hicieron los atlantes para escapar con las semillas, si su país fue destruido en un día?), aquí está resuelta definitivamente: ellos sabían de antemano que esto iba a suceder, entonces construyeron barcos y se encargaron de repoblar el mundo. Por esa razón hay tantas personas en esta tierra en la actualidad y estamos enfrentando el mayor cataclismo de todos los tiempos. Aún queda la pregunta última y esencial: ¿cómo hicieron para saber que esto sucedería? Y esto nos conduce a la próxima sección.

Parte II

Evidencia astronómica

5

EL DESPLAZAMIENTO

DEL ZODÍACO

Todos conocen el zodíaco. Este vocablo es griego y significa "círculo de animales". Consiste en doce sistemas estelares que forman un círculo alrededor de la Tierra. Esto puede graficarse simplemente en la ilustración.

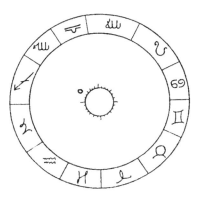

Figura 14. El zodíaco.

La Tierra "parece" moverse por el zodíaco, de dos maneras. Para comprenderlo, debe mirar las agujas del reloj; verá que giran de Este a Oeste. Esto puede verificarse observando al Sol, pues sale por el Este y se pone en el Oeste, debido a que la Tierra gira en el sentido contrario de las agujas del reloj, es decir de Oeste a Este. Al cabo de 24 horas, o un día, completa un giro completo. Para el zodíaco esto da como resultado lo siguiente:

- Durante un día, el zodíaco aparentemente gira alrededor de la Tierra, aunque de hecho es la Tierra la que gira alrededor de su eje. Cuando uno dibuja un círculo a su alrededor, se para en él y luego gira, se obtiene el mismo efecto; es así de simple.
- Durante un año, la Tierra da un giro completo alrededor del Sol, ha-

ciendo un círculo de 360 grados. Esto significa que parecería que el zodíaco ha completado un gran círculo alrededor de la Tierra en un año.

- Si mira al Sol desde la Tierra y sigue este punto, notará que atravesará un signo zodiacal luego de treinta y cinco días aproximadamente (365 ÷ 12 = 30,4).
- Más aún, el círculo astronómico de 360 grados se divide en doce signos de 30 grados cada uno (12 x 30 grados = 360 grados).

Si le cuesta seguir esto, no entre en pánico. Le pediré un poco de esfuerzo mental, pero de una manera tan sutil que no tendrá que volverse loco. A partir de mañana, se levantará antes del amanecer todos los días. ¿Qué? Lo estoy escuchando gritar, diciendo que eso le hará enloquecer. Eso ya lo sé, mi estimado lector, pero permítame terminar mi historia. Instálese sobre un techo y mire a través de binoculares oscurecidos o un telescopio, en dirección hacia la salida del Sol. Trate de olvidar su rigidez y su malhumor matinal, y espíe las estrellas, en el Este, allí donde sale el Sol. ¡Y no olvide oscurecer sus binoculares o podrá quedarse ciego! Sí, sí, rezongue un poco, pero mientras tanto, apunte los binoculares hacia el sistema solar que se eleva antes que el Sol. Ya lo sé, la ciencia del fin del mundo no es fácil. Si tiene suerte, verá este mismo sistema salir antes que el Sol durante los 30 días siguientes. Después, saldrá otro signo del zodíaco. No es difícil observarlo, sólo requiere mucho esfuerzo. Tal vez se pregunte por qué me molesto tanto con esto. Mi respuesta es que luego de la destrucción del mundo en el año 2012, podrá fastidiarse con miles de otras cosas; se lo garantizo.

Bueno, ¿dónde estaba con mi historia? ¡Oh, sí! Cada mes podrá observar un sistema del zodíaco salir antes que el Sol. Esta es *una* parte de la historia. La otra son las cuatro estaciones. ¡Las conozco! Tal vez grite, y luego podrá sumar verano, otoño, invierno y primavera; 10 sobre 10 diré yo. Pero ¿sabe usted en verdad cómo llegó a ser así? Es probable que sus mejillas se estén sonrojando de vergüenza, aunque no debe sentirse de ese modo. Se lo explicaré rápidamente. La Tierra enfrenta al Sol en forma oblicua. Cuando el Norte está más alejado del mismo, es invierno en el hemisferio norte. En Australia, nuestras antípodas en el hemisferio sur, es verano en ese momento y viceversa, por supuesto. Cuando el Polo Norte (es decir, el hemisferio norte que incluye Inglaterra, Holanda, Bélgica, EE.UU., etc.) gira hacia el Sol, este se coloca alto sobre el horizonte. Entonces hace más calor porque los rayos solares sólo tienen una corta distancia para viajar por la atmósfera. La razón por la cual usted sufre bajas temperaturas en invierno también es fácil de explicar; el Sol está en una posición baja y los rayos deben viajar un largo camino. Estos pierden gran cantidad de energía y usted acaba usando un gorro, encerando sus esquíes y bajando haciendo slalom por la montaña nevada. Bueno, bien podría decir que se siente como un verdadero astrónomo.

Felicitaciones, le respondo yo, pero ese no es el final de la historia.

Cada año, el 21 de junio empieza el verano en las regiones del norte. Ese día, el Sol alcanza su punto máximo en el cielo y todos sabemos que es el día más largo con la noche más corta. Lo opuesto se aplica para nuestras antípodas, pues para ellas es la noche más larga y empieza el invierno. En el transcurso de un año se producen otros dos acontecimientos destacables: el momento en el cual el día y la noche son iguales en ambos hemisferios, o equinoccio. El equinoccio de primavera de un hemisferio es el de otoño en el otro.

"Puedo entender todo eso", le oigo susurrar nerviosamente. "Siga contando su historia". Bueno, cálmese estimado lector, porque me estoy aproximando al clímax. La gente de la Atlántida y otras antiguas civilizaciones eran muy inteligentes. Ellos emplearon astrónomos que tomaron nota diariamente de las posiciones del zodíaco. Luego de muchos años, pronto descubrieron que había algo que no concordaba. Lenta, muy lentamente, otro signo estelar empezó a elevarse el primer día de primavera (cuando el día y la noche tienen la misma longitud). Habían quedado tan impresionados con esto que le dieron distintos nombres a los diversos signos estelares. La Era de Piscis termina y durante el equinoccio de primavera el Sol empezará a elevarse contra la nueva formación de Acuario. En la obra musical Pelo *[Hair]* cantan sus alabanzas en la canción "La Era de Acuario".

En las últimas décadas, este fenómeno ha tenido gran influencia en la popularidad de la "nueva era". Enorme cantidad de libros y discos compactos se han editado sobre el tema. Sin embargo, uno olvida que la "antigua sabiduría" creó muchos mitos alrededor de esas ocasiones. Sabían que la desorientación de los sistemas estelares no durarían para siempre y contenían un desastre en sí mismos. Por lo tanto, encubrieron innúmeras advertencias en códigos que develarían el giro ultralento de la Tierra alrededor del eje polar. Para ellos, el movimiento del eje polar equivalía a la caída de un árbol en el mundo, al final de cada era. Vimos el resultado de esto en los dramáticos sucesos de la

Figura 15.
El zodíaco.

Atlántida. Es un hecho irrefutable que la Era de Acuario está desorientada. Desde el 100 a.C. aproximadamente, el equinoccio de primavera se ha movido lentamente por Piscis y ahora está empezando su curso por el segundo pez de este signo. Sólo en 2813 alcanzará el mismo grado de longitud que la estrella Beta Piscium en la cabeza del pez; y aunque no seamos demasiado precisos, no llegaremos a la frontera de Acuario antes del año 2300. ¿Apunta esto a una catástrofe inminente?

En Egipto, el zodíaco era "sagrado". Siempre que una nueva era comenzaba, se reconstruían los templos, jardines, estatuas, esfinges, etc., para que encuadraran con la misma. Los arquitectos paisajistas (hijos e hijas de Ptah, arquitecto del cielo y de la tierra) tuvieron que rediseñar todo, para que se correspondiera con los cambios radicales de la "era de la precesión". Cuando la Era de Tauro llegó a su fin, los arquitectos y constructores empezaron a trabajar. Los templos, esfinges, estatuas, etc., que estaban dedicados a Tauro tuvieron que ser derribados. Después de eso, todo debía estar de acuerdo con la nueva Era de Aries. Por ejemplo, en Luxor se construyeron senderos completos con esfinges. Ellas aún están allí, porque cuando la Era de Aries terminó y la actual Era de Piscis empezó, la civilización egipcia había desaparecido. Por lo tanto, el faraón no pudo impartir instrucciones para erradicar los remanentes de la era previa y reemplazarlos por obras nuevas. Estas intervenciones no deben ser subestimadas. Un templo construido con miles de piedras, algunas de las cuales pesan varias toneladas, no puede derribarse con facilidad. Picar filas enteras de jeroglíficos y relieves no es tarea fácil, pero a los egipcios eso no les importaba. Ellos eran profundamente religiosos y sentían una extrema consideración por el zodíaco. Alrededor del año 2100 a.C., el equinoccio de primavera se corrió hacia el signo de Aries. Fuentes históricas revelan que el nombre de "Mentoe", o Tauro, desapareció y fue reemplazado por el Carnero de Amón (hombres). Los faraones agregaron el nombre de Amón a sus nombres, a saber, Amenhotep, Amenophis, Tutankhamón. En una de las salas del templo de Akh-Menor en Karnak, la cual es parte del templo de Amón, está escrito: "Palacio de retiro para el Alma majestuosa, Alta sala de Aries que viaja por el cielo". La razón por la cual los egipcios consideraban al zodíaco tan importante, puede hallarse en la historia de Aha-Men-Ptah o Atlántida. De diversos tabloides y textos sagrados, Albert Slosman pudo reconstruir la era de este país. Empezó unos 26.000 años antes de la llegada a Egipto. El primer rey es Ptah-Nou-Fi, quien escribió las primeras "Combinaciones Matemáticas Celestiales" en rollos de cuero. En 864 años, el Sol había pasado por doce grados del zodíaco en el "cordón" que va de un lado al otro de la Tierra. Al signo estelar que luego desapareció lo nombró Khi-Ath, o "Juez de los Corazones". Él justificó este nombre porque para decidir la diferencia entre el bien y el mal, se pesaban los corazones de las personas en ese período. No mucho tiempo después, le dio a este signo estelar el nombre de "La Balanza" (Libra).

Cuando leí esto por primera vez, no presté atención a los números mencionados. Unos meses más tarde, habiéndolo releído varias veces, algo sucedió de repente. Un círculo mide 360 grados; doce grados es un treintavo de esto: $360 \div 12 = 30$. Multiplicando 864 por 30 da como resultado 25.920. ¡Esta es la duración de un ciclo zodiacal completo! También 12 es igual al número de signos del zodíaco. Entonces, estos números representaban un código determinado. Aún iba a tardar meses antes de poder descifrar el código que en verdad es simple. Lo explico algunas páginas más adelante, dado que ahora continuaré con la historia de Aha-Men-Ptah. Teniendo en cuenta que una nueva era había comenzado, Ptah-Nou-Fi le asignó el nombre de su madre, quien lo había engendrado en una joven "virgen". Le sucedieron setenta y un reyes durante 2.592 años. En ese tiempo, la civilización evolucionó y aprendió a vivir en armonía con el ritmo celestial. El descendiente 73° era aún joven cuando fue coronado. En el mismísimo momento de esta pomposa consagración, vino un león para perturbar esta tradicional ceremonia. El joven monarca soltó su corona y corrió tras el animal. Era un hermoso ejemplar macho y le puso el nombre de Er-Kaï, que significa "fuerte como un león". Cabe destacar que los griegos volvieron a nombrarlo Heracles y nosotros lo cambiamos por Hércules en nuestro idioma. Pasaron los siglos en esta Era del León. Luego de que el Sol llegara a su grado 32°, se produjo el desastre. Masas de tierra se hundieron, los niveles del mar se elevaron de manera catastrófica, el Sol corrió a la deriva en el cielo y la Tierra giró alrededor de su eje hasta detenerse en el signo de Leo.

Después de esto, los movimientos del Sol, las estrellas y los planetas fueron seguidos rigurosamente. El León no sólo se convirtió en el símbolo de la fortaleza sino también de Dios y del Sol. Luego de 1.440 años, el signo de Leo quedó atrás y el mundo regresó al signo de la Virgen. La reina de ese período dio a luz a un hijo, Ath-Aha-Ptah, quien perfeccionó la escritura para anotar mejor los mandamientos celestiales. Los 2.592 años que el Sol pasó en este signo sólo trajeron paz y justicia. Muchas ciencias, al igual que la agricultura, alcanzaron la perfección. Entonces empezó la Era de Libra, la cual en esta oportunidad cumplió su período esperado de 1.872 años sin problemas. Fue una época dorada porque todos respetaron las leyes celestiales que establecían que una vez al año, el Señor administraría justicia en las disputas existentes. Todos se avenían a sus veredictos, por lo tanto, casi no existían contradicciones. Por este motivo, el cambio a otra era fue considerado con gran inquietud. Esta constelación aún no tenía nombre, lo cual aumentó la sensación de incertidumbre en los círculos reales. A medida que la fecha del cambio se aproximaba, el malestar fue creciendo. Las alteraciones en la fuerza de la luz de algunas estrellas fueron consideradas como malos presagios. En el año 16° de la Nueva Era, el rey murió aplastado y cuando su palacio se derrumbó, nadie entendió qué había sucedido. Su hijo, que estaba en otro edificio, sobrevivió. Sin embargo, cuando el pueblo quiso investirlo al día siguiente, él se había suicidado. Los sacerdotes, al sentir el dedo de Dios apuntándoles, le pusieron el nombre del escorpión a este signo estelar, dado que este animal a veces comete suicidio. De allí en adelante, un primo del rey ascendió al trono y reinó como un verdadero tirano. Sesenta y un reyes lo sucedieron, pero todos estos reinados estuvieron marcados por la injusticia y las continuas batallas. El último rey —el número 64— se rehusó a casarse, aunque estaba rodeado por bellezas femeninas. Murió sin dejar descendientes y las luchas por la sucesión fueron muy sangrientas, librándose crueles enfrentamientos durante se-

LA PROFECÍA DE ORIÓN • PATRICK GERYL

manas. Un pariente lejano se ingenió para salirse con la suya sin ninguna piedad, de modo que no sólo mató a los otros posibles candidatos, sino también a sus padres, amigos y familiares. Los sacerdotes administraron el juramento sin protestar, lo llamaron Maka-Sati o Arquero, y decidieron nombrar también así a la nueva constelación regente. Este rey organizó una caza en el bosque, al noroeste del palacio. En esos días, era un acontecimiento sumamente peligroso, ya que cazaban mamuts. Por lo general, esos animales pacíficos que se alimentaban sólo de plantas, cuando eran perseguidos se asustaban y su enorme peso aplastaba todo cuanto encontraban en su camino. Dado que la caza incluía una especie extraordinaria de animales gigantes, no es sorprendente que atrajera a muchos espectadores. Sólo ocho cazadores más se animaron a acompañar al nuevo rey, y no llevaron consigo más que sus arcos y flechas; la audiencia invitada observó el espectáculo desde las terrazas del palacio.

El monarca y los cazadores se acercaron al borde del bosque. De repente, dos mamuts cargaron en su dirección, a la cual habían sido conducidos por los perseguidores que habían llegado al bosque desde el lado opuesto. El rey tiró de su arco tan rápido como un rayo y disparó cuatro flechas en unos pocos segundos. El primer animal fue herido entre los dos ojos y cayó a unos pocos centímetros del monarca; el segundo mastodonte cayó exactamente de la misma manera, pero contra el caballo del rey. ¡Los otros cazadores ni siquiera tuvieron tiempo para hacer un solo movimiento! Todos los espectadores observaron esta proeza con admiración; sin duda alguna, Dios apoyaba al rey. A partir de ese día, honraron al rey como el caballo humano con flechas invisibles. Durante dieciséis generaciones, fue sucedido por sus descendientes. El último, Maka-Aha-Sati, condujo un reino de terror como nunca se había visto antes y dominó a su pueblo por 64 años. Allí fue cuando el Sol llegó a los 10° de Sagitario. En el lapso de un día, se produjo un desastre geológico seguido por una ola gigantesca. ¿Qué había sucedido? En pocas horas, el eje de la Tierra se había movido unos 72 grados hacia el signo de Acuario y este fue el nombre que unánimemente le asignaron a la nueva era, ya que el agua lo había inundado todo. Sólo quedó una parte de Aha-Men-Ptah luego de este cataclismo, habiendo desaparecido el resto bajo el hielo. Todo esto fue también tan impactante que los sacerdotes expandieron más todavía sus estudios de las "Combinaciones Celestiales". Las palabras del Dr. David D. Zink, autor de la obra *The Ancient Stones Speak* [Las piedras antiguas hablan], acudieron a mi

mente: "Los cambios presenciados en los cielos y asociados con estas catástrofes condujeron a los hombres de la antigüedad a una precisa observación
de los cielos ... el comienzo de la astronomía fue motivado por la supervivencia,
no por la superstición".

Sin duda, lo era. El templo de la "Casa de la Vida" fue fundado luego de
este día fatal: 21 de febrero de 21312 a.C. Los "expertos en números" iban a
estudiar las leyes celestiales por más de 11.520 años. Dos mil años antes
lanzarían una advertencia sobre la catástrofe venidera. En el año 10000 a.C, el
Sumo Sacerdote anunció los planes finales para el éxodo que se avecinaría en
su amado país. Dentro de 208 años, lo inevitable iba a suceder. Por sus códigos, nos daremos cuenta de lo inteligentes que eran. Puede encontrar varios de
ellos en la Figura 16.

Figura 16.

La Atlántida fue parcialmente destruida luego del cataclismo del 21 de febrero de
21312 a.C. El Norte que-
dó enterrado en el Polo
Norte que ya existía en ese
entonces (el círculo indica la
región polar). El desplazamiento de la Tierra, ocurrido el 27 de julio de 9792
a.C., enterró a la Atlántida
(después de los cambios de
los polos) completamente
debajo del Polo Sur.

6

LA DURACIÓN DEL CICLO ZODIACAL

En la descripción de la Atlántida se ha ocultado un código; ¿cómo será este? Simple, sólo un mensaje numérico podría ser comprendido, por lo tanto, en eso debería basarse, evitando los cálculos complicados. Entonces, la división, la multiplicación, la resta y la suma son las opciones más lógicas. Los códigos eran simples y debían conducir cómodamente a un resultado fácil de entender. Aprendí del libro *Fingerprints of the Gods* [Las huellas de los dioses] que el punto decimal podía ignorarse, lo cual significa que 2.592 es tan correcto como 25.920.

Como el *Popol Vuh* original (el manuscrito sagrado de la tribu quiché de los mayas), la historia de la Atlántida contiene claves para sus profecías de destrucción. Los que escribieron la historia eran los "amos del universo", también mencionados en el *Popol Vuh*:

> Estaban dotados de inteligencia, podían ver y, de hecho, veían lejos al instante, lograban conocer todo lo que hay en el mundo. Al mirar podían saber de inmediato todo lo que había a su alrededor, y contemplaban por turnos el arco del cielo y la redonda faz de la Tierra. Lo que estaba oculto, todo lo veían sin tener que moverse, y al mismo tiempo veían el resto del mundo, desde donde estaban. Su sabiduría era grande.

Con esto en mente (escondido del investigador y el pensador), empecé a trabajar. Los atlantes tenían un razonamiento lógico pero también les gustaba "jugar" con los números. Entonces, es absolutamente necesario adoptar su patrón de pensamiento, a fin de hallar su manera de razonar. Su punto de partida es que sólo los seres humanos inteligentes pueden romper su código. Las primeras señales de esto se encuentran en la historia de su creación, remontándose a diez mil años atrás. Cuando uno es lo suficientemente inteligente como para hallar los primeros códigos que se encuentran allí, también está en condiciones de descubrir todos los restantes, porque su manera de pensar ya le resulta familiar. Al principio esta es una importante adaptación. Trate de comprender la lógica siguiente y ya habrá logrado manejar una parte sustancial.

Hay dos números que describen la "creación" de la Atlántida: 864 y 12, y con estos puede calcular varios otros. Si sigue usándolos en sus cálculos, llegará a los 25.920 años, que es el período del zodíaco entero. Usted ya lo ha probado con anterioridad, pero ahora lo hará de otra forma, para aprender a comprender la manera de razonar de los atlantes (todos aquellos interesados en las matemáticas vean el Apéndice).

Aún hay más. Sus números encendieron mi curiosidad y, por deducción, hallé números de códigos de la astronomía de precesión. Mis hallazgos han demostrado que existe un código oculto lleno de claves y de matemáticas inconfundiblemente inteligentes. Emite señales sobre referentes de tiempo específicos, que vinculan el pasado con el presente y el presente con el futuro. Al decodificarlo, se determinó que un ciclo de precesión es de alrededor de 25.920 años al principio. Con este razonamiento, se puede demostrar que ellos sabían que cuando la precesión cambia a 25.776 años, el fin de un ciclo se aproxima, ¡y esto es lo que sucede ahora!

Más adelante veremos que los textos funcionan como el *software* para los acontecimientos reales y los monumentos como el *hardware*. Teniendo esto en cuenta, decodificamos el código más valioso del Libro de los Muertos. La precesión es muy importante en esto, por lo tanto, no sobrestime tales hallazgos porque todos digan lo mismo: el fin de un gran ciclo está muy próximo. ¡Sólo nos quedan unos pocos años!

En otras palabras, utilizaron sus mitos como vehículos de información técnica específica y fueron capaces de transmitirnos esa información. Lo que los motivó era lógico, es decir, la supervivencia de la raza humana. Casi todo lo que sabían que tenía importancia provenía de las estrellas. Estaban sumamente preocupados por la astronomía y le prestaban una inmensa, firme y minuciosa atención a las estaciones, los solsticios y equinoccios. Esos olvidados Newtons y Einsteins estaban obsesionados con las medidas, las cuentas y los números, codificándolos en sus mitos. Los colocaron en poderosos números astronómicos y de nosotros depende "explicar" la codificación de la precesión de los equinoccios.

Nuestros principales descubrimientos son los siguientes:

Un ciclo completo de precesión de 25.920 años nunca existe. A mitad de camino del ciclo, el mismo es abruptamente quebrado. Cuando un ciclo alcanza los 25.776 años de precesión, tomará la otra dirección, entonces el Este se convertirá en el Oeste y viceversa. Este mecanismo explica el desplazamiento de los polos y la destrucción de la Atlántida, y nosotros seremos destruidos por el mismo mecanismo. Para comprender esta decodificación, vea también los otros capítulos; es la misma matemática e igual de simple (vea el Capítulo 23, El Códice Dresden Decodificado).

La precesión y el campo magnético

Los científicos concuerdan en que la precesión afecta nuestro campo magnético. Lo están estudiando intensamente y muchos convienen en que la intensidad del campo magnético aumenta y declina en un ciclo. Y sabemos que la precesión cambia junto con el campo magnético. Durante los últimos 2.000 años, la fuerza del campo bipolar —mantenga la respiración— ha decaído en un 60%. Esto significa que estamos experimentando un precursor de un nuevo intento de reversión, y podría suceder en cualquier momento. Normalmente, la intensidad magnética decae de manera gradual, pero hacia el final cae como una piedra. Robert Coe averiguó que el campo magnético de la Tierra se había revertido a una tasa sorprendentemente rápida de ocho grados por día (o más rápido), del mismo modo que una lamparita de luz brilla con menos intensidad si gira la perilla que regula la luz. Luego, como un reóstato gigante encendido, vuelve a brillar. Pero el Norte se convierte en el Sur y viceversa. En medio de esto, fluctúa notablemente. En la publicación *Nature*, Coe dijo: "Se produjeron rápidas fluctuaciones, muchas veces, durante la reversión". Y más adelante especula: "Es probable que una actividad aumentada del campo magnético externo ... del Sol, produzca los saltos de alguna manera". ("Nueva evidencia del cambio extraordinariamente rápido del campo geomagnético durante una reversión", *Nature*, 20 de abril de 1995.)

Con esto en mente, es bueno saber que este día se aproxima en forma acelerada. Según sea hacia dónde se incline la Tierra, el mundo se inundará y la mayoría de los animales y personas se ahogará de manera catastrófica. Leemos en la obra *Visud-dhi-Magga*, libro de la antigua India: "... hay siete eras; cada una de ellas está separada de la anterior por una catástrofe mundial". Más aún, leemos que el libro fue escrito para preservar y transmitir la sabiduría del mundo antediluviano.

Lo mismo puede decirse de los textos Edfú. Reymond, en su magistral estudio denominado *Mythical Origin of the Egyptian Temple* [Origen mítico del templo egipcio], confirma:

> El tono general del registro, aparentemente transmite la visión de que un mundo antiguo fue destruido y, como un mundo muerto, llegó a ser la base de un nuevo período de creación, que al principio fue la recreación y la resurrección de lo que una vez había existido en el pasado.

Los textos Edfú afirman repetidamente que los "Seguidores de Horus" tenían el conocimiento, la sabiduría procedente de una época previa de la Tierra. Es esto lo que estamos decodificando en este preciso momento.

El ciclo del cataclismo

Es asombroso e increíble que los egipcios y los atlantes conocieran el número 25.776. ¡La astronomía moderna y supersofisticada supo de él hace apenas unos años! Sólo eso ya clarifica lo minuciosamente precisos que eran en sus observaciones. Y por añadidura, sabían cómo procesar sus resultados de manera brillante en una simple serie de números. Estos existen para advertirnos del juicio final que se avecina. El número comprueba que:

1) El conocimiento astronómico de los atlantes se halla en el mismo nivel que la astronomía computarizada actual. Nos dice que el fin de un gran ciclo está próximo y que el cataclismo ocurrirá en cualquier momento.

2) Su ciencia era tan avanzada que sabían mucho más de lo que pensamos.

3) Este pueblo sumamente civilizado que, para su época, era supercientífico, hizo grandes esfuerzos para codificar su ciencia.

La gran pregunta ahora es por qué. Bueno, estimado lector, a esta altura ya debe saber la respuesta. En el capítulo sobre el gran cataclismo que golpeó a la Atlántida, usted leyó que los sacerdotes pudieron predecir el desastre. En *Sing-li-ta-tsiurn-chow,* que es una antigua enciclopedia china, leemos: "... en una convulsión general de la naturaleza, el mar es sacado de su lecho, las montañas saltan desde el suelo, los ríos cambian su rumbo, los seres humanos y todo lo demás está arruinado, y los antiguos trazos son borrados".

¡De esto trata la ciencia! Una feroz actividad volcánica, destructivos terremotos, una ola gigantesca, la destrucción de los continentes, etc., son el resultado de acontecimientos que fueron predichos por estos números. Los egipcios describieron varias catástrofes en su historia y la periódica reconstrucción de su mundo. Por lo tanto, sus mitos tienen que ver con hecatombes como el Diluvio. Pero las "eras" que terminan en catástrofe y destruyen una gran parte de la humanidad, se deben a la precesión de los equinoccios. Obviamente, ellos asignaban gran importancia a esto. Cada civilización que esté familiarizada con los números debería hallarse en condiciones de decodificar este mensaje de la antigüedad. "Debería" digo claramente, porque no siempre resulta así de simple. Pasé meses devanándome los sesos antes de poder hallar estos códigos, e incluso entonces me situé al comienzo de la historia. ¡Y la precesión del zodíaco con el ritmo del paso de un caracol es la clave! Con certeza pude llegar a las siguientes conclusiones:

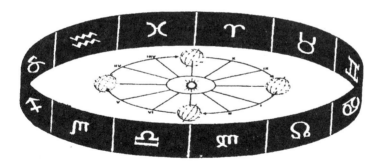

Figura 17.
El zodíaco

75

- El zodíaco describe la próxima destrucción de la Tierra.
- El zodíaco aún contiene infinitamente más códigos para predecir estos acontecimientos.

Con estas conclusiones en mente, empecé a trabajar. Pero ¿dónde buscar? Me fijé en las distintas duraciones de los signos del zodíaco. En la actualidad, contamos con períodos iguales para cada era, pero los atlantes no. Para ser precisos, deberían haber tomado el número 25.920 dividido por 12 = 2.160 años, mas este no era el caso para los atlantes. Mi intuición me dijo que ahí era donde debía mirar. Los sabios de la antigüedad habían puesto un "esquema de computación" en sus códigos. Yo estaba seguro de eso, sólo era cuestión de hallarlo y así me pondría en contacto directo con ellos. Logré descifrar una parte de la increíblemente larga serie de números que describen el caos mundial venidero. Lo leerá en el próximo capítulo. Si puede dividir, sumar, restar y multiplicar, con seguridad le será factible seguir mis cálculos. Pero no olvido que sólo encontré una parte de ello. Otros, seguro, podrán hallar mucho más. ¡Los recibiré con los brazos abiertos!

7

LA DURACIÓN DE LAS DIVERSAS ERAS

Actualmente se calcula que una era dura unos 2.148 años en su constelación. Los atlantes lo calculaban de manera diferente. Sabían que los signos estelares no tenían los mismos tamaños y, por lo tanto, empleaban períodos diferentes. Con ayuda del libro *Le Grand Cataclysme*, pude hallar ocho eras con sus respectivas duraciones:

Leo	2.592
Virgo	2.592
Aries	2.304
Tauro	2.304
Piscis	2.016
Géminis	1.872
Cáncer	1.872

La duración de las diversas eras también fue distinta para los egipcios, siendo la diferencia entre el ciclo más largo y el más corto, de 720 años.

Si miramos el zodíaco, advertiremos que Aries y Tauro están uno al lado del otro y tienen la misma duración, es decir, 2.304 años. Lo mismo ocurre con Géminis y Cáncer, y con Leo y Virgo. Puesto que el signo de Acuario está junto al de Piscis, también tienen la misma duración: 2.016 años. Otro tanto ocurre con Escorpio; como está junto a Libra, se deben contar 1.872 años. El ciclo completo abarca 25.920 años.

Virgo	=	Leo	=	2.592
Aries	=	Tauro	=	2.304
Capricornio	=	Sagitario	=	2.304
Piscis	=	Acuario	=	2.016

Escorpio   =   Libra   =   1.872
Cáncer   =   Géminis   =   1.872
Duración total = 25.920 años.

Series numéricas zodiacales

La duración de las diferentes eras puede anotarse en una serie específica de números, ¡y no exis te otra posibilidad!

Yo hallé esta serie luego de haber restado el período más corto del más largo (2.592 – 1.872 = 720). Eso es diez veces 72. Luego de hacer algunos cálculos me di cuenta de que otras restas también arrojaban múltiplos de 72. Colocándolos en orden de mayor a menor y siguiendo los múltiplos de 72, obtuve:

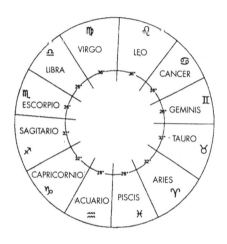

Figura 18.
El zodíaco de los egipcios.

2.592 – 1.872 = 720 = 72 x 10
2.592 – 2.016 = 576 = 72 x 8
2.304 – 1.872 = 432 = 72 x 6
2.304 – 2016 = 288 = 72 x 4
2.016 – 1.872 = 144 = 72 x 2

El número 432 tiene una posición central y es igual a 1/6 de la duración del zodíaco, 4.320 x 6 = 25.920; debe multiplicarlo por seis porque al lado de 432 se encuentra la serie 72 x 6.

Más conclusiones: los signos con un período de 2.592 y 2.016 están en esta serie al comienzo y al final. Esto significa que están en oposición como en el zodíaco real. Los signos con una duración de 2.304 y 1.872 se hallan en el medio.

Descubrí aun más series de números. En los cálculos precedentes pueden apreciarse junto a las series de múltiplos de 72, las multiplicaciones equivalentes (por ejemplo, 720 = 72 x 10). Al multiplicar los múltiplos por los números equivalentes de los múltiplos, arribé a las siguientes series:

720 x 10 = 7.200
576 x 8 = 4.608
432 x 6 = 2.592
288 x 4 = 1.152
144 x 2 = 288

En esta última serie resté del número más alto (7.200) el número justo debajo de él (4.608), y obtuve como resultado el número 2.592, lo cual es muy importante. Por lo tanto, repetí este ejercicio unas pocas veces. Apareció una serie de cuatro números. Otra resta siguiendo el mismo método, dio como resultado el número 576, tres veces. Este es un asombroso resultado que conduce a la siguiente solución:

7.200 – 4.608 = 2.592   2.592 – 2.016 = 576
4.608 – 2.592 = 2.016   2.016 – 1.440 = 576
2.592 – 1.152 = 1.440   1.440 – 864 = 576
1.152 – 288 = 864

Usted puede apreciar que 576 aparece tres veces, entonces multiplíquelo por tres: 576 x 3 = 1.728. Cuando se divide la primera serie por este número, se obtiene:

7.200 ÷1.728 = 4,1666666
4.608 ÷ 1.728 = 2,6666666
2.592 ÷ 1.728 = 1,5
1.152 ÷ 1.728 = 0,6666666
288 ÷ 1.728 = 0,1666666

Cuando se resta la serie hallada dos veces entre sí, según se indica precedentemente, se arriba a:

4,1666666 – 2,666666 = 1,5
2,6666666 – 1,5 = 1,1666666
1,5 – 0,666666 = 0,8333333
0,6666666 – 0,1666666 = 0,5
1,5 – 1,1666666 = 0,333333
1,1666666 – 0,8333333 = 0,333333
0,833333 – 0,5 = 0,333333

Las series son claras: algo tiene que dividirse o multiplicarse por tres. Luego de hacer algunos trabajos de investigación, encontré el vínculo. Los números 288 y 864 se hallan en estos cálculos al terminar las series, donde encontré el número 576 tres veces, como resultado final, entonces es lógico que deban multiplicarse por tres.

288 x 3 = 864

864 x 3 = 2.592

Ambos números apuntan a códigos que descifro en la parte que sigue.

864 ÷ 2.592 = 0,3333333

El número 864 es el primer período en una progresión estelar en la Atlántida; 2.592 es el segundo. Si tiene que dividir 864 por 2.592, entonces significa que debe seguir el mismo procedimiento para todos los períodos siguientes.

Los códigos secretos del zodíaco de la Atlántida

Duración	Era	Duración acumulada	
864	Libra	864	864 ÷ 2.592 = 0,333333
2.592	Virgo	3.456	3.456 ÷ 2.592 = 1,333333
2.448	Cataclismo de Leo *	5.904	5.904 ÷ 2.592 = 2,277777
1.440	Leo	7.344	7.344 ÷ 2.592 = 2,833333
2.592	Virgo	9.936	9.936 ÷ 2.592 = 3,833333
1.872	Libra	11.808	11.808 ÷ 2.592 = 4,555555
1.872	Escorpio	13.680	13.680 ÷ 2.592 = 5,277777
720	Cataclismo de Sagitario *	14.400	14.400 ÷ 2.592 = 5,555555
576	Acuario	14.976	14.976 ÷ 2.592 = 5,777777
2.016	Piscis	16.992	16.992 ÷ 2.592 = 6,555555
2.304	Aries	19,296	19,296 ÷ 2.592 = 7,444444
2.304	Tauro	21,600	21,600 ÷ 2.592 = 8,333333
1.872	Géminis	23,472	23,472 ÷ 2.592 = 9,055555
1.872	Cáncer	25,344	25,344 ÷ 2.592 = 9,777777
576	Cataclismo de Leo *	25,920	25,920 ÷ 2.592 = ¡10,0!

* En estos años se produjo un cataclismo durante el cual la Tierra se vio sacudida por enormes cambios.

En el último año de este ciclo, advertimos que aparece el número 10; ¡ese año la Atlántida fue destruida completamente!

Luego del descubrimiento de estas series de números, me quedé en silencio por unos momentos, pues debía contemplarlo. Sus cálculos demostraban con suficiente claridad que la Tierra no podía, de ninguna manera, recorrer un ciclo completo del zodíaco. Cada tantos miles de años ocurría algo desastroso, lo cual revertía el movimiento a lo largo del zodíaco. Pero, cómo hacían para predecir el fin del mundo, aún seguía siendo un misterio para mí. Aquí y allá vislumbro un rayo de esperanza para seguir develando los códigos. Si, por ejemplo, usted llegara a estudiar el movimiento a lo largo del zodíaco antes y después de cada cataclismo, notará que a veces se produjeron drásticos cambios. Antes del primer cataclismo, el zodíaco pasó de la estrella de Libra a Leo (Libra → Virgo → Leo). En Leo, la superficie de la Tierra cambió drásticamente: partes del terreno se hundieron bajo el mar, nuevas islas surgieron, hubo volcanes que entraron en erupción, etc. Cuando todo volvió a aquietarse, pareció como si se hubiera producido un gran giro en la precesión del zodíaco y ahora iba para el otro lado.

En otras palabras, cierto mecanismo, algo en el interior de la Tierra se había dado vuelta completamente. Eso hizo que el movimiento fuera de la siguiente manera: Leo → Virgo → Libra. Un par de semanas antes, yo había leído un artículo sobre la reversión del campo magnético de la Tierra y fue bueno que lo hubiese guardado. Volví a leerlo con gran atención y pronto me convencí de que contenía una importante clave para resolver el misterio. Lo resumiré aquí, para usted: la parte ígnea de la Tierra —o "magma"— pesa alrededor de quince mil millones de toneladas. En su centro rota un núcleo a una velocidad apenas un poco mayor que las masas circundantes. El núcleo interno sólido de la Tierra tiene un radio de 1.200 kilómetros y "flota" en el núcleo externo líquido; tiene una consistencia similar a un jarabe, un radio de 3.500 kilómetros y ambos están formados mayormente de hierro. La temperatura del núcleo interno es superior a la del externo, por lo tanto, cabe esperar que el núcleo interno también sea líquido. Pero, dado que la presión es mayor que la del núcleo externo, el hierro no puede derretirse. Por la transferencia de calor, aparecen corrientes convectoras en el núcleo externo; estas generan un campo magnético que se refuerza a sí mismo. El núcleo externo puede considerarse como una dínamo autorreforzante, como la dínamo de una bicicleta que, en lugar de luz, genera magnetismo. Esto puede evaluarse con una brújula que apunte a las líneas de fuerza. Es realmente importante lo que continúa después del descubrimiento de que el núcleo interno rota a 1.1 grados más que la capa terrestre, pues esto significa que el núcleo interno es 0,8 segundos más rápido por día y que en el borde de los núcleos interno y externo se produce un cambio de alrededor de setenta metros por día.

Me quedé pensando en que esa podría ser la explicación de la precesión del zodíaco porque, si la rotación de la capa terrestre es más lenta que el núcleo interno, entonces debe haber un efecto, aunque sea muy insignificante.

Para ser precisos, la Tierra "gira" por el zodíaco en 25.920 años. Esto concuerda con una rotación de la Tierra sobre su eje de 360 grados. Dado que la Tierra rota sobre su eje en un día, significa que quedamos 24 horas atrás. Eso hizo sonar una campana. Veinticuatro horas concuerda con un número específico de segundos. Hay sesenta segundos en un minuto y, en una hora, 60 x 60 = 3.600. Si multiplica este resultado por 24 obtendrá 86.400.

"¿Cómo es posible?", me preguntaba en voz alta, "los atlantes han manipulado el tiempo hasta tal punto que puede utilizárselo para calcular el código de la precesión del zodíaco".

En verdad no es tan difícil, lo único que debe hacerse es dividir. Si la Tierra se retrasa 86.400 segundos en 25.920 años, entonces, esto implica un cambio anual de 86.400 ÷ 25.920 = 3,33333333 segundos, exactamente la serie de números que yo ya había encontrado en el zodíaco. En verdad, quedé atónito. Esos atlantes no sólo se encontraban en la cuna de nuestras matemáticas sino también de nuestro tiempo. Y todo esto es un indicio de que el cambio en el tiempo de rotación de la Tierra gira sobre un mecanismo, el cual sólo puede terminar en una catástrofe. Esa era su manera de describir el misterioso comportamiento del campo magnético de la Tierra.

Ahora, echemos un vistazo a los otros cataclismos. Antes del segundo, la Tierra se movía desde el signo de Escorpio al de Sagitario, y de un solo golpe fue catapultada a la era de Acuario. Allí, el movimiento no se revirtió. Como hemos visto anteriormente, este movimiento tiene su origen en el comportamiento autodeterminante del núcleo de la Tierra. Dado que hubo sólo un repentino cambio de eras, esto prueba que el núcleo de la Tierra siguió girando en la misma dirección, pues si se hubiera revertido, entonces las eras deberían haber ido en la dirección opuesta, como antes y después del primer cataclismo.

Finalmente llegamos al tercer cataclismo, el que destruyó la Atlántida por completo. El día de la destrucción, como también la magnitud de la catástrofe, fueron predichos correctamente basándose en datos previos, y esto es algo que todavía no comprendo, aunque he realizado desesperados intentos. Lo que pude deducir es que el zodíaco fue de Cáncer a Leo y luego se detuvo abruptamente. El campo magnético de la Tierra cambió, el núcleo interno fue en la otra dirección y el zodíaco por el que viajaba, en dirección opuesta. Ese es el movimiento que aún seguimos en la actualidad. ¿Cómo terminará esto?

A fin de poder calcularlo, debemos adoptar la manera de pensar de los atlantes y de los egipcios. Su suposición era que había una fuerza R que provenía del universo, teniendo como punto inicial el postulado de que cada acción es seguida por una reacción R, es decir, el resultado de la interacción de los elementos, el pensamiento de los seres humanos y su imagen reflejada en el espejo. Es a partir de esta dualidad del bien y del mal del ser humano y su imagen reflejada, que los sacerdotes pudieron calcular las "Combinaciones Celestiales Matemáticas". Basándose en esto y en las diversas combinaciones de la radiación desde enormes soles de los signos zodiacales, pudieron obtener números absolutos que permitían predecir el bien y el mal. Tal vez suene un tanto complicado, pero como ya lo he demostrado antes, las secuencias de series numéricas simples están detrás de todo esto; es una mera cuestión de hallar el código. Hay que seguir la misma estrategia para continuar develando los secretos de la Atlántida. Su punto de vista era que las futuras generaciones, a causa de estos hechos, no podrían leer los textos sagrados. Sólo un mensaje numérico podría comprenderse y decodificarse, y esto lo prueban las "Combinaciones Matemáticas" que he descubierto. Sólo deben insertarse en un plan gigantesco, del cual son una parte; la huella de un plan computarizado de mil años de antigüedad. A fin de lograrlo, probablemente necesitemos mucha más información de la que tenemos ahora, la cual sólo podrá hallarse con nuevas excavaciones o sometiendo todos los datos astronómicos que poseemos a un nuevo examen. Hay que estudiar ambas posibilidades urgentemente, porque en la transición desde la Era de Piscis a la Era de Acuario, la Tierra se destruirá y las antiguas escrituras lo prueban:

1) Los atlantes pudieron determinar el día exacto de la destrucción de su mundo, basándose en las "Combinaciones Matemáticas Celestiales".

2) Estas "Combinaciones" están conectadas con el pasaje de los diferentes signos del zodíaco.

3) Los planetas tienen su importancia para determinar la "fecha del fin" de una era, y el planeta Venus es especialmente relevante para los mayas.

Basándonos en estos datos, debe ser factible descifrar el código del Plan

Maestro que está detrás de todo esto. Tengo una urgente petición que hacerles a todos, sean astrónomos, matemáticos, físicos, etc., y es que traten de develarlo. Si no lo logramos a tiempo, entonces el mundo se destruirá sin haber podido hacer una seria advertencia. Pero también podemos hallar estos conocimientos en los monumentos dejados por nuestros predecesores.

8

EL LABERINTO: LA SUPERCONSTRUCCIÓN
DE LOS ANTIGUOS EGIPCIOS

Luego de haber leído acerca de los acontecimientos en la Atlántida, me sentí frustrado. ¿Cómo era posible que los atlantes pudieron determinar la destrucción de su país? Un par de veces mencionaron las "Combinaciones Matemáticas Celestiales" sobre las cuales se basaban las predicciones. Recordé haber leído algo sobre el tema, en el libro anterior de Slosman. Luego de buscarlo durante algún tiempo, por fin lo encontré. Según los anales, los sobrevivientes habían hecho una construcción en Egipto, inmediatamente después de su llegada allí; era un templo en honor al creador, para expresar su gratitud por haber arribado a su segunda patria. La acción inmediata que emprendieron fue la construcción de un observatorio desde donde podrían estudiar las "Combinaciones Matemáticas Celestiales". Sería erigido en las márgenes del Nilo, cuyo jeroglífico se corresponde con el de la Vía Láctea. Cuando se coloca el mapa del Nilo junto al de la Vía Láctea, claramente se advierte su semejanza. Hay varias estrellas importantes de la Vía Láctea que se corresponden con lugares donde se han construido templos.

Como se mencionó antes, los sobrevivientes de la catástrofe construyeron un observatorio original, en cuanto llegaron a su nuevo reino; ya no existe más. Allí registraban las posiciones de las estrellas y los planetas. Juntos, estos datos formaron combinaciones geométricas específicas, de las cuales se dedujeron las principales leyes armónicas. Diodorus Sicilus de Sicilia confirma esta investigación para vivir en armonía sobre la Tierra con el consentimiento de los Cielos. Lo que sigue está escrito en el capítulo 89 de su primer libro: "En ninguna otra parte se puede encontrar una observación tan exacta de las posiciones y movimientos de las estrellas y planetas, como la que hicieron los egipcios. Ellos poseen todas las observaciones que realizaron año tras año, remontándose a tiempos increíblemente lejanos".

Esto confirma que los sumos sacerdotes eran "maestros de las matemáticas y los números", desde tiempo inmemorial. Con estos datos astronómicos y basándose en las "Combinaciones Matemáticas Celestiales", lograron hacer predicciones sobre el movimiento planetario, su tiempo de rotación y muchos otros fenómenos estelares. Y todo esto, sin ningún esfuerzo. Tuve que tomar aliento después de haberme enterado, pues, si nosotros poseyésemos tales conocimientos, entonces podríamos luchar con éxito contra toda oposición al hecho del próximo cataclismo. Por cierto, vamos a encontrar suficientes indicios sobre el incuestionable valor de la evidencia de sus hallazgos. Pero ¿dónde debemos buscar? Con calma releí el resto, que ya había leído algunas semanas atrás. Aquí se nos decía que los seguidores de Seth y Horus habían seguido dividiendo el país por miles de años. Exhaustos por una guerra que venía durando milenios, decidieron construir un centro astronómico idéntico al de la Atlántida. Era el año 4608 a.C., cuando empezó la Era del Toro. La enorme tarea fue completada 365 años más tarde. El día que Dios tenía predestinado para este acontecimiento, Athothis (Thoth), iba a declarar oficialmente la unificación de Egipto. Por los trabajos de investigación realizados, podemos saber que el primer día de Thoth fue el 19 de julio de 4243 a.C., y que a partir de ese momento, comenzó la Era de Sothis o Sirio [1] y con ella, el clásico calendario egipcio.

Indudablemente, existía un significado más profundo en todo esto, pues no se trataba sólo de la celebración de la unificación, sino también de ciertos ciclos del Sol, de la Luna y las estrellas. Los agricultores egipcios necesitaron un calendario especial, para hacer sus predicciones de las inundaciones anuales del Nilo con mayor exactitud. Según el calendario sótico (o de Sirio), los egipcios se valieron de un año de 365 días, divido en doce meses de treinta días, además de uno adicional de cinco días divinos. Luego de cuatro años, este calendario ya no era correcto y se agregaba un día entero a un año, para sincronizarlo. Por cierto, los egipcios sabían que existía un año de 365,25 días, pero se negaban a contarlo de esta manera, porque su calendario sagrado contenía los números sobre los cuales basaron la predicción del fin del mundo. Con el uso del nuevo calendario, los agricultores obtuvieron una mayor preci-

---

* [N. de la T.]: Sothis, la estrella más brillante del cielo, también llamada Sirio. Se refiere al antiguo calendario egipcio de 365 1/4 días. Es también el ciclo de 1.460 años de 365 días en este calendario.

sión en cuanto a las inundaciones cíclicas del Nilo, y no siempre necesitaban recibir el consejo de los sumos sacerdotes.

Además de estos dos calendarios también usaron un calendario lunar, contando alternativamente 29 y 30 días, que coincidían en un ciclo preciso de 25 años y 365 días. El investigador francés Schwaller de Lubicz destacó que este lapso coincidía con 309 períodos lunares. Él calculó:

25 x 365 = 9.125 días

9.125 ÷ 309 = 29,5307 días por período lunar.

Este es un resultado sumamente exacto. La astronomía moderna emplea un período lunar de 29,53059 días, es decir, una diferencia de sólo un segundo. Se puede considerar este calendario egipcio, sin lugar a dudas, como una maravilla de precisión.

Volvamos ahora a la unificación de Egipto. En la margen del Nilo se realizó una ceremonia de adoración pública, donde dos sumos sacerdotes se dirigieron al Nilo y dijeron: "Tus fuentes celestiales nos dejan vivir, porque permiten que nuestras tierras se inunden todos los años".

Le dijeron al público: "De ahora en adelante vivirán en armonía con las leyes y el orden de Dios, porque estas les concederán la vida en la tierra y en el cielo. Fertilicen la tierra para su trabajo y esta, a su vez, les brindará los cereales".

Ante los jefes de ambas facciones ellos juraron: "Vuestra autoridad sigue siendo el símbolo de todas vuestras acciones, porque vuestra manera de gobernar determinará la felicidad de vuestro pueblo".

Con las manos elevadas al cielo, le hablaron a Dios: "¡Oh, Señor de la eternidad, Tú que lo sabes todo, que tu ley y órdenes gobiernen a partir de este día en adelante y que nuestras vidas estén libres de problemas. ¡Que nuestros hijos sigan nuestro ejemplo, conforme a tu armonía, y que no se produzca ninguna catástrofe! Que tu sabiduría celestial que nos ofreciste por medio de las Combinaciones Matemáticas Celestiales, nos colmen a todos y nos inspiren para evitar las malas acciones que podrían provocar tu enojo".

Fue luego de este día memorable cuando comenzó la reconstrucción de un gran centro astronómico. Le pusieron el nombre de "Círculo de Oro" y contenía dos templos: "La doble casa de la vida" y "El templo de la dama del cielo: Isis". En él había dos escuelas diferentes, los que estudiaban el firmamento de noche y lo reproducían sobre la Tierra, y la que preferían un estudio más matemático, donde todo era teórico, sin observar el cielo. Con esto, ellos poseían una increíble cantidad de combinaciones factibles en relación con el Sol, los planetas y las estrellas del zodíaco. Dado que los egipcios dividieron cada una de las doce constelaciones del zodíaco en tres, esto nos da treinta y seis posibilidades. Al multiplicar los planetas por este número, el resultado que arroja es 7 x 36 = 252. Una vez más, multiplicado por doce da: 252 x 12 = 3.024. ¡Por eso el edificio tenía tantas habitaciones!

La descripción de Heródoto

Como Heródoto vio una parte de ello y lo escribió en un libro, creí que para conocer algo más del tema, tenía que encontrar su descripción. Hice búsquedas en un buen número de bibliotecas, pero la tarea fue en vano. Hallé varias referencias, mas sin ninguna clave, y entonces decidí abandonar la tarea por un tiempo. Fue entonces cuando recibí por el correo electrónico, un catálogo de un club del libro holandés. Como de costumbre, repasé sus páginas con curiosidad y ¡allí estaba! El título me saltó con claridad: *Herodotus: The Report of my Research* [Heródoto: Informe de mi investigación]; resultó ser una traducción holandesa especial. Unos días más tarde, compré el libro de 700 páginas y comencé a leerlo de inmediato, ni bien llegué a mi hogar. Empezaba así: "Me llamo Heródoto, soy de Halicarnaso y ahora le quiero contar al mundo sobre la investigación que he realizado para mantener vivo el recuerdo del pasado e inmortalizar las grandes e imponentes obras de los griegos y otros pueblos".

Eso bien podía considerarse como las palabras de apertura. Yo estaba sumamente interesado y hubiera podido leer el libro de corrido, pero afortunadamente, mi sentido común me aconsejó que me detuviera, pues esa tarea me iba a llevar varios días y ahora no disponía de ese tiempo. Rápidamente repasé el índice y abrí el libro en la página sobre el laberinto. Allí decía:

"Como muestra de su unanimidad, decidieron dejar un monumento conmemorativo y eso los impulsó a construir el laberinto, que se encuentra situado no lejos de la margen meridional del lago Moeris, en las cercanías de un lugar llamado Crocodilópolis. Yo estuve allí y el lugar está más allá de toda descripción. Si usted hiciera un estudio de todas las paredes de las ciudades y de los edificios públicos de Grecia,

Figura 19.
Impresión del laberinto.

vería que todos juntos no hubieran requerido tanto esfuerzo ni tanto dinero como este laberinto; ¡y eso que los templos de Éfeso y Samos no son precisamente obras pequeñas! Es verdad, las pirámides dejan sin habla al observador y cada una de ellas es igual a muchos de nuestros edificios griegos, pero ninguna puede compararse con el laberinto".

Quedé abrumado por estas palabras. Las pirámides de Giza están consideradas como los edificios más imponentes de la antigüedad y, sin embargo, según Heródoto —quien también ofreció una elaborada descripción de las pirámides—, el laberinto los sobrepasaba a todos. Al darme cuenta de esto, me sentí sumamente entusiasmado. Con avidez, seguí leyendo su informe:

"Por empezar, tiene una docena de jardines interiores, de los cuales seis se hallan alineados en el lado norte y seis en el lado sur. Están construidos de modo tal que sus portales quedan enfrentados. Una pared exterior sin aberturas rodea todo el complejo. El edificio mismo consta de dos pisos y 3.000 habitaciones, de las cuales la mitad está en el subsuelo y las restantes 1.500, en la planta baja".

Una vez más, tuve que dejar de leer. ¡Tres mil recámaras con jardines interiores y una sola pared circular rodeando el edificio! Creo que una construcción más gigantesca que esta no hubiera sido posible. La mitad de las habitaciones estaban al ras del piso y las restantes en un nivel inferior. Si imaginamos habitaciones de sólo dos metros de largo, tendremos una longitud total de tres kilómetros. Eso me produjo vértigo; ¡este tendría que ser el edificio más grande que jamás se haya construido! Yo no albergaba ninguna duda al respecto. ¿Por qué no era más conocido? ¿Podría haberse esfumado tal vez de la faz de la Tierra? En 448 a.C. aún estaba allí. ¿Podría ser que lo hubieran destruido y que sus partes hubiesen sido utilizadas para construir otros edificios?

Lo llamé a Gino. "Gino, habla Patrick. Tengo algunas preguntas que hacerle. ¿Sabe usted si se construyó algún edificio importante y nuevo en Egipto después del año 450 a.C.? Me refiero a algún período antes de la edad moderna".

"¿Por qué lo pregunta?"

"He leído la descripción del laberinto en las historias de Heródoto; ¡debe haber sido increíblemente grande! Algo semejante sólo puede llegar a desaparecer si lo derriban".

"Déjeme pensar. No, no sé nada de ningún gran monumento que se haya construido posteriormente a esa fecha; ya no se erigían pirámides y, en cuanto a los templos, principalmente eran mantenidos. En realidad, no había demasiada construcción".

"¿Ni siquiera por los romanos?"

"No, que yo sepa. Pero por cierto, pudieron haberlo usado para construir casas".

"¿Ha oído alguna vez hablar de ello?"

"No, nunca. Si en verdad es tan grande, entonces al menos algo debería haberse escrito sobre el tema".

Luego de este breve diálogo, estuve seguro: ¡el edificio más grande jamás construido, aún existía! Yacía oculto en alguna parte, bajo toneladas de arena del desierto. ¿Dónde me encontraba yo con mi texto? ¡Oh, sí, aquí! Intrigado, continué leyendo. Heródoto dijo:

"Visité y vi personalmente las mil quinientas habitaciones de la planta baja, por lo tanto, estoy hablando desde mi experiencia personal, pero en cuanto a las habitaciones del subsuelo, debo confiar en la autoridad de los demás, porque los egipcios no me permitieron entrar. Allí, pueden hallarse las tumbas de los reyes que originalmente construyeron el laberinto y de los sagrados cocodrilos. Por lo tanto, nunca estuve en ese sitio y todo lo que sé, lo sé de oídas. Por cierto, me habían mostrado las habitaciones que se encontraban encima de estas; resultaba difícil creer que hubieran sido construidas por manos humanas. Los pasadizos que interconectaban las habitaciones y los senderos zigzagueantes que iban de una recámara a la otra, me dejaron sin aliento, por su colorida variedad, mientras caminaba en completa admiración desde el patio hacia las habitaciones, desde las habitaciones hacia los peristilos y de los peristilos nuevamente a las otras habitaciones, y desde allí hacia los otros patios. El cielo raso de todos estos lugares está hecho de piedra, al igual que las paredes cubiertas con figuras en relieve. Cada patio está rodeado por una hilera de columnas de mármol blanco sin juntas".

"Mi Dios", murmuré. ¡Qué lujo! Y en ninguna parte se menciona que hubiera sido saqueado o demolido, pero entonces, ¿dónde estaba este monumental laberinto, con las tumbas de los doce reyes? Sin lugar a dudas, allí deben encontrarse los tesoros más grandes que jamás hayan salido a la luz en Egipto. El tesoro de Tutankamón no es nada comparado con esto. De eso, pueden estar seguros. Me entusiasmé cada vez más. Si las habitaciones superiores habían desaparecido, entonces al menos las del subsuelo debían estar allí todavía; era cuestión de encontrar algún rastro de la gigantesca pared y de los cimientos de los peristilos. Una vez hallados, sería fácil dar con las 1.500 habitaciones en las cuales se guardan mensajes de la antigüedad esperando ser descifrados. Esta posibilidad me fascinaba sobremanera. ¡Sería imposible hallar un descubrimiento más sensacional! El mundo entero iba a estar sumamente emocionado cuando esta maravilla aún desconocida fuese mostrada. Sí, para hallarla primero tenía que descubrir un vínculo con el sitio donde debía buscar. Con "la cabeza ardiente" seguí leyendo: "Justo en la esquina donde el laberinto termina, se levanta una pirámide de al menos setenta y cinco metros de alto, decorada con figuras en relieve de grandes animales. Se puede llegar a ella a través de un pasadizo subterráneo".

¡Ajá! Esa sí que era una clave importante. ¡Una pirámide con figuras de animales! Volví a llamar a Gino: "Gino, ¿oyó hablar alguna vez de una pirámide con figuras de animales en ella?"

"¿A qué se refiere?"

"Según Heródoto, junto al laberinto tiene que haber una pirámide de 75 metros de altura, con grandes figuras de animales talladas en relieve".

Del otro lado de la línea hubo silencio durante unos instantes. Yo esperaba algún avance, pero las palabras de Gino fueron un golpe para mi irrefrenable entusiasmo: "Para ser honesto, nunca oí semejante cosa, pero eso no significa nada, porque las pirámides de Giza estaban cubiertas con piedra caliza blanca y luego de que El Cairo fue destruida por un terremoto, estas fueron desmontadas y la piedra caliza fue utilizada para reconstruir las ciudadelas y otras obras de arte. Aquellos bloques estaban cubiertos por innumerables dibujos y jeroglíficos, y ahora se han perdido todos. Lo mismo puede haber ocurrido con esta pirámide. En ese caso, lo único que queda es una pirámide con bloques construidos de rocas".

Me sentía muy desdichado; tenía deseos de maldecir. Cada pista parecía conducir a un callejón sin salida. Pero vamos..., pongámonos nuevamente en movimiento. Tal vez pueda hallar alguna otra indicación en la obra de Heródoto. A veces no se necesita mucho; una pirámide o edificio de 75 metros de altura con figuras de animales en ella, es suficiente. Pero, ¿dónde se encontraba? y más aún ¿existirá todavía? Sintiéndome infeliz, sacudí mi cabeza y seguí leyendo el informe escrito casi 2.500 años atrás. Heródoto continuó:

"Pero, aunque este laberinto sea muy espectacular, el lago Moeris justo a mi lado, hace que uno en verdad se quede sin aliento. Su perímetro es de 3.600 estadios o sesenta *shoinoi,* o 666 kilómetros, tan largo como la costa egipcia entera. Este gran lago tiene una orientación Norte-Sur y su profundidad es superior a los noventa metros en la parte más honda. Probablemente, haya sido obra del hombre porque en el medio hay dos pirámides, cada una de las cuales llega a los noventa metros sobre el agua, mientras su base tiene una longitud similar debajo del agua".

Aquí tuve que abandonar. ¿Pirámides de una altura de 180 metros? Eso era algo difícil de creer. Probablemente Heródoto quiso decir edificios o colosos. Además, había una nota advirtiendo que Heródoto posiblemente se refería a los colosos de Biahmu; ninguna indicación más. Esto no facilitaba las cosas, era doloroso; suspiré y continué leyendo:

"Encima de cada uno de los edificios hay una estatua que representa a un hombre en un trono. Si se calcula la altura completa, se alcanzarán los diecinueve metros, porque cien *fathom* equivalen a un *estadio* de seiscientos pies; un *fathom* es igual a seis pies o cuatro anas y un pie es igual a cuatro palmos, por lo tanto, un ana corresponde a seis palmos (un pie es igual a 29,6 cm, un *fathom* es 178 cm, un ana, 44,4 y un palmo, cerca de 7,2 cm)".

Con la referencia a aquellas estatuas de los hombres en un trono, hechas en piedra, tenía una nueva pista; tal vez podría haber algo allí. Si después de la probable obstrucción con sedimentos del lago, no fueron transportadas demasiado lejos, entonces el dato podría conducirnos a alguna parte; era una señal que valía la pena seguir. Más adelante, iba a tratar de prestarle la debida atención. Mientras tanto, continué leyendo:

"El lago no obtiene el agua de fuentes naturales, eso sería imposible porque el país circundante está seco; no, un canal es su conexión con el Nilo. Por el canal corre el agua hacia el lago durante la mitad del año y, en los seis meses restantes, vuelve a fluir al río. La ganancia para el tesoro real durante este período es al menos de un talento de plata por día, debido a los peces que se pescan allí".

Muy bien, pensé, es probable que esté ubicado en el desierto. No hay fuentes naturales, lo cual significa que si ya no hay una conexión con el Nilo, el lago se seca completamente. Aunque busque con toda intensidad, actualmente no hallaré nada de agua. Heródoto continuó:

> "Los habitantes de esa región me dijeron que había un túnel desde el lago hasta Sirte en Libia y, de este modo, que se podía llegar tierra adentro por el lado oeste de una región montañosa al sur de Menfis".

Otra clave. Debía haber una región montañosa no lejos de Menfis, en dirección al interior del país. Eso podría ser de ayuda para hallar la ubicación del lago, pero no iba a resultar fácil. De eso, yo estaba seguro. Aunque, si no se arriesga nada, nada se gana. Probablemente era una cuestión de trabajar sobre los datos. Escribí todo de manera ordenada y se lo envié a Gino. Un par de semanas más tarde, un día domingo, me telefoneó.

"Creo que conozco la ubicación del laberinto", me dijo.

"¿Cómo lo logró?", le pregunté sorprendido.

"La construcción comenzó en la Era de Tauro. Las Híadas son un laberinto de estrellas. Calculé su posición sobre la Tierra, con las pirámides (que representan a Orión) y Dendera (que representa a la estrella Deneb) como puntos de referencia. Es todo lo que tengo por el momento. ¿Podría venir y echar un vistazo?"

"¿Qué tal mañana a la noche?"

"Bueno, lo estaré esperando".

Al día siguiente, nos encontrábamos estudiando los mapas. Con orgullo, Gino me mostró el lugar: Hawuara. "Es allí donde debe estar", dijo con confianza en sí mismo. Miré la ubicación y asentí con mi cabeza. Parecía posible. Sólo un profundo análisis sobre la ubicación podría darnos una respuesta definitiva. Pero aún había algo que me molestaba: el nombre Hawuara mucho se parecía a otro que había leído en alguna parte. Lo dejé descansar, mientras Gino continuó con su explicación: "Según la tradición, el faraón luego de su muerte, debía pasar por un laberinto antes de ascender a las estrellas. Actualmente, los astrónomos llaman a las Híadas 'el laberinto', porque las estrellas parecen formar un nudo inextricable. Eso debía ser lo mismo para los antiguos egipcios, de ahí mi teoría de que tiene que estar allí".

Ese argumento carece de defectos, por ahora. Cuando llegué a mi casa,

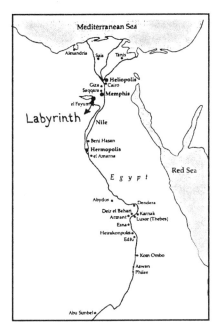

Figura 20.
La ubicación del
laberinto.

me zambullí en una enciclopedia sobre Egipto, y muy pronto hallé Hawara. Este era el vocablo inglés para la palabra francesa Hawuara. Me quedé estupefacto porque aparentemente el laberinto descripto por Heródoto tal vez aún estaba allí. Yo me sentía aturdido. ¿Acaso, era este el fin de mi investigación? Sorprendido, comencé a leer:

"La mayoría de los egiptólogos opinan que el laberinto fue descubierto en 1843 por el famoso arqueólogo alemán Richard Lepsius (quien murió a la edad de 34 años). Se trataba del descubrimiento de Lepsius sobre la pirámide sepulcral, con ruinas circundantes del faraón Amenemhet III (1844-1797 a.C.), no lejos del oasis El Fayum. Lepsius escribió acerca de esto: la posición está dispuesta de tal modo que, tres grandes grupos de edificios de trescientos pies de ancho encierran un lugar rectangular de seiscientos pies de largo y quinientos pies de ancho. El cuarto lado, uno de los más pequeños, está bordeado por la pirámide que yace detrás; esta mide trescientos pies cuadrados, por lo tanto, no alcanza por completo el ala de los edificios".

Luego de haber estudiado un mapa que venía con el informe, tuve fuertes dudas de que este fuera el laberinto.

La descripción no concuerda para nada con los primeros indicios de Heródoto. En Hawara, la pirámide sigue el mismo eje que las ruinas del templo; según Heródoto, la pirámide se encontraba en un rincón. No se menciona nada de paredes cubiertas de relieves, de una gigantesca construcción, una parte subterránea de 1.500 habitaciones, columnas de mármol, etc. ¿Y dónde, por todos los arqueólogos, están las tumbas de los míticos faraones? Lepsius no encontró ningún rastro de ellas. Entonces, ¿qué es lo que descubrió exactamente? Cientos de habitaciones, una al lado de la otra o encima de la otra, algunas pequeñas y otras más pequeñas todavía. ¡Eso no podía ser un laberinto! Decidí abandonarlo e ir a dormir. Al día siguiente, telefoneé a Gino. "¡Gino, debo felicitarlo y decepcionarlo!"

"¿Cómo es eso?"

"Bueno, el lugar que usted calculó es el sitio exacto donde se halló un laberinto. Pero, y aquí viene un gran "pero", la descripción del complejo no concuerda para nada con lo que Heródoto dice al respecto. ¿No tiene una enciclopedia sobre Egipto donde podamos encontrar algo más?"

"¡Pero, por supuesto, me había olvidado completamente de ello!" Una hora más tarde Gino volvió a llamar: "Tiene razón, Patrick. En las páginas 513 y 514 dice claramente que las excavaciones que se llevaron a cabo allí, no concuerdan con la historia".

"¿Podría hacerme una copia para el sábado?"

"No hay problema".

El sábado siguiente, Gino me trajo no sólo las copias del laberinto, sino también las de un antiguo manuscrito egipcio que se mencionaba en un libro sobre las pirámides, y me dijo que era algo realmente especial. Pero eso era para más adelante, porque primero observamos el movimiento del zodíaco sobre las pirámides. Esa noche no descubrimos nada nuevo, y al día siguiente, leí el texto sobre el laberinto. En parte era la descripción de Heródoto, pero también mencionaba que Estrabón había escrito sobre el tema. El geógrafo griego Estrabón informa en la parte decimoséptima de su *Geographica*, en el capítulo 37: "Un peristilo rodea una serie de recámaras palaciegas adyacentes, todas en una hilera siguiendo una pared. Frente a las entradas hay una gran cantidad de pasadizos bajos y cubiertos con muchas vueltas y curvas, por lo tanto, sin una guía es imposible hallar una habitación específica o incluso la salida".

Esto me dejó soñando por algún tiempo. No era sorprendente que lo llamaran laberinto y en caso de hallarlo, lo más probable es que nos perdiéramos. Seguí leyendo: "El cielo raso de estas habitaciones está compuesta de una pieza de piedra; también las paredes de los pasadizos cubiertos están terminadas con piedras extraordinariamente grandes. No se ha empleado madera ni ningún otro material de construcción en ninguna parte".

Yo estaba tan impresionado por la construcción como lo debe haber estado Estrabón. ¿Qué pudo haberle pasado a este legendario complejo? En el año 25 a.C., cuando Estrabón lo visitó, aún estaba allí. Según su descripción, se emplearon enormes monolitos para construirlo; semejantes piedras gigantes no hubieran podido utilizarse para construir otra cosa. Ahora yo estaba muy seguro; el observatorio astronómico todavía se encontraba en su lugar, pero ¿dónde? Esa era la pregunta que no me abandonaría hasta que lo hallara, sin embargo, no me quedaba mucho tiempo, pues dentro de dieciséis años y cuatro días se produciría la catástrofe más grande de la historia. Debía encontrar este complejo antes de esa fecha y preferiblemente, algunos años antes, de lo contrario, no sólo va a ser destruido sino también será demasiado tarde para advertir a la humanidad sobre la catástrofe venidera...

También leí lo siguiente en las copias:

"La situación en el Reino Medio era tal, que la construcción es una posibilidad realista porque se hubiera podido dedicar a la unificación del país, tanto en el aspecto administrativo como práctico. Podía simbolizar una monumental construcción que expresase la unidad. Más aún, pudo haber tenido una importante función administrativa en el nuevo estado unificado. Pero esta solución no es la explicación completa del acertijo. Este complejo edificio arquitectónico, según Estrabón y Heródoto, tenía tales gigantescas dimensiones que no había nada igual en Egipto. La pregunta es si logró soportar el paso del tiempo, porque no hubo ningún trabajo de restauración en mucho tiempo. Para resolver este problema de una vez por todas, es necesario realizar nuevas excavaciones basadas en todos los conocimientos históricos y arqueológicos conocidos".

No podía estar más de acuerdo con esta conclusión, sólo hace falta considerar primero el tema de un modo teórico y luego, hacer las necesarias evaluaciones en el lugar. ¡Debe ser posible, yo estoy completamente convencido de ello!

Hechos acerca del laberinto

- El más grande edificio jamás construido por el hombre.
- La construcción tardó 365 años (desde 4608 hasta 4243 a.C.).
- El diámetro de Este a Oeste era de 48.000 codos egipcios (un codo egipcio = 0,524 metros); 48.000 x 0,524 = 8.384 km.
- Contiene el "Círculo de Oro", que es una legendaria habitación a la que se hace referencia en el *Libro de los Muertos*. Está hecho de granito y recubierto en oro lleno con un legado tecnológico que nos dejó una civilización perdida, mucho más antigua que el mismo Egipto.
- El conocimiento astronómico de los egipcios está escrito en grandes paredes. Todos sus hallazgos astronómicos pueden leerse en los jeroglíficos; todas las constelaciones estelares figuran en un gigantesco zodíaco.
- Muchas paredes pueden moverse y esto lo convierte en un laberinto real. Los textos antiguos hablan sobre personas que perdieron su camino y murieron; también hablan de habitaciones secretas que se encuentran en el laberinto lleno de utensilios y documentos de una civilización que floreció a escala mundial hace miles de años.
- Contiene habitaciones con documentos sobre la historia de Egipto y su conocimiento astronómico.
- En 36 enormes jeroglíficos está escrita la manera que emplearon para calcular la última reversión polar, y este es el conocimiento que debemos hallar urgentemente. Allí también pueden encontrarse los cálculos para el año 2012.

[1] N. de la T.: Sothis, la estrella más brillante del cielo, también llamada Sirio. Se refiere al antiguo calendario egipcio de 365 días. Es también el ciclo de 1.460 años de 365 días en este calendario.

9

LOS SIGNOS ESTELARES

La principal razón de nuestro viaje a Egipto, el cual incluyó la búsqueda del laberinto, fue el descubrimiento de Gino sobre una conexión entre la Vía Láctea y varias pirámides y templos de ese país. Lo había advertido cuando puso el mapa de Egipto junto al de la Vía Láctea y vio de inmediato que el templo de Dendera debía tener correspondencia con la estrella Deneb de la constelación Cygnus (del Cisne). Una de las vueltas del Nilo en el área de Dendera, incluso corresponde exactamente a la Vía Láctea. Parecía como si hubiese sido construida; dicha similitud no podía ser una coincidencia. Este hallazgo implica que los egipcios podían determinar con exactitud las posiciones con una distancia de 800 kilómetros entre ellas, de hecho, una cuestión extremadamente difícil que puede medirse sólo con el equipo más moderno. Entonces, decidimos comprar un Sistema de Posicionamiento Global (SPG), que es un instrumento que, vía satélite, puede determinar una posición con exactitud desde cierta ubicación.

Dendera es la estrella Deneb

Dendera, Egipto, martes 25 de marzo de 1997. El viaje desde nuestro hotel hasta Dendera fue una aventura en sí misma. Justo antes de nuestra visita, docenas de personas habían muerto por los ataques de terroristas y sólo nos permitieron viajar al templo con protección especial de la policía. Pasamos un destacamento de control después de otro y muchos, muchos soldados; parecía como si una guerra se hubiera declarado. A la entrada del templo, Gino se encontró con Mohammed Aldawy Barbary, arqueólogo y jefe de seguridad. Estuvo con nosotros durante algunas horas y nos permitió quedarnos todo el día. En verdad, fue buena suerte. Nos confirmó que se había asociado a Dendera con la estrella Deneb, como lo habíamos establecido.

Luego de nuestros primeros pasos en el templo, un abrumador sentimiento nos golpeó; todo irradiaba fastuosidad y poder. El día anterior habíamos visitado el Valle de los Reyes, pero no podía compararse con Dendera.

Aquí, todo era más misterioso, más enigmático, más complejo, como si un oculto poder estuviera detrás de ello; era una insondable y profunda fuente de conocimiento y de nosotros dependía tratar de develarla. Miramos con asombro las maravillosas columnas y los exquisitos cielos rasos; un guía se nos acercó. Nos mostró arcos subterráneos y nos dijo que muchos de los elementos en el templo se basaban en el número 12, por ejemplo, los doce signos del zodíaco, las doce columnas, los doce polos en el cuadrante solar, etc. Nos llevó a un lugar específico en el medio del templo, donde estaban cantando. Miriam y Brigit, que habían viajado con nosotros, estaban allí paradas, cara a cara en ese pequeño lugar. Su canto sonaba con una belleza sobrenatural y una oleada de placer atravesó mi cuerpo. Parecía que todo el edificio temblaba y vibraba con ellas. Me imaginé un faraón. La tradición nos dice que este ritual se realizaba a la salida del Sol y en el ocaso. Si de mí hubiera dependido, lo hubiese hecho durar para siempre. Cuando terminaron el canto, continuamos estudiando el templo. En el techo tomamos las coordenadas importantes con nuestro SPG y luego admiramos la copia del zodíaco circular. El original está en el Louvre (París), pero se encuentra en peores condiciones. Aquí Gino se dio cuenta de una primera desviación en el concepto. Según sus mediciones, el zodíaco estaba dirigido hacia el Norte, con una desviación de cinco grados en dirección Este. Dado que era una copia, tal vez se trataba de una coincidencia. Entonces, decidió medir el eje Sur-Norte del templo y, para su asombro, también este mostraba una desviación de cinco grados en dirección Este.

Medité sobre el particular y hallé una explicación posible. Un círculo tiene 360 grados, si se divide 360 por 5, se obtiene 72.

Si multiplicamos esto por 360, obtendremos el número que indica la precesión del zodíaco: 360 x 72 = 25.920 = precesión. Dado que el templo estaba dedicado al zodíaco, podía ser una buena explicación. Mas adelante, surgió otra hipótesis plausible.

Después de medir la posición, pasamos gran parte del resto del día admirando el edificio. El complejo entero era tan imponente que nos dejó boquiabiertos. Podría escribir un libro sobre el tema. Había que verlo para creerlo. La construcción nos impulsa a aprender. Entonces, uno empieza a darse cuenta de lo avanzado que es y de los secretos que hay detrás de esto. Aquello que pasó hace casi 12.000 años está a punto de suceder ahora. Ese es el poder que emana del templo de Dendera, el cual permanecerá en mí por el resto de mi vida.

Figura 21.
El zodíaco
circular de
Dendera.

Esna es la estrella Altaír

Esna, Egipto, miércoles 26 de marzo de 1997. La primera evaluación que hicimos fue que el nivel del templo está por debajo del nivel del Nilo. El arqueólogo de turno nos explicó que sólo a esa profundidad había terreno sólido para construir sobre él. Debido a su bajo nivel, padecía filtraciones de agua subterránea y eso perjudicaba la conservación de los jeroglíficos.

Dado que los egipcios eran muy inteligentes para guardar todo en el mejor estado de conservación posible, llegamos a la conclusión de que tuvo que haber una razón especial para construir un templo justo allí, una razón mucho más importante que el grado de dificultad de construirlo allí. Pronto Gino encontró el signo de Altaír (en la constelación del Águila llamada Aquila), el cual nuevamente reforzó nuestra teoría. Más aún, vimos columnas similares a las de Dendera; el templo había sido construido en la misma era, de ahí su similitud. Otros elementos de correspondencia son los signos del zodíaco y el patrón de los cielos rasos; ambos tienen también un pozo de noria, pero en Dendera hay un pequeño oasis. Después de haberlo medido, se pudo demostrar que el templo tenía dirección hacia el Norte con una desviación de cinco grados al Este. ¡Dos desviaciones tan llamativas no podían ser una mera coincidencia!

Las pirámides son la constelación de Orión

Giza, Egipto, lunes 31 de marzo de 1997. Caminábamos hacia las pirámides, distantes a menos de un kilómetro de nuestro hotel. Yo había leído una elaborada descripción en el libro *Fingerprints of the Gods* [Las huellas de los dioses] y, el día anterior, ya había saboreado una primera visión de las pirámides, desde la ventana de nuestro cuarto de hotel: grandiosas, misteriosas, místicas, y un número infinito de otros adjetivos podrían atribuírseles.

"Apuesto a que las pirámides también tienen una desviación de cinco grados", le dije desafiante a Gino.

"No voy a apostar, porque ya conozco la respuesta".

Eso nos hizo soltar las carcajadas. Unos minutos después estábamos parados frente a la construcción más grande de la Tierra. Hay que verlo para creerlo; sobrepasa a cualquier descripción que se haya leído acerca de ella. Estaba abrumado por su magnificencia, y la hallaba misteriosa por sus ocultos secretos, mística por su carácter esotérico. Dejamos que esa impresión nos invadiera durante algunos minutos y luego, empezamos a trabajar. Con el SPG, Gino midió las esquinas desde la pirámide; cuando caminamos de una esquina a la otra, también evaluó la dirección de la pirámide. El resultado ya no era una sorpresa para nosotros: había una desviación de cinco grados al Este, la misma desviación detectada en las otras dos pirámides.

El eje Norte-Sur

Durante nuestro cuidadoso estudio de los alrededores, nos topamos con una flecha hecha en el rojo granito de Assuán. Si uno se encuentra frente a la entrada, puede hallarla del lado de la mano izquierda del eje Sur-Norte de la pirámide de Kefrén. Para nuestra sorpresa, la flecha estaba orientada precisamente hacia el Norte. Eso nos llevó a la conclusión de que la desviación de cinco grados, de hecho respondía a una razón específica, en especial porque ya habíamos dado con este ángulo varias veces:

- En Esna y Dendera.
- En el cruce de dos pasadizos en el templo de Karnak.

- En la pared inclinada en Karnak (las paredes inclinadas son excepcionales).
- En el sarcófago en el templo de Karnak (habitaciones en declive).
- Al estudiar a los celtas.

Como ya lo mencioné, el ángulo puede explicarse por medio de la precesión o movimiento del zodíaco. Es así como los egipcios querían señalarles a las civilizaciones venideras que había que estudiar profundamente. De ahí que, cuando se devela la construcción de la gran pirámide, se hallan varios ángulos de 72 grados, conectados con el ángulo de cinco grados: 360 ÷ 5 = 72. Al multiplicar 360 por 72 se halla la precesión: 72 x 360 = 25.920.

En Egipto, un año tenía 36 semanas de 10 días = 360 días. Los últimos cinco días eran dedicados a los dioses. Con el ángulo de cinco grados, los egipcios también quisieron decirnos que medían las horas y minutos de un día (24 x 60 = 1.440 minutos).

Si multiplica esto por cinco obtendrá 7.200, que es un múltiplo de 72. Otra vez, esto apunta a un código de precesión.

La enigmática desviación de los cinco grados en los templos y pirámides nos conduce a las siguientes conclusiones:

- Las pirámides están construidas para señalarnos que la constelación Orión es crucial. Si en virtud de la precesión se convierte en el centro de interés, en la Tierra ocurrirá un desastre.
- En este momento, Orión está casi en su ciclo más alto. Es la constelación más visible en todo el cielo. Eso nos dice que el desastre se aproxima.
- La forma de las pirámides es similar al aspecto de Orión en 2012 y en 9792 a.C.

No subestime estos hallazgos porque ellos se basan en el enorme conocimiento astronómico que tenían los egipcios. Las similitudes entre los templos, las pirámides y sus imágenes celestiales son una prueba incontestable. A fin de poder llevar a cabo tan grande y difícil tarea, deben haber sabido muchísimo sobre astronomía, geología, geodesia, proyección de mapas, etc.

Investigación sobre la ubicación

Hawara, Egipto, miércoles 2 de abril de 1997, 11 hs. A alta velocidad, el taxista apresuró su marcha por el desierto. El Sol me estaba quemando mis

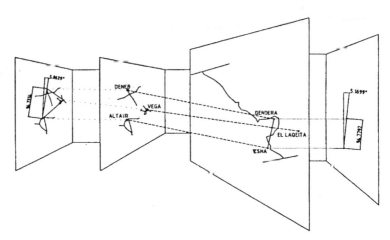

Figura 22. Existe un código astronómico oculto dentro del emplazamiento de las pirámides y los templos. Aquí puede apreciar una vista tridimensional de la relación entre las estrellas Deneb, Vega y Altaír, y la posición de los templos en Egipto.

ojos. A cierta distancia podía ver el contorno de la pirámide Hawara. Me movía impacientemente hacia delante y atrás. Gino señaló la construcción y asintió con su cabeza. Esa era. Nos estábamos acercando rápidamente al objetivo de nuestro viaje.

Llegamos; el paisaje era desolado y no se veía ni a un solo turista. Tres guías y un vendedor de boletos nos dieron la bienvenida con los brazos abiertos. Ninguno de ellos hablaba inglés, pero afortunadamente nuestro conductor pudo facilitar la comunicación entre nosotros. La entrada costaba dieciséis libras egipcias, lo cual era bastante para una pirámide construida de arcilla, pero lo pagamos con gusto. Nos acompañaron dos guías. Gino y yo nos pusimos los sombreros para protegernos del Sol abrasador y emprendimos la marcha por el sendero de grava. Quedé sorprendido al ver que la pirámide se había derrumbado en el centro y que las piedras de arcilla se habían convertido en una pila informe. En el Valle de los Reyes y en Dendera yo había visto varias construcciones de arcilla. Dado que sólo llueve un día al año en estas regiones, pueden permanecer en bastantes buenas condiciones por miles de años. Era evidente que este no era el caso, aunque es probable que no hubiera más lluvia aquí que en cualquier otro lado. Muy pronto íbamos a resolver este enigma.

Uno de nuestros guías hizo gestos exagerados y señaló una columna blanca brillante, casi invisible sobre la arena, con la figura de dos cocodrilos cincelada en ella. Claramente, esta era una clave de que estábamos en el sitio correcto. Por cierto, Heródoto mencionó que el laberinto se hallaba ubicado cerca de la ciudad del cocodrilo. Nuestros guías se arrodillaron justo frente a la entrada e hicieron en la arena, el dibujo de una pirámide. Distinguieron tres capas en ella y apuntaron a la capa inferior y a una piedra hecha de granito rojo de Assuán. El uso de este tipo de piedra muy dura indicaba que la pirámide debe haber sido importante, puesto que no se trabaja con ella si no hay una buena razón. Encima de esta capa, se usó el mismo tipo de piedra que para las pirámides de Giza. En cuanto a la última capa, estaba hecha de piedras de arcilla, como ya lo hemos señalado.

"Ese granito rojo se usaba para proteger las capas superiores del agua", dijo Gino, confirmando aquí lo que yo ya sospechaba. Asentí con la cabeza y nos dirigimos hacia la entrada. Al cabo de unos pocos metros nos detuvo el agua que había inundado toda la cámara mortuoria. Gino usó su lámpara, pero era insuficiente para penetrar la oscuridad delante de nosotros. Había agua por todas partes, entonces, alumbró las paredes con su lámpara y pudimos ver que estaban cubiertas de cristales de sal. Mi corazón dio un salto; el laberinto era mucho más profundo que la pirámide y ya había agua de pozo almacenada aquí. Esto también explicaba por qué la pirámide de arcilla se encontraba en tan malas condiciones, pues el agua de pozo había disuelto las capas de arcilla y entonces la pirámide se había derrumbado en parte. Me invadieron unos fríos temblores en el intenso calor de la tarde; si el laberinto estaba inundado, entonces debía contener miles de millones de litros de agua, sin mencionar el daño. Eso, en verdad, atemperó mi entusiasmo. Nos miramos con duda y entonces trepé una pared que se encontraba justo al lado de la pirámide. A unos veinte metros de distancia, y como a unos ocho metros de profundidad, vi el canal que fluía como lo había descripto Heródoto. La pirámide era mucho más alta y sin embargo, estaba inundada completamente. No podía entenderlo. Más tarde, Gino me iba a explicar que la tierra había absorbido el agua como una esponja. Esa era una buena explicación por el agua del pozo, pero no resolvía el problema. No obstante, miré a la distancia y no vi nada más que un verde oasis frente a mí. Pude imaginar con facilidad que solía haber un lago con playas. Por cierto, lejos, hacia la derecha, el oasis cambió por la arena del desierto que casi no difiere de la arena del mar. Muchos geólogos están convencidos de que los desiertos alguna vez fueron mares que se elevaron por acción de la tierra. Mientras yo soñaba despierto, seguí mirando a mi alrededor y pronto tuve la sensación de que nos encontrábamos en el lugar correcto. Durante mi investigación había tenido impresiones similares varias veces y en cada ocasión resultaron ser correctas. Esta vez no iba a ser diferente. ¡El laberinto estaba justo aquí; podía apostar que así era!

Mientras anduvimos por la pirámide, Gino se detuvo para medir su posición. Lo había calculado teóricamente de antemano y, para nuestra satisfacción, sus resultados concordaban con los valores medidos. Nuevamente, se confirmaba lo que ya había sospechado. Del lado norte de la pirámide, el cual apuntaba directamente hacia Giza, había un paisaje desolado donde yacían ruinas de tumbas. En distintos lugares se habían derrumbado y había grandes aberturas. Con muchos gestos, los guías nos indicaron que era peligroso estar aquí y que podíamos hundirnos. Tomamos nota y seguimos con la búsqueda. No había mucho para descubrir, salvo por un hecho peculiar. Cerca de la pirámide, Gino halló dos piedras ubicadas en ángulo recto, con un agujero debajo de ellas. Casi se volvió loco cuando vio esto. En nuestro viaje al aeropuerto, me había contado acerca del sueño de su suegra, el cual decía que si descubríamos dos piedras con un agujero, aquí era el sitio donde se encontraba el laberinto, según su predicción. También me había dicho que muchos de los sueños de esta señora se habían hecho realidad. Y ahora nos encontrábamos aquí, en ese pequeño agujero en el piso. Esto hizo que las cosas parecieran más extrañas, pero más emocionantes. Tratamos de ampliar la brecha con nuestras manos pero no lo logramos muy bien; incluso, Gino tomó varias fotografías en el exterior, pero el resultado fue pobre. El enigma de este presagio, por lo tanto, aún existe. Dado que no tengo experiencia con tales asuntos como las predicciones, sólo quería mencionarlo, por su peculiaridad.

Luego, fuimos al otro extremo del lugar. Fue aquí donde Lepsius había realizado las excavaciones durante el siglo XIX. Aquí también parecía la superficie lunar, por su desolación. Pronto me di cuenta de que las excavaciones de Lepsius no habían sido muy profundas, a lo sumo un par de metros; eso era lo que yo podía ver, por lo tanto, no era suficiente para dejar el laberinto al descubierto, el cual probablemente se encontraba unos cinco metros más abajo. Al ver esto, tuve la certeza de que estaba aquí, justo debajo de mis pies. Continuamos nuestra búsqueda y nos tropezamos con las partes superiores de algunas columnas, y probablemente esta fue la parte superior del laberinto en tiempos lejanos. Por más de una hora buscamos la planicie siguiendo un patrón de líneas cruzadas pero, salvo por los muchos tiestos, no obtuvimos otros resultados. De todos modos, ya sabíamos suficiente.

A continuación he elaborado una lista de la principal evidencia que puede explicar por qué el laberinto debe estar ubicado en este lugar:

1) Hay un canal frente a la pirámide, que es un ramal del canal Bahr Jussuf. Según Heródoto, solía haber un canal conectado con el lago que se encontraba frente a la pirámide.

2) Detrás del canal hay una depresión, donde se encuentra el oasis de El Fayum. Es probable que el lago haya estado aquí.

3) La posición de la pirámide concuerda con la estrella Aldebarán de la constelación Tauro. Dicha similitud señala la importancia de la posición.

4) Los extremos superiores de varias columnas que sobresalen de la arena, indican que hay más todavía escondido bajo la superficie. Probablemente, estas se erigían en el techo del laberinto.

5) El templo fue construido en los comienzos de la Era de Tauro. Si se observa de cerca la estrella del signo Tauro, se podrá detectar la similitud que tiene con las Pléyades y las Híadas. La región que se corresponde con las Pléyades está ubicada demasiado alto, de modo que esa posibilidad queda descartada. Esto nos deja con las Híadas, y ¡es allí donde se encuentra el laberinto!

6) Las Híadas contienen doce estrellas brillantes y también un buen número de otras tantas. El doce concuerda con el zodíaco. Los astrónomos denominan a las Híadas laberinto de estrellas. Otra indicación adicional es que las Híadas cubren cinco grados del cielo, es decir, el mismo número que la desviación medida en los templos y pirámides en relación con el eje Norte-Sur.

7) El granito rojo de Assuán fue utilizado para los cimientos de la pirámide. Esto apunta a la importancia del lugar, como también al hecho de que protegía la piedra de arcilla de la acción del agua.

8) Dos cocodrilos cincelados son el signo de Crocodilópolis, la cual no estaba lejos de aquí.

9) Lepsius no hizo excavaciones lo suficientemente profundas como para hallar el laberinto.

10) Y el argumento más fuerte de todos: los egiptólogos del mundo entero dicen que el laberinto debe estar aquí. ¿Qué estamos esperando?

Nuestra conclusión es que es absolutamente necesario iniciar una nueva

PATRICK GERYL • LA PROFECÍA DE ORIÓN

excavación aquí. Sólo de este modo el enigma del laberinto perdido puede resolverse.

Consecuencias mundiales

La búsqueda del laberinto debe empezar de manera muy urgente, de lo contrario, la humanidad se encontrará en un gran peligro. Hace más de 12.000 años prevalecía una civilización sumamente desarrollada. Ellos dominaban la astronomía, la geología, las matemáticas, la geografía, navegaban por los océanos, tenían calendarios increíblemente precisos, etc. La evidencia de todo esto está reunida en el laberinto. Si tan sólo pudiéramos destrabar este conocimiento, cambiaría la historia de la Tierra para siempre. Además, también tendríamos una prueba de dónde obtuvieron sus conocimientos y su sabiduría, para poder predecir la destrucción de la Tierra. Darnos cuenta de que nuestra civilización está por ser barrida de la faz del planeta por una gigantesca catástrofe geológica, en primer lugar causará una tremenda reacción de pánico. Luego, rápidamente se emprenderán acciones a nivel mundial para preservar el conocimiento más esencial y transmitirlo a los sobrevivientes de la catástrofe.

Durante mi investigación, me he sorprendido varias veces por la alta calidad de la ciencia de estos antiguos genios. En muchos frentes, su ciencia estaba más avanzada que la nuestra; pudieron calcular las órbitas exactas de los planetas con 4.000 años de anticipación, algo que nosotros acabamos de descubrir ahora. De los innumerables datos que manejaban, pudieron deducir el día final de la destrucción de la Tierra. Ellos sabían que esto era cíclico, que es un acontecimiento recurrente y en él basaban toda su religión. Si yo no llegase a develar estos secretos, la catástrofe golpeará sin una seria advertencia, con desastrosas consecuencias para la humanidad.

Afortunadamente, todos ahora tomarán conciencia de que la excavación de este centro astronómico exige total y absoluta urgencia. De lo contrario, la misión de los antepasados en cuanto a advertir a las generaciones futuras sobre esta catástrofe, amenaza con perderse para siempre. Como ya lo he puntualizado varias veces en mi libro, este desastre mundial puede significar el fin de la humanidad, si no logramos cerrar a tiempo las plantas nucleares. Espero que haya la suficiente cantidad de personas inteligentes para concluir con éxito esta investigación, de lo contrario, la mayor de las catástrofes amenaza con borrar todos los vestigios de la humanidad para siempre.

Determinación de la posición

El hecho de que los conocimientos astronómicos de los egipcios eran imponentes, fue algo que Gino pudo comprobar positivamente cuando regresamos de nuestro viaje. Utilizando las posiciones de las pirámides y templos, trató de calcular matemáticamente cómo los habían realizado. Luego de una intensa búsqueda llegó a la conclusión de que deben haber conocido la exacta circunferencia de la Tierra, y deben haber podido calcular la distancia a las estrellas. Él manejó el problema de la siguiente manera, se preguntó cómo podía proyectar la posición de una estrella en la Tierra.

Solución: congele los cielos en un determinado momento del tiempo, por ejemplo el 27 de julio de 9792 a.C., que es el día anterior a la catástrofe. Calcule la distancia entre las estrellas y regístrelas en unidades específicas (por ejemplo, ana* real, etc.). Tome el centro de la Tierra y proyecte la estrella en él. Adopte una escala determinada al hacer la proyección, de modo que todo pueda volver a medirse consecuentemente. La proyección es tridimensional, lo cual complica la tarea de manera considerable. Y además de todo eso, debe tener en cuenta el ángulo entre las estrellas. Para hacer esto debe saber matemáticas espacial y tener los conocimientos para proyectar un punto en un paisaje tridimensional. Sólo los más encumbrados matemáticos y astrónomos pueden hacer esto en la actualidad. Luego, coloque el templo en la confluencia con la Tierra.

Nuestras mediciones demuestran que los egipcios pudieron lograr esto y demuestran con claridad que estaban increíblemente adelantados, pudiéndose equiparar su ciencia con la nuestra actual.

Un análisis posterior de esta información muestra que el ángulo entre Esna y Dendera es de cinco grados, exactamente igual al correspondiente a las estrellas Altaír y Deneb. Esto brinda una nueva interpretación de la desviación del eje Sur-Norte. Es probable que haya más ejemplos de este ángulo, como el que existe entre Sirio y Aldebarán, que también tiene cinco grados.

---

* Ana: Antigua medida de longitud que equivalía aproximadamente a un metro [N. de la T.].

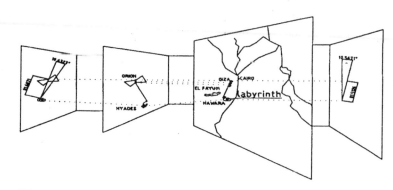

Figura 23.
Vista tridimensional de la relación entre las pirámides, la constelación Orión y las Híades (laberinto de estrellas). Al decodificarla, esta información determina la ubicación del laberinto que aparentemente contiene utensilios y documentos de la inundación mundial anterior.

Ophiuchus

Luego del descubrimiento de la relación entre las estrellas mencionadas y sus lugares en la Tierra, Gino vio la constelación Ofiuco (Ophiuchus).

Si la teoría es correcta, esta constelación domina casi todo el territorio de Egipto. Una explicación plausible tal vez pueda hallarse en los eventos durante la destrucción de la Atlántida. Cuando Escorpio aparece en el horizonte oriental, Orión muere en el Oeste y desaparece. Según la mitología, Ofiuco curó al cazador Orión, al aplastar a Escorpio con su pie. En el lenguaje astronómico, Orión reaparece en el Este sobre el horizonte, mientras que Ofiuco empuja a Escorpio bajo la tierra, en el Oeste. Esta es una historia que merece estudiarse en profundidad.

Parte III

¿Cómo calcularon la fecha del final del mundo?

10

EL MISTERIO DE ORIÓN, DECODIFICADO

Lunes 25 de noviembre de 1996. Gino y yo repasamos una vez más toda la información que teníamos sobre el zodíaco, pero esta tarea no nos llevó muy lejos. Entonces, decidimos continuar nuestra búsqueda por computadora. Gino compuso los datos sobre las constelaciones estelares para el año 2012. A veces le llevó bastante tiempo porque su programación era una tarea ardua, pero él era un genio y el resultado fue siempre excelente. Yo buscaba desesperadamente una conexión entre toda la información que poseía, mas no pude adelantar mucho esa noche. Docenas de imágenes de posiciones planetarias, constelaciones estelares y complicados patrones internos pasaron por mis ojos. Un tanto mareado, aunque sin perder el entusiasmo, me fui a mi casa. Algo estaba fermentando en mi interior, podía sentirlo, pero ¿qué era?

Íbamos a encontrarnos otra vez la noche siguiente y, principalmente, a realizar la búsqueda por Internet. Esa era una revelación para mí, pues era la primera vez que trabajaba con esta herramienta. Decidimos buscar datos sobre el zodíaco. Aparentemente había muchísimas publicaciones que nos iban a dar trabajo por unos cuantos días, por eso Gino cambió su búsqueda e incluyó dos palabras, "zodíaco" y "Egipto". Entonces, sólo encontramos tres artículos. Uno de ellos parecía ser sumamente importante y he parafraseado a continuación algunos puntos destacables:

"*Secret of the Great Pyramid Revealed*" [El secreto revelado de la Gran Pirámide] por J.P.E.

"Por milenios han causado admiración. ¿Por qué fueron construidas? ¿Quién las construyó?

Un reciente descubrimiento demostró que el diseño de la Gran Pirámide se basó en las más complejas mediciones astrológicas que jamás hayamos conocido.

La medición de la precesión del año 25.920 resultó ser la más importante incorporada en el diseño de la Gran Pirámide y la verdadera razón por la cual esta fue construida. Es una especie de santuario para la medición del movimiento del zodíaco para el Gran Padre.

. Se ha mostrado que los ejes de la Gran Pirámide están en perfecta alineación con las estrellas clave del zodíaco, en los cambios importantes de las diversas casas zodiacales.

¿Podría ser que la Gran Pirámide fuese un monumental reloj?

Mide la precesión y otros cambios diversos en cuanto antecesor del zodiaco".

Inmediatamente luego de leer este artículo, para mí quedó claro que la pirámide, en efecto, era un reloj gigantesco y estaba funcionando. Dentro de dieciséis años su tictac va a detenerse, porque entonces se producirá la mayor catástrofe en la historia de la humanidad. Por eso la pirámide se ha construido con una precisión tan grande. Para dejarnos esta advertencia, los constructores debieron realizar una obra superior. La mínima desviación en ella podría evitar que las civilizaciones venideras se enteraran del mensaje último y definitivo: ¡Presten atención, una destrucción mundial ocurrirá cuando el reloj deje de dar la hora! ¡Qué brillante razonamiento! Y recién ahora lo venimos a descubrir, ahora que casi es demasiado tarde para tomar las precauciones necesarias.

Los investigadores ya se han preguntado por qué los ejes habían sido construidos con un grado de precisión tan increíble, pues no hay desviaciones y en su totalidad debe haber exigido una enorme cantidad de mano de obra. La construcción de los cuatro ejes es comparable con el diseño de varios templos grandes. Esta visión arquitectónica ha intrigado a miles de visitantes... hasta ahora. Para mí, era cada vez más claro, minuto a minuto. A fin de que todo fuera más transparente todavía, Gino debería hacer gran cantidad de cálculos y eso le llevaría varias semanas. Satisfecho con este plan, pedí volver a ver las estrellas del año 2012. Tenía este sentimiento de que hallaría algo nuevo. Y pronto apareció en la pantalla una constelación de estrellas con los códigos de la destrucción del mundo.

"¿Puede mostrar una vista diferente?", le pregunté repentinamente, siguiendo mi intuición.

Las manos de Gino se abalanzaron sobre el teclado y apareció una imagen que yo ya había visto antes y no le había prestado atención. Por la pantalla corría una línea recta.

Me fascinó; la miré y murmuré: "¿Qué es esa línea?"

"Ese es el ecuador, la línea que divide la Tierra precisamente en dos mitades", respondió Gino.

Sentí que había algo más detrás de esto, pero ¿qué? Nuevamente, observé la pantalla. Junto a la línea había otra que indicaba un movimiento ondulante. Se elevaba desde la base, alcanzaba una cima y luego descendía debajo de su punto de partida. Una onda perfecta. Tal vez la explicación parezca un tanto difícil, pero el cuadro que aparece a continuación aclarará las cosas. Esto es lo que vi.

Eso está muy bien, dirá usted, ¿pero dónde quiere llegar? Y eso es exactamente lo que yo me preguntaba. No podía sacar este mensaje de mi cabeza,

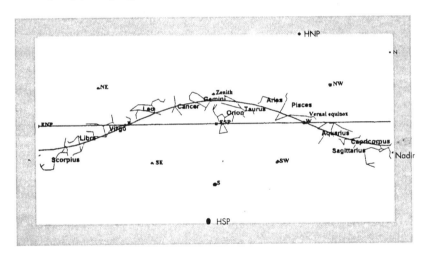

Figura 24.
El movimiento ondulatorio del zodíaco.

pero tampoco podía hallar una solución al problema. Ya era pasada la medianoche y decidí ir a dormir porque al día siguiente debía ir a trabajar. Miércoles, jueves, viernes... y no podía pensar en ninguna otra cosa. ¿Dónde estaba el vínculo?; había uno, de eso estaba seguro. Entonces algo me sucedió. Ya lo había visto antes en la tapa interior de *The Atlas of the Universe* [El atlas del universo] de Patrick Moore. Al llegar a mi casa me dirigí apresuradamente a la biblioteca y saqué el atlas de las estrellas. ¡Sí! Allí estaban las mismas exactas líneas, y casi con obsesión comencé a observarlas hasta que me quedé sin aliento. ¡Lo tenía! La línea ondulante apuntaba a las estrellas en el zodíaco, y el Ecuador de la Tierra pasaba justo por ella.

Pegué un salto en el aire, por el puro gusto de hacerlo, luego de arribar a este descubrimiento. ¿Cómo era posible que no lo hubiera advertido antes? De hecho, es astronomía elemental, como lo es la existencia de las estaciones. Todos están familiarizados con la constante progresión de las estaciones que ocurre porque la Tierra tiene una posición un tanto inclinada en relación con el Sol.

Este ángulo provoca la existencia de las estaciones y es la responsable de que el Polo Norte y el hemisferio norte se alejen del Sol seis meses en el año. Cuando en el norte es verano, es invierno allí abajo. Todo el mundo sabe eso. Si trasladamos este razonamiento a simple matemática, obtendremos un movimiento ondular. El verano es positivo y se encuentra en su punto más alto sobre el diámetro. El invierno, entonces, se corresponde con el punto inferior debajo del diámetro. Para obtener la línea ondulante sólo debe empezar a medir, comenzando por el verano. Cuando alcance la distancia más próxima con el otoño, cierre el diámetro y siga descendiendo hacia el invierno. Una vez pasado el invierno, empiece a subir otra vez. Verá que obtuvo una onda perfecta, idéntica a la del zodíaco. Dado que en este también hay estaciones, en el hemisferio norte (Europa y EE.UU.) es imposible ver los signos estelares de Géminis u Orión en junio. Para decirlo de otro modo, este movimiento ondular nos dice si el signo estelar del zodíaco está visible para nosotros o no. El verano es positivo, entonces la constelación está visible, y por el contrario, es invisible en el invierno. Por supuesto que también depende de en qué parte del mundo se encuentre usted. En junio, Orión no está visible en Inglaterra, pero sí lo está en América del Sur. Una vez que ha determinado qué partes están visibles, es fácil ubicarlas en el cielo.

Pude sentir que me encontraba próximo a resolver el misterio de Orión. En menos de cuatro días había logrado informarme de que los ejes siguen a los signos del zodíaco y más aún, descubrí que el zodíaco representaba un movimiento ondular. ¡Por cierto, aquí había una conexión! ¿Cómo no iba a haberla? Los astrónomos y matemáticos de miles de años atrás habían alcanzado un nivel increíblemente elevado. Al menos habían llegado hasta este punto, que era muy lejos por cierto, y con respecto a su obsesión por el fin del mundo, fueron más lejos todavía. Ellos ya habían develado códigos que nosotros recién estamos empezando a comprender. ¡Esto es absolutamente brillante! Pero, prosigamos. Yo aún no había logrado descubrir el significado del signo estelar de Orión, hasta que empecé a comprender; vi una chispa de luz. En el libro *Le Grand Cataclysme* leí que Osiris (Orión), luego de su nacimiento había sido asociado con cierto signo estelar en la Atlántida, visto por su madre y del cual había extraído el nombre para su hijo. Esto me dio una clave: la Atlántida estaba situada cerca del Polo Norte. Luego de la caída, los polos se invirtieron y la tierra desapareció debajo del hielo del Polo Sur. Entonces, Orión se convirtió en un signo estelar de nuestro hemisferio meridional. Más aún, debe haber tenido un significado especial, de lo contrario, el último rey de la Atlántida no hubiera llevado su nombre. Entusiasmado, comencé a buscar en mi atlas alguna conexión posible. ¡La encontré en la página 217! Me quedé perplejo cuando vi la proyección de los hemisferios norte y sur. Pero lo que en verdad me conmovió fue la posición de Orión. Tuve que mirar varias veces antes de poder creerlo. Orión estaba ubicado como el signo estelar más claramente distinguible en el borde del hemisferio sur. Esto no puede ser cierto, pensé. Pero el mapa no ofrecía dudas: Orión quedaba como la única constelación en el borde exterior, tanto del norte como del sur. En términos puramente astronómicos, esto significa que Orión es la única constelación reconocida como un claro indicador en

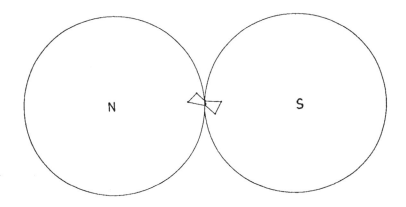

Figura 25.
En este momento, Orión domina los cielos estelares septentrional y meridional. Esto significa que el cataclismo está muy cerca.

ambos cielos, norte y sur.

En algunas páginas más adelante leí lo siguiente: Orión está atravesado por el ecuador del cielo y, por lo tanto, es visible desde todas las partes de la Tierra. El cordón apunta en una dirección hacia Aldebarán y en la otra hacia Sirio, mientras que Procyon, Cástor y Póllux, y Capella también pueden hallarse con facilidad. Su forma característica y su elevada luminosidad hacen que Orión sea particularmente apta como punto de partida para la identificación de estrellas. Todos los miembros principales de este signo estelar (excepto Betelgeuse) pertenecen a los "primeros" tipos espectrales y son muy calientes, brillantes y blancos.

Amo del cielo en 2012 y en 21.312 a.C.

Con esto, mi guía estelar había resuelto un acertijo que tenía una antigüedad centenaria. Dado que los atlantes navegaban los océanos del mundo, necesitaron una baliza reconocible en el cielo. Además del zodíaco también tenían a Orión como punto de referencia. Inmediatamente después de la catás-

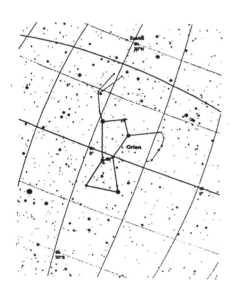

Figura 26.
De hecho, Orión se ubica contra la línea central que atraviesa el movimiento ondulatorio del zodíaco. Desde un punto de vista astronómico, es el "Amo del Cielo" y el "Amo del Zodíaco".

trofe del 21 de febrero de 21.312 a.C., Orión quedó casi en una posición idéntica a la actual. Entonces, Orión debe ser el amo del cielo, simplemente porque se halla en medio de dos cielos estrellados. No hay ninguna otra constelación cerca que pueda igualar su brillo. Por lo tanto, los atlantes eligieron a Orión como su indicador en el cielo. En vista de su ambiguo pensamiento, este debía concordar con una construcción terrenal, es decir, la pirámide de Keops. ¡El misterio de Orión había sido develado! Mi corazón saltó de alegría y yo estaba exultante de entusiasmo. Cuando Bauval señaló que las pirámides habían sido ubicadas de acuerdo con la constelación de Orión, dejó una pregunta abierta sobre el porqué de esta decisión, y yo ahora tenía la respuesta a esa pregunta. (Coincidentemente, Bauval es belga, igual que yo. ¡Los más valientes entre los galos —como dijo César, el emperador romano— lo habían hecho otra vez!)

Pero yo aún tenía otro problema. Ahora Orión toca el diámetro que corre por la línea ondular del zodíaco.

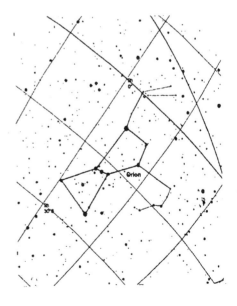

Figura 27.
En el año 3000 a.C. Orión se situaba lejos de la línea central que atraviesa el zodíaco. La importancia de Orión para los egipcios y su verdadera posición astronómica apuntan al final de un gran ciclo.

De inmediato pensé en el artículo que había leído por Internet. Si los ejes de la pirámide en verdad apuntaban a las posiciones del zodíaco correspondientes, entonces, lo que yo había encontrado aquí era su contrapartida cósmica. Los códigos de la destrucción se me aclararon cada vez más; en 2012 Orión no sólo va a dominar los cielos estrellados septentrional y meridional, sino también el zodíaco. ¡Y en ese momento crucial del tiempo se producirá la destrucción del mundo! Las antiguas escrituras lo confirman. Durante la caída de la Atlántida, los sumos sacerdotes que habían logrado escapar le enseñaron sus conocimientos a sus seguidores. Zoroastro fue uno de ellos. La siguiente cita proviene de la obra *Cosmos* de Carl Sagan:

"Toda la ventura y las desventuras que caigan sobre el hombre y las otras criaturas, proceden del siete y del doce. Los doce signos del zodíaco son, como nos lo enseña el santo mandamiento, los doce regentes de este lado de la luz; y de los siete planetas se dice que son los siete regentes de la oscuridad. Los siete planetas eliminan toda la creación, entregándola a los muertos y a todas las formas de la maldad, porque los doce signos del zodíaco y los siete planetas controlan el destino del mundo".

Cuando ingresamos en nuestra computadora el "quinto sol" como la fecha maya para el fin del mundo, pudimos observar un orden especial de los planetas que aparecía en la pantalla. Los astrónomos dicen que esta configuración sólo sucede una vez cada 45.200 años. Con esta matriz "in mente", la alarma debería estallar. Zoroastro sabía de lo que hablaba porque dominaba el conocimiento secreto de la Atlántida. Darme cuenta de esto me dejó sin aire. Más que nunca, ahora estaba convencido del inminente desastre y hallé más claves en nuestro programa.

11

PROGRAMA COMPUTARIZADO
DEL FINAL DEL MUNDO

Domingo 2 de febrero de 1997. Caminé en círculos como un perro herido. Anoche estuve sentado frente a la computadora con Gino. Resultado: cero. Además, no me habían enviado una suma de dinero que estaba esperando.y, sin ese dinero, no iba a poder viajar a Egipto para continuar mi trabajo y resolver el misterio. Eso sería un desastre. ¡Imagínese cómo me sentía, nada salía como debía ser!

De repente tuve esta brillante idea, que fue la de dividir la cantidad de años entre las catástrofes, por números conocidos. Al cabo de algunas horas tenía hojas llenas de cálculos; por lo visto, estaba llegando a alguna parte. Sin embargo, a esa hora aún no me había dado cuenta de que había cometido un error; sólo algunos días después esto salió a la luz.

Pero mi error me ayudó a acercarme a la solución del acertijo. Primero, simplemente sumé los números de los años, desde la catástrofe anterior hasta la próxima. Luego del cataclismo, al año 9792 a.C. todavía le quedaban cinco meses para terminar, por lo tanto, tuve que empezar a contar desde un año más tarde: 9791 + 2012 + 5 meses + 11 meses (la catástrofe se produce en diciembre de 2012) = 11.804. Con este número empecé a hacer más cálculos y hallé varias series de números. Tres días después me di cuenta de mi error. Había contado un año de más. El año cero no existe porque no puede dividirse; el siglo primero empezaba en el año 1 y terminaba después de 100. Nuestro calendario saltaba del 1 a.C. al 1 después de Cristo. Nadie hubiera podido contar el año cero, simplemente porque es incontable. Entonces, en realidad, deben haber pasado 11.803 años entre la destrucción anterior y la que había sido predicha. Pero, de hecho, eso no hacía la diferencia. Tanto los mayas como los egipcios trabajaban con números "sagrados", con lo cual obtenían un resultado final demasiado grande, entonces, restaban un valor determinado, luego del cual llegaban al resultado correcto. Aquí había ocurrido lo mismo.

Accidentalmente, yo había trabajado con un número demasiado grande y con ello había llevado el acertijo casi a su resolución. Para empezar, dividí 11.804 por 117, porque este número era conocido y utilizado por los mayas para obtener números grandes (ver *The Mayan Prophecies* [Las profecías mayas]); 11.804 ÷ 117 = 100,8888888888. Me gustaba esta serie de números que parecía ajustarse al patrón de pensamiento de los atlantes. Además, estaba absolutamente seguro de que esto significaba algo, porque la serie numérica 888888888 era "sagrada" en Egipto (Albert Slosman lo tradujo de los jeroglíficos). Por lo tanto, seguí dividiendo. Algunos de los números que obtuve eran 52 y 36, porque eran conocidos por los mayas y los antiguos egipcios. Había una interesante correlación entre estos y el primer número que había encontrado:

11.804 ÷ 36 = 327,88888888
11.804 ÷ 52 = 227
327,88888888 − 100,888888888 = 227

Esto era demasiado hermoso para que fuera cierto. Entonces, lleno de coraje, empecé a multiplicar por el número de días en un año, siguiendo los dos calendarios:

11.804 x 365,25 = 4.311.411
11.804 x 365 = 4.308.460
11.804 x 360 = 4.249.440

En los cálculos anteriores había hallado el número 227. Al dividir los "supernúmeros" precedentes por 227, de repente di con los números "sagrados" de los mayas. Mis ojos no podían creer lo que estaban viendo. Se pueden reproducir con facilidad estos cálculos:

4.311.411 ÷ 227 = 18.993
4.308.460 ÷ 227 = 18.980
4.249.440 ÷ 227 = 18.720

Los números 18.980 y 18.720 son sagrados para los mayas, pero 18.993 no lo es. Eso me resultó un tanto extraño. Me rasqué la cabeza, mordisqueé el lápiz y nuevamente tomé mi calculadora electrónica. Los atlantes sólo podían restar, sumar, dividir y multiplicar, de modo que tenía que ser simple. Lentamente, ingresé el número 18.993 en la calculadora. Sin saber por qué hice una resta con el número 18.980: 18.993 – 18.980 = 13. Dicen que el número trece es de mala suerte, y debe ser verdad porque estaba presente en mi esquema de cálculos sobre el final del mundo. Por cierto, debía hacer algo con él. Pero ¿qué?

Un poco nervioso reingresé el número sagrado en mi calculadora, luego lo dividí por trece. Imaginen mi asombro cuando de repente el sagrado número de los egipcios apareció. Si no me cree, vea por usted mismo: 18.993 ÷ 13 = 1.461.

Este último número apunta al ciclo sotíaco (por Sothis, Sirio) en Egipto. Todos están familiarizados con un año bisiesto; significa que cada cuatro años agregamos un día para sincronizar la órbita de la Tierra alrededor del Sol. De hecho, deberíamos agregar un cuarto de día cada año, pero dado que esto no es muy práctico, agregamos un día cada cuatro años. Si no hiciéramos esto, tardaría 1.461 años (365,25 x 4 = 1.461) para que el calendario estuviera nuevamente en el rumbo correcto. El día en el cual ambos años coincidían marcaba el comienzo de lo que los egipcios llamaban "año nuevo". Aquí yo había demostrado con claridad que existe una conexión entre los mayas y los egipcios.

Nuevos cálculos arrojaron los números 1.460 y 1.440.

18.980 ÷ 13 = 1.460

18.720 ÷ 13 = 1.440

El número 1.440 nos da cuatro períodos de 365 días. Según el egiptólogo Schwaller de Lubicz, esto era importante. Más aún, sabemos que 1.440 es el número de los minutos en un día, y esto completaba la evidencia.

Sí, en efecto, los "maestros de los números" de la Atlántida, una vez más habían hecho un buen trabajo. Es probable que esto haya ocurrido antes de la destrucción de su país. Entonces, deben haber calculado la longitud del próximo ciclo. Para eso lo dividieron en 227 períodos de 52 años, lo cual arroja un resultado de 11.804. Los mayas sabían que la destrucción sólo podía ocurrir cada 52 años. Si no pasaba nada entonces, iban a estar a salvo por 52 años más. Dividiendo el supernúmero 4.308.460 por un número al azar del ciclo maya, y multiplicando esto por el número de vueltas, siempre obtenemos 227. Es lógico porque 11.804 es divisible por 52 y las vueltas del calendario maya están compuestas exactamente por la misma cantidad de años. Si no lo entiende, en un momento se lo aclararé.

Los mayas tenían un ciclo calendario de 52 años; 52 años por 365 días arroja un resultado de 18.980 días. El doble de esto, o sea 104, nos da 37.960 días, etc.

He aquí algunos ejemplos:

Ciclos calendarios	Días	Años de 365 días	
1	18.980	52	
2	37.960	104	
40	759.200	2.080	
80	1.518.400	4.100	
227	4.308.460	11.804	= destrucción

Al final de cada ciclo de cincuenta y dos años o 18.980 días, los aztecas (los aztecas habían alcanzado el nivel de los mayas) estaban muertos de miedo. La última noche del viejo ciclo fueron hasta las colinas porque temían que el mundo llegara a su fin y que el Sol no apareciera más en el horizonte. Allí estudiaron el cielo y esperaron a que las Pléyades llegaran al meridiano sur. Si la agrupación de estrellas continuaba su movimiento, ellos celebraban, porque entonces sabían que no vendría el fin del mundo. Encendían una nueva hoguera y enviaban antorchas a todas partes del reinado para festejar un nuevo ciclo ofrecido por el dios sol Tonatiuh.

Si esta historia es matemáticamente correcta, entonces el calendario maya debe ser tal, que el último día de un ciclo concuerda con el día de la destrucción. Después de todo, sus años "sagrados" eran demasiado cortos para permitir un cálculo correcto. Cada 52 años su calendario es: 52 x 0,25 = 13 días fuera de su marcha. Por lo tanto, sus cálculos deben estar basados en el último día.

Según Diego de Landa (*The Mayan Prophecies*) [Las profecías mayas], esta celebración se llevó a cabo la última vez en 1507. Esta fecha no concuerda con la cuenta de 2012. Para calcularlo, le debe sumar diez ciclos de cincuenta y dos años a 1507 (10 x 52 + 1.507 = 2.027). Esto nos da aproximadamente quince años de más. Si los aztecas en verdad tenían su gran celebración en ese día, entonces eso estaba errado. El conteo no empezó el 12 de agosto de 3114 a.C. porque hubiera arrojado una diferencia de alrededor de cinco años. Tampoco empezó en 9792 a.C., porque entonces, existiría una diferencia de ocho años. Así, la pregunta aún permanece, ¿por qué los aztecas tuvieron su celebración en ese año? ¿O acaso se trataba de otra celebración?

Sin embargo, la tradición de celebrar cada cincuenta y dos años es correcta. El intervalo entre las dos catástrofes cubre 227 períodos de cincuenta y dos años. Probablemente, los aztecas copiaron esos datos pero no lograron interpretarlos acertadamente. Decidí continuar mi búsqueda y tratar de resolver el acertijo. Con ese fin, trabajé con los supernúmeros que había hallado y los dividí por los números "sagrados" egipcios. El resultado fue el siguiente:

$$4.311.411 \div 1.461 = 2.951$$
$$4.308.460 \div 1.460 = 2.951$$
$$4.249.440 \div 1.440 = 2.951$$

Cuando vi esto, de inmediato pensé en el código del zodíaco. Allí, yo había obtenido tres veces el número 576. Al sumarlos y seguir trabajando con ellos, obtuve como resultado que la precesión del zodíaco está causada por un giro más lento de la Tierra. Hablando en términos prácticos: cada año la Tierra está atrasada en 3,33333 segundos en comparación con el año anterior. Probablemente iba a tener que usarlo otra vez, pero primero sumé el número 2.951 tres veces en una línea: 2.951 + 2.951 + 2.951 = 8.853. Eso era fácil. Pero ahora empezaba la parte más ardua del trabajo. ¿Qué debía hacer yo con este número? Por pura curiosidad lo dividí por 117. El resultado fue: 75,6666666. Este número no tenía ningún significado específico para mí, no me conducía a ninguna parte. Me devané los sesos, pero no logré adelantar nada hasta que recibí la ayuda del número de la precesión del zodíaco. Entonces, el siguiente resultado mágico brilló en la pantalla:

$$75,6666666 \div 0,3333333 = 227$$

Nuevamente, mis ojos casi no podían creer lo que veían, pero el mensaje de los antiguos científicos estaba más que claro: los números 117 y 227 eran correctos porque ambos están relacionados entre sí y pueden calcularse por medio del uso de la precesión del zodíaco. Entonces, los 11.804 años debían ser correctos también. De aquí en más, resultó fácil continuar:

$$8.853 \div 227 = 39$$
$$39 \div 0,33333333 = ¡117!$$

El esquema de la computación para el cálculo del final del mundo demostró ser más que cierto. Pero, como ya estaba familiarizado con la manera de pensar de los atlantes, esto no iba a ser lo único verdadero. Por eso, multipliqué los cocientes entre sí y vi que estaba correcto: 39 x 75,66666 = 2.951.

Una vez que llegué a este resultado, fue fácil hallar otras veinte maneras de calcular y encontrar interrelaciones entre los números. Todo aquel que sabe calcular, puede hacer lo mismo.

Mientras sonaba la canción "Noach" (Noé, en holandés), del CD de Lisbeth List, seguí pensando. Inconscientemente, yo también cantaba la canción:

Esta noche empezará la inundación,

Precisamente como la del valle.

Ellos están construyendo un arca.

La embarcación está casi lista.

Estamos mirando por TV

Cómo suben las aguas.

Y ahora es allí donde todos quieren estar.

Noé.

Melancólico, seguí tarareando la canción. Casi terminaba y aún no podía desenmarañar por completo el esquema en la computadora. Nadie iba a creerme y las aguas iban a subir hasta alturas catastróficas.

Noé, Noé, ¿por qué tiene que ser de este modo?

Mis conclusiones: Empezando por el período entre las dos catástrofes, obtenemos los números "sagrados" de los mayas y de los egipcios. La evidencia de esto es sumamente clara. Más aún, hallamos indicios de que la celebración maya cada 52 años tiene su origen en la cuenta regresiva de la fecha final, porque existen 227 períodos del mismo espacio de tiempo. Todos los números hallados son preocupantes. Estos apuntan de manera ostensible en dirección a la existencia de un "plan maestro", ideado por los científicos de la Atlántida para advertir a sus descendientes, y a nosotros, la catástrofe que se avecina.

Les ruego encarecidamente y de rodillas, que repasen mis cálculos; quizás puedan encontrar otras conexiones. Cada vez se aproxima más el día del final del mundo. Nadie puede permitirse ignorar el conocimiento de los supercientíficos. Ellos construyeron pirámides que aún hoy nos siguen despertando reverente temor. Sus calendarios son increíblemente correctos. Eso solo dice lo suficiente sobre su conocimiento científico. Todos deberían darse cuenta de esto. Entonces, se podrán tomar las medidas necesarias para tratar de salvar a la humanidad. Si no se hace nada, esto podría significar el fin de todo.

El plan maestro decodificado

Por último, en octubre de 2000 logré decodificar la serie numérica. Con mis cálculos se puede demostrar matemáticamente que, empezando desde el 27 de julio de 9792 a.C., el cataclismo se producirá el 21-22 de diciembre de 2012. Sin embargo, es tan complicado que necesitamos varios meses para explicarlo en un lenguaje simple. Eso será tema de mi próximo libro. En el capítulo siguiente, podrá leer cómo logramos descifrar otros códigos superimportantes.

12

EL CÓDIGO DE ORIÓN, REVELADO

De los capítulos anteriores sabemos que los mayas, al igual que los egipcios, predijeron el mismo día como el fin del mundo. En sus escrituras hay códigos secretos sobre la estrella Orión y el pasaje de Venus por el cielo. Cuando estos códigos concuerdan con criterios específicos, algo que sucede en el Sol tendrá un efecto demoledor en la Tierra. Desde hace meses le he estado insistiendo a Gino para que consiga la respuesta definitiva a mi apremiante pregunta: "¿qué es ese código?" Pero no pudo dármela porque le fue imposible obtenerla del programa *Skyglobe* y no logró reconstruir el cielo del año 9792 a.C. Afortunadamente, había visto otro programa en una revista sobre astronomía, el *Loadstar*, con el cual sí pudo hacerlo. Lo recibió cerca de Navidad, pero cuando quiso probarlo, su computadora se rompió. Llamó a un amigo y entre los dos desarmaron el equipo completamente y volvieron a armarlo. Al cabo de varias semanas me llamó y me dijo que su computadora personal ya estaba reparada.

De inmediato empecé a transpirar. "Ya sabe qué hacer; busque un vínculo entre Venus y Orión, y mire también en los años 9791 a.C. y 9793 a.C."

"¡Lo voy a encontrar!"

Con un fresco coraje, él inició su búsqueda. Luego de haber trabajado en la computadora todas las noches por una semana entera hasta bien entrada la medianoche, me telefoneó: "Patrick, creo que encontré una clave".

Mi corazón dio un brinco y le dije a los gritos: "¡Dígame ya, no puedo seguir esperando!"

"Después de tres días de trabajo encontré el fenómeno de Venus mientras hacía un giro retrógrado planetario detrás de Géminis y encima de Orión, al final del año 9792 a.C. Luego de eso, lo estudié sistemáticamente. Desde esa fecha hasta el presente, esto ha sucedido varias veces, ¡y también se produce en el año 2012!"

Con un tremendo entusiasmo grité por el teléfono: "¡Voy para allá de inmediato!"

De camino a la casa de Gino me sentía mareado, como si todo diera vueltas. Si lo que me había dicho, en efecto era correcto, entonces estábamos cerca de la solución y ya nadie podía dudar de los que nos aguarda.

Gino me dio la bienvenida con una amplia sonrisa y me mostró los impresos del trabajo. El primero era del año 9792 a.C., y de hecho, en esa fecha Venus giró detrás de Géminis y en parte sobre Orión, como puede observarse en la figura de la página 135. Luego de estudiarlo por algunos minutos, miré el giro de Venus en el año 2012. Debido al prolongado lapso, pensé que la constelación de Orión iba a estar compuesta de manera diferente, pero no lo estaba. Por lo tanto, parecía muy similar, pero el movimiento de Venus se hallaba más a la derecha. Podía ser el código, pero yo ya empezaba a dudarlo: "¿Acaso Venus no hace ese movimiento en otros años?"

"Aproximadamente cada 250 años".

"¡Qué código raro!"

"En efecto. Pero lo importante es que la precesión en casi 11.000 años no es la misma. Sólo en los años 9792 a.C. y 2012 la precesión es igual".

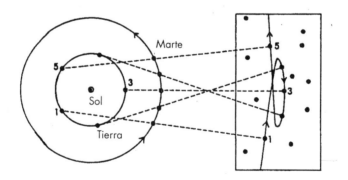

Figura 28.

¿Qué es un giro planetario retrógrado? La Tierra se mueve alrededor del Sol más lentamente que Venus. Es como si tuviera un giro planetario retrógrado contra las estrellas. En otras palabras, Venus hace un círculo en el cielo. El mismo principio funciona para los otros planetas. Aquí se aprecia un giro de Marte.

Estábamos empantanados; teníamos un acontecimiento especial pero no podíamos verificarlo para obtener una prueba absoluta. El año del final del mundo coincidía con la fecha del código astronómico. Nos tomaría varias semanas o meses de devanarnos los sesos. De eso, estaba seguro. ¿Por qué los egipcios nos estaban haciendo las cosas tan inmensamente difíciles para nosotros? ¡Me estaba volviendo loco!

Había pasado una semana y Gino seguía observando su computadora en tanto yo pensaba y pensaba sobre la diferencia en los datos. Cuando de repente un pensamiento me asaltó. El código iba a ser descripto en el libro egipcio *El libro de los muertos*. Tomé las copias que Gino me había preparado del libro de Slosman. ¡Sí, allí estaba! Me preguntaba cómo era que no lo había pensado antes.

Pero en realidad no me pueden culpar a mí. La sagrada escritura de los egipcios estaba realizada de manera tan complicada, que había que estar familiarizado con los códigos astronómicos para poder hallarlos allí. Para que pueda seguir mi razonamiento, le ofreceré la traducción de los pasajes relevantes de *El Libro de los muertos*, de los egipcios (*Le livre de l'au-delà de la vie*). Léalo lenta y atentamente, trate de adoptar la antigua manera de pensar y lo logrará:

La consternación del increíble horror del catastrófico desastre,

torna imposible el escape de la aterrorizada población. Eso es lo que dicen las palabras celestiales; luego de que los Dos Hermanos se mataron.

Explicación: La vida comenzó otra vez después de eso, en el curso del nuevo Sol; y los jóvenes volvieron a encontrar sus almas.

Y sus vidas, bajo la alta protección de los hijos de
Isis y Nepthys, adoptaron sus imágenes celestiales,

y entonces las nuevas generaciones iban a existir para siempre.
Así, los sobrevivientes de la catástrofe que provino del cielo están purificados,
a fin de cumplir las Órdenes'

que originalmente transmitió Osiris (Orión).

Ya conoce la historia que está leyendo, porque la destrucción sucedió.
Isis, Nepthys, Horus y algunos cientos de sobrevivientes escaparon a la nueva
patria, al "segundo corazón de Dios" (Ath-Ka-Ptha cambió por Aeguyptos en
griego, y por Egipto en castellano). En especial la última oración de este verso
nos llama la atención. Como puede observarse en el texto, literalmente dice
que los sobrevivientes tienen que llevar a cabo las órdenes de Orión con minu-
ciosidad y, luego de esto, para nosotros sigue el pasaje más importante del
Libro de los Muertos.

El texto está casi todo escrito en rojo para remarcar su importancia. Fue
en este texto donde hallé los códigos de la llegada de la destrucción. Sin el
descubrimiento de Gino, yo no hubiera podido hacerlo. Léalo con atención,
porque el mismo decide la vida y la muerte de miles de millones de personas.

Así, vivir bajo la bóveda estrellada, bajo las leyes de las combinaciones
matemáticas, generadas por el verso celestial

y sus importantes órdenes, los Mellizos, descendientes de los Dos Hermanos, gracias a Osiris (Orión)... Variante: La bóveda estrellada y sus importantes combinaciones, bajo el cielo,

para que los Mellizos transmitan las importantes órdenes, las vidas de los descendientes y los hijos de los Dos Hermanos, se están agrupando bajo la misma devota atención. Otra variante: Los Dos Hijos de las Dos Tierras,

nacidos en la segunda Tierra: Así, la bóveda estrellada es el reflejo de las elevadas órdenes importantes, que la Palabra Celestial deseó.
Y los descendientes de los Dos Hermanos,

en presencia de la importancia de las órdenes, se convirtieron en los Mellizos de Osiris (Orión). Por eso, luego de la destrucción deseada por las combinaciones celestiales, para obtener el permiso del lugar, el viejo León se dio vuelta

siguiendo la orden de la Palabra, que le dijo que se diera vuelta.

Si está confundido no se avergüence, primero, permítanos comentarle lo que Albert Slosman escribió acerca de su traducción (*Le livre de l'au-delà de la vie,* página 199):

"Indudablemente, esta es la explicación más importante relacionada con el cambio del mundo estelar en el cielo. Y esto viene después del párrafo que está casi completamente escrito en rojo, para resaltar su importancia. El código está oculto al final del párrafo, de modo que la total relevancia de los efectos lo golpea directamente en la cara.

Este gran cataclismo se produjo el 27 de julio de 9792 a.C. Corría la Era del León y la Tierra se dio vuelta en su eje. Y como escribió Heródoto: *El Sol se cayó en el mar*. Esto es así porque la Tierra empezó a girar en el sentido inverso, tal como sigue haciéndolo en nuestros días".

Aun así, no significaba nada para mí antes de haber arribado a las claves de Gino. Lo había leído cientos de veces sin aprender una sola cosa. Pero una vez que uno conoce el código astronómico, lo puede obtener sin demasiado esfuerzo. Empecemos por el principio. En la primera línea se estipula la importancia de las combinaciones matemáticas y de las órdenes principales, las cuales están asentadas en verso. Más específicamente, trata acerca de los Mellizos, que son los descendientes de los dos hermanos de Orión. Al mirar los acontecimientos celestiales del año 9792 a.C. el panorama se aclara rápidamente. En la simulación efectuada en la computadora, se ve a Orión; encima de ella, en un ángulo, está la estrella de los Mellizos (Géminis). En ese año, Venus hizo un giro planetario retrógrado de tres meses detrás del signo estelar de los Mellizos; esto se encuentra a la izquierda encima de Orión.

Cuando uno observa que esto sucede, de repente comprende el código. Lea la última oración, atentamente. Dice que el viejo León se dio vuelta, SIGUIENDO LA ORDEN DE LA PALABRA, QUE LE DIJO QUE SE DIERA VUELTA. ¡Esto dice que el campo magnético se revirtió!

En el verso se refieren a este giro; no cabe ninguna duda al respecto. Los Mellizos están conectados hasta cinco veces con los importantísimos códigos que ofrecen. Luego de haberme dado cuenta de esto, me quedé atónito.

Telefoneé a Gino.

"¡Encontramos el código!", le dije casi gritando por el teléfono.

"¿A qué se refiere?"

"Venus hace un giro detrás de los Mellizos. Fíjese en la página 197 de la obra *Le livre de l'au-delà de la vie*, allí dice literalmente lo que usted ha encontrado".

Françoise, la esposa de Gino, oyó mi voz cargada de excitación y tomó el libro. Se fijó en el lugar correcto y se produjo un silencio que duró más de un minuto. Entonces, oí que Gino emitía un silbido entre sus labios. "Tiene razón, el patrón que encontré está descripto aquí. ¡Pero cómo lo hicieron! Más complicado hubiera sido imposible", suspiró Gino, y yo podía oírlo leer todo otra vez.

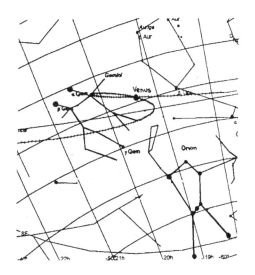

Figura 29.
Venus hizo un giro retrógrado a la izquierda, encima de Orión, habiendo comenzado el 25 de noviembre de 9792 a.C. Se quedó quieto en Géminis el 25 de diciembre de 9792 a.C. y luego giró nuevamente hacia Orión.

Hizo una pausa para respirar y me preguntó: "¿Habrá más códigos ocultos en este libro?"

"Apuesto que los hay. Ahora que sé esto, definitivamente debemos hallar otros códigos. Pero, si todos son tan difíciles como este, entonces tardaremos años de estudio antes de poder encontrarlos".

"Eso es exactamente lo que me gustaría hacer. Recuerde que sólo tenemos quince años antes de que todo se destruya; definitivamente debemos encontrarlos".

"Si nuestro libro se convierte en un *best-seller*, entonces podremos dedicar todo el tiempo que deseemos a esta tarea".

"Bueno, por ahora soñemos un poco".

Gino rió y, mientras tanto, eché un vistazo al verso en el cual se describe la inminente destrucción. Entonces, de repente, comprendí algo. Otra vez había hallado un código importante. "¡Hay otro código allí! Lea la última oración con cuidado. ¡Dice que el viejo León se dio vuelta!"

Por unos instantes hubo silencio, entonces Gino dijo: "Es cierto, pero yo no veo el código".

"Dice que el campo magnético se ha revertido. Como usted sabe, el zodíaco se movió desde Géminis a Cáncer y Leo, antes de la destrucción. En la Era de Leo se produjo la catástrofe. Luego de esto, el zodíaco siguió la ruta opuesta desde Leo a Géminis, a la Era de Piscis, en la cual estamos viviendo ahora y que pronto llegará a su fin".

El zodíaco antes de la catástrofe: Géminis → Cáncer → Leo.

El zodíaco después de la catástrofe: Leo → Cáncer → Géminis → Piscis.

Vi que mi razonamiento era correcto y continué: "Si miramos el movimiento de Venus, veremos que hace un giro de 360 grados. En la religión de los atlantes, esto significó que a partir de ese día, todo debía suceder en la dirección opuesta, como lo dice la sagrada escritura. Traducido a nuestro idioma, significa que el campo magnético de la Tierra había sufrido un viraje. El Polo Norte se convirtió en el Polo Sur; eso provocó la rotación del interior de la Tierra y es el responsable de la precesión por el zodíaco. Y a partir de ese día, la precesión tomó la dirección opuesta. Eso es lo que quisieron decir.

La interpretación correcta del símbolo de los dos leones, entonces, es la

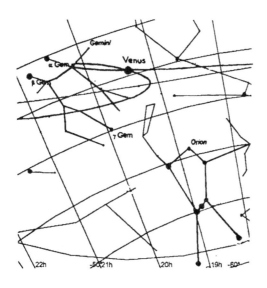

Figura 30.
El giro de Venus significa —proverbialmente— que el campo magnético de la Tierra se dio vuelta. En el lenguaje de la Atlántida: "El viejo León se dio vuelta, siguiendo la orden de la Palabra que le dijo que se diera vuelta".

siguiente: Cuando el Sol volvió a salir en el horizonte, este era un nuevo horizonte. Los egipcios simbolizaron esto agregando una cruz con asa, que es el símbolo de la vida eterna en Egipto. Este Sol iba a quedarse en su horizonte hasta el día del próximo cataclismo, después del cual, puede empezar un nuevo ciclo de destrucción y surgimiento.

Sorprendido por este nuevo giro, Gino exclamó con entusiasmo: "¡Por supuesto, cómo no lo pensé yo mismo... usted es mejor de lo que creía!"

Secamente le respondí: "Se trata de la existencia continuada de la humanidad, si no hallamos la suficiente evidencia, nadie nos va a creer. Por ahora, todo en mí está trabajando a su máxima capacidad".

Riendo, Gino contestó: "Lo mismo me pasa a mí; voy a la cama con esto y sigue allí cuando me levanto a la mañana".

Aquí nuestra conversación se detuvo por un momento, luego yo continué: "¿Ya vio la página siguiente?"

Pude oír cómo daba vuelta la hoja y luego un suave murmullo. Esto es lo que leyó:

La importancia de las Palabras domina a las personas sobre la tierra. Esta
importancia del verso garantiza un largo período
de vida; y debe emplearse para hallar el fin de antemano.

Así escribe Ani, escriba que proviene de los sacerdotes, sirvientes de los
más ancianos, bajo la orden de la voluntad de los más elevados de todos.

"Bueno, eso está lo suficientemente claro", respondió Gino. "El código indica que la próxima catástrofe se producirá en el año 2012 y será el fin de nuestra civilización, probablemente para siempre, si las plantas de energía nuclear se funden".

Con un suspiro, tuve que asentir. "Esa es mi principal preocupación; yo temo lo peor".

Entonces, nuestro diálogo regresó al tema que tenía en manos, y dije: "El siguiente verso menciona que hubo códigos en el cielo, por medio de los cuales ellos pudieron llegar a su segunda patria. Hasta ahora, no los he encontrado. ¿Usted puede ver algo?"

Durante dos minutos completos hubo un silencio en el teléfono, luego del cual Gino dijo: "No, por el momento no lo veo. Voy a tomar nota de esto; tal vez a su debido tiempo surja algo".

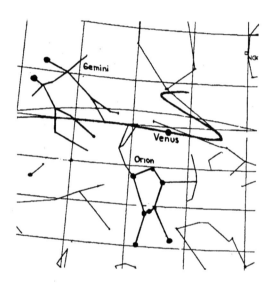

Figura 31.
Venus hará un giro planetario retrógrado a la derecha, encima de Orión, en la primavera y verano del año 2012. Este es el código astro-nómico OPUESTO al anterior. Señala un cambio catastrófico en los campos magnéticos del Sol y de la Tierra.

"En los comentarios de Albert Slosman se afirma que debemos seguir la ley celestial y sus órdenes. Si no lo hacemos, se producirá un desastre mayor que el anterior. Pero, ya nos hemos puesto de acuerdo sobre ese".

"Sí, por cierto", fue la corta y desalentadora respuesta de Gino. Por unos instantes nos quedamos en silencio, aunque mi cerebro seguía trabajando. Entonces se me ocurrió que había más, mucho más. La catástrofe anterior había sido predicha basándose en acontecimientos anteriores. ¿Habrá Venus, en esa ocasión, hecho un giro encima de Orión?

"Gino, ¿recuerda que le dije que sus predicciones estaban basadas en una catástrofe anterior?"

"Por supuesto, pero olvidé la fecha".

"El 21 de febrero de 21.312 a.C. parte de la Atlántida se esfumó bajo lo que entonces era el Polo Norte (ahora el Polo Sur). A esta catástrofe la acompañó una ola gigantesca. Más adelante, está escrito en los anales que 8.496 años antes de esa catástrofe, se produjo otra. Entonces, esa debe haber ocurrido en el año 29.808 a.C. Con las combinaciones matemáticas celestiales, ellos predijeron el día correcto del fin de la Atlántida. El mismo código debía estar presente entonces. ¿Piensa que podría encontrarlo?"

"Este programa sólo puede retroceder hasta el año 10.000 a.C., no más allá".

"No me va a decir que ellos sabían más entonces que nosotros ahora".

"Eso es exactamente lo que parece. Eran mucho más sofisticados y evolucionados de lo que pensamos y debo admitir que me sorprendió bastante".

"¿No puede descifrar el programa y agrandarlo?"

"Es probable que pueda hacerlo, pero dudo que el resultado sea el correcto. Me temo que debemos esperar a tener más datos, luego de los cuales se pueda escribir un programa que pueda retroceder más en el tiempo".

"Qué mala suerte" —murmuraba yo en silencio—, "ahora hemos quedado atascados".

Una absoluta decodificación sumamente sensacional

Los antiguos egipcios decodificaron las anteriores y las venideras reversiones polares, en sus textos religiosos y del renacimiento. Heredaron esta sabiduría de sus predecesores y la escribieron en un lenguaje esotérico. Nosotros descubrimos esta sapiencia de trascendental importancia, algo que despedaza nuestro conocimiento de la historia.

Nuestra investigación nos ha persuadido de que en *El libro de los muertos* se expresaba deliberadamente un idioma científico del tiempo de la precesión y una astronomía de alta tecnología. Este idioma derramará nueva luz sobre la enigmática civilización egipcia. Las coordenadas celestiales son tan extraordinarias, que no hay astrónomo en el mundo que pueda dudar de ellas. A lo largo de esta investigación hemos tratado de ajustarnos a los hechos. Nadie nos va a creer que la próxima reversión polar se producirá en el año 2012, si este código no es cierto.

Sólo en los últimos años la tecnología informática lo ha hecho posible para nosotros, para que pudiéramos reconstruir los antiguos cielos y ver los patrones que se desplegaron en nuestra búsqueda. Los monumentos de Giza y *El libro de los muertos* son un legado para la humanidad, y ellos revelan el secreto más importante de la humanidad, es decir, el fin del mundo. Luego de completar nuestra investigación arqueoastronómica, nos quedó una mayor sensación de los tremendos misterios del antiguo Egipto y de la historia de la Atlántida, una sensación de que su verdadera historia recién empieza a contarse. Al observar la precisión del movimiento de Venus detrás de Géminis y encima de Orión, sentimos que el propósito de los antiguos astrónomos era sublime.

Ellos hallaron el modo de decirnos, a miles de años en el futuro, que el final se aproxima. Y para ello usaron el idioma universal de las estrellas y los planetas, es decir, un círculo a la izquierda y otro a la derecha, encima de Orión. Su mensaje a través de las eras en un código estelar planetario tan simple y autoexplicativo, que no se necesitan palabras para describir las cosas que sucederán.

Aquí informamos los hechos:

1) Los códigos que tenemos son los correctos: Venus hizo y hará un giro planetario retrógrado encima de Orión. Este está también detrás del signo estelar de Géminis.

2) Sólo en 9792 a.C. y en 2012 la precesión es igual. Debido a la misma, los otros movimientos por casi 12.000 años no son idénticos.

Nuestros hallazgos dejan en claro la necesidad de contar con un trabajo serio, que debe ser realizado por los astrónomos contemporáneos. Nosotros FIRMEMENTE PROCLAMAMOS que el giro retrógrado de Venus encima de Orión es el código correcto. Los astrónomos pueden verificar nuestro descubrimiento con los programas más modernos. ¡Ellos comprobarán que es único y que concuerda perfectamente con la traducción de Albert Sloslam!

Simplemente, los hechos

Albert Slosman hizo su traducción en 1979. Esa versión es la que usted puede leer aquí. Están todos invitados a verificarla. Él no tenía un programa de computación para buscar el código astronómico. Cualquiera que pueda demostrar que hemos traducido incorrectamente la obra de Slosman, puede quedarse con las regalías de este libro. Luego de estudiar su traducción, lea esto.

LE LIVRE DE L'AU-DELA DE LA VIE

161 – AINSI VEURENT SOUS LA VOUTE CELESTE, DANS L'OBSERVANCE DES COMBINAISONS MATHEMATIQUES, ENGENDRES PAR LE VERBE DIVIN

162 – ET SES IMPORTANTS COMMANDEMENTS, LES JUMEAUX, CES DESCENDANTS DES DEUX-FRERES GRACE A OUSIR. AUTRE VARIANTE: Ainsi, la voûte céleste et ses Combinaisons importantes, pour devenir sous le ciel

163 – les importants commandements transmis par les Jumeaux, groupèrent les Vies des Descendants, ces fils des Deux-Frères, sous une même attention bienveillante. AUTRE VARIANTE: des Deux-Fils des Deux-Terres

164 – nés sur la Deuxième-Terre: Ainsi, LA VOUTE CELESTE FUT LE REFLET DES IMPORTANTES COMBINAISONS D'EN-HAUT, VOULUES PAR LA PAROLE DIVINE. ET LES CADETS DES DEUX-FRERES, AINSI,

165 – devant l'importance des Commandements ils se firent Jumeaux pour Ousir. C'est pourquoi après l'Anéantissement voulu par les Combinaisons Divines pour permettre l'accession à la Demeure, l'Ancien Lion

166 – se retourna, la Parole ordonnant à son avant d'être derrière!"

166 – L'importance des Paroles commande aux habitants du Pays. Cette IMPORTANCE du verbe perpétue la Vie et ce qui lui est propre pour prédéterminer la Fin!

167 – Ainsi écrit Ani, le Scribe descendant des Prêtres serviteurs de l'Aîné, aux ordres de la Volonté de l'Un Primordial".

Revenons plutôt à l'explication de ce verset très important qui mérite que l'on s'y arete du point de vue astronomique avec la Constellation du Lion. Car manifestement il s'agit d'une explication concernant le plus important changement dans les configurations astrales de notre ciel. Et elle vient après un paragraphe écrit presqu'entièrement en rouge qui montre l'extrême importance du texte, tout en cachant la fin de l'alinéa non pas pour en amoindrir la portée, mais plutôt par une crainte instinctive d'en décrire les effets!

Lors du Grand Cataclysme, survenu le 27 juillet 9792 avant Christ, donc dans ce que nous appelons poru les natifs "en Lion" où le Soleil durant son périple annuel y séjourne 30 jours environ. Mais le Soleil avançait aussi précessionnellement (durant plus de 2.000 ans) devant la constellation de Lion, la Terre bascule sur son axe. Et, comme l'écrivait Hérodote "le Soleil tomba dans la mer". Ceci n'étant qu'une apparence puisque notre astre du jour es "fixe". Ce fut donc notre globe qui se retourna sur lui-même et fit apparaître depuis ce jour memorable le Soleil reculant dans l'Espace. Ce qu'il continue de faire encore aujourd-hui.

13

EL CÓDIGO DE LA INMINENTE CATÁSTROFE MUNDIAL

La decodificación final

Teniendo en cuenta los hallazgos precedentes, tenemos la certeza de que hemos dado con el año correcto. Pero hay más todavía. En el año 9792 a.C. Venus hizo un círculo encima de Orión DESPUÉS del cataclismo. En el año 2012, Venus lo hará ANTES del cataclismo. Estos son los OPUESTOS de CADA UNO de ellos. Luego, descubrí que para decodificar el Códice Dresden, tuve que hacer una increíble cantidad de cálculos OPUESTOS. A su vez, los astrónomos hallaron que las pirámides de Giza son un reflejo OPUESTO de la constelación de Orión. La Tierra también empieza a girar en la dirección OPUESTA, luego de la reversión polar. Entonces, empezamos a estudiar los giros de Venus encima de Orión. En el año 2012, Venus girará a la derecha encima de Orión, y en 9792 a.C. giró a la izquierda encima de Orión. Estos son los OPUESTOS de cada uno de ellos.

Más específicamente, en el año 2012 Venus alcanzará su punto más alto el 30 de junio y luego, volteará hacia Orión. En ese momento, Venus estará entre Orión y las Pléyades. En el año 9792 a.C., Venus alcanzó su punto más alto el 25 de diciembre y luego volteó hacia Orión.

El programa que utilizamos es "Skychart Pro 5". Hemos vuelto a verificar nuestros hallazgos, en septiembre de 2000.

Nuestras conclusiones respecto de esta investigación, son las siguientes:
- El código de Venus encima de Orión da el año correcto.
- Los giros OPUESTOS están muy próximos a los días del cataclismo.
- La traducción de Albert Slosman debe ser correcta. Él decodificó el año correcto. Esto es increíblemente exacto.
- La historia de la Atlántida (según la traducción de Albert Slosman)

debe ser cierta (ver el Capítulo 3, "El gran cataclismo").

- Hubo una reversión polar en el año 29.808 a.C. y un giro muy rápido en el zodíaco en el año 21.312 a.C. Esto también debe ser cierto, porque Albert Slosman lo tradujo de la misma manera como tradujo la fecha de 9792 a.C. Empezando por este punto, se puede averiguar por qué los mayas usaron los números de Venus y el ciclo egipcio y de Sirio (ver más adelante).

La fecha correcta

Con nuestro giro retrógrado de Venus encima de Orión, tenemos el año correcto. El giro también sugiere que el día correcto debe estar próximo a diciembre. Otros astrónomos hallaron una conexión entre Venus y las Pléyades, y el último día del calendario maya. Las Pléyades estaban fuertemente asociadas con el más grande de los dioses celestiales mayas, conocido como Itzamna. Él reinó en los cielos y fue también el dios del eje de la Tierra, que tenía suprema importancia. Según sabemos ahora, la Tierra pronto sufrirá un desplazamiento de su eje. Los mayas creían que hubo una gran destrucción y muerte al final de cada uno de los mundos anteriores, y nosotros sabemos que es cierto y que volverá a suceder en el año 2012. Esta fecha se encuentra alarmantemente próxima. Se traslada a nuestro calendario gregoriano justo antes de la puesta del Sol, hora de América Central, el 21-22 de diciembre de 2012. En ese momento, Venus se hundirá bajo el horizonte occidental y al mismo tiempo las Pléyades se elevarán por el horizonte oriental. Simbólicamente hablando, veremos la muerte de Venus y el nacimiento de las Pléyades. En el momento en que el Sol realmente se hunda, Orión se elevará. En un lenguaje figurativo esto nos da un nuevo ciclo de precesión.

Pero ¿tal cosa acontecerá, realmente? ¡No!, cuando la Tierra empiece a girar en sentido contrario, el Este se convertirá en Oeste y las Pléyades y Orión se hundirán, y Venus volverá a surgir en el Este (el Oeste antes del cataclismo), y comenzará un nuevo ciclo. Al cabo de un día, las Pléyades y Orión se elevarán nuevamente en el Oeste (el Este anterior) y se reiniciará un nuevo ciclo de precesión.

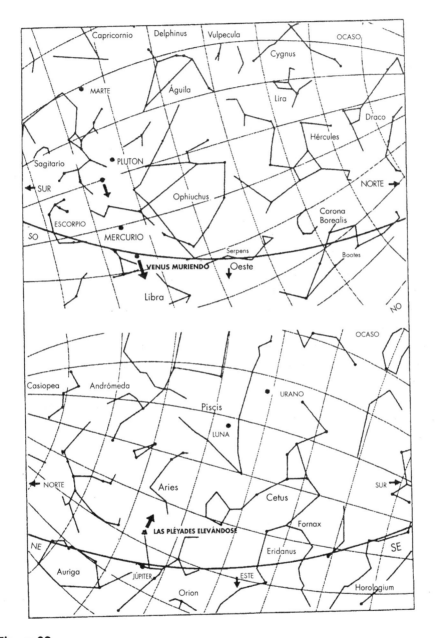

Figura 32.
El cielo en el ocaso en América Central, el 21-22 de diciembre de 2012, el cual muestra la muerte de Venus y el nacimiento de las Pléyades.

Más códigos de las Pléyades

Se ha hallado una enorme estatua de un cráneo, esculpida en piedra, en el fondo de la cara occidental de la Pirámide del Sol en Teotihuacán, que extrañamente tenía un aspecto bidimensional. Fue descubierta en el centro, a lo largo del borde de la Avenida de los Muertos, señalando un punto en particular en el horizonte occidental. El arqueoastrónomo Anthony Aveni, de la Universidad Colgate, observó que en aquellos días cuando el Sol pasaba directamente encima de la cabeza, las Pléyades hacían su primera aparición anual antes del ocaso. También descubrió que este enorme cráneo de piedra estaba alineado con el punto preciso en el cual las Pléyades desaparecen bajo el horizonte. En la noche del 12 de agosto, el Sol también se pone en este punto del horizonte. Este es precisamente el aniversario del comienzo del último Gran Ciclo de los mayas, que empezó el 12 de agosto del año 3114 a.C.

Otro estudio publicado en *The Ancient Kingdoms of Mexico* [Los antiguos reinos de México], Penguin, Londres, 1990, descubrió que la gran Avenida de los Muertos se construyó para mirar el ocaso de las Pléyades, en la época en la cual Teotihuacán fue erigida. Por lo tanto, toda la disposición de Teotihuacán era como un enorme cuadrante de un reloj, en el cual una de sus agujas señalaba hacia el lugar del ocaso de las Pléyades en la actualidad. Cuando uno estudia las tres pirámides de Teotihuacán, a una de las cuales está adosado el cráneo, descubre que también representan las tres estrellas del cordón de Orión. Y a este reloj en funcionamiento desde Orión y las Pléyades, le quedan apenas unos pocos años.

Egipto: el mismo código

Para los mayas, el Sol, Orión, las Pléyades y Venus eran de importancia excepcional, de modo que construyeron varios templos con una extrema precisión, a fin de seguir el paso de estos cuerpos celestes. Pero ¿qué hay de los egipcios? Luego de haber estudiado esto en profundidad, hallé la sorprendente respuesta: ¡Ellos tenían el mismo código! He aquí mis hallazgos:

1. Los egipcios incorporaron a Venus en el código del zodíaco y lo emplearon, como los mayas, para hallar el año de la gran catástrofe. Más aún, el Sol, Orión y las Pléyades son de suma trascendencia. Las Pléyades están asociadas con Seth, quien le infligió el golpe mortal a Orión.

2. En el Libro Sagrado está claramente escrito que Osiris (Orión) y Seth (las Pléyades) son oponentes entre sí en su lucha por el imperio. En el lenguaje astronómico, esto significa que están en oposición. Más aún, Orión está vinculado con el Sol. En el año 2012, cuando llegue el fin de los tiempos, Orión y el Sol se hallarán en oposición con las Pléyades y Venus.

3. En 2012, al final del calendario maya, Venus estará entre Escorpio, la Serpiente y Ophiuchus. Según la mitología, Ophiuchus salvó al cazador Orión, aplastando a Escorpio con su pie. Una explicación plausible de esto puede hallarse en los acontecimientos durante la desaparición de la Atlántida. Cuando Escorpio apareció en el horizonte occidental, Orión murió en el Este y luego desapareció. En otras palabras: Escorpio le dio un mordisco mortal a Orión, entonces se produjo el cataclismo; el Este se convirtió en el Oeste y viceversa. En el lenguaje astronómico: Orión reapareció en el Oeste sobre el horizonte, mientras Ophiuchus empujaba a Escorpio bajo la tierra, por el Este. En el año 2012, luego del próximo cataclismo, sucederá lo contrario.

Conclusión: Los mayas, al igual que los egipcios, calcularon la misma fecha del final del mundo. Considerando la gran diferencia en el tiempo de su hegemonía y sus distintos calendarios, se trata de algo sumamente asombroso. Eso nos conduce a otro código de los egipcios.

Portal de las estrellas

En el antiguo Egipto, la constelación de Orión era representada por la figura de un hombre caminando; a menudo lo mostraban con su mano levantada, ya sea sosteniendo una cruz de asa (símbolo de la vida eterna en Egipto) o una estrella. Según el ya fallecido E. A. Wallis Budge —un apreciado egiptólogo—, el símbolo estelar tiene un significado secundario, como "puerta". Sahu, la Orión egipcia, por lo tanto indica secretamente (según la antigua filosofía) que en este lugar, encima de su brazo extendido, hay un "portal estelar" al cielo. De acuerdo con nuestros hallazgos, el portal de Orión estará abierto por unos meses antes del final de los tiempos. Simbólicamente, esto sucederá durante el ciclo de Venus encima de Orión, en la primavera y verano del año 2012.

¿Qué sucederá?

La rotación de la Tierra disminuirá rápidamente, entonces, girará en el sentido opuesto. Dado que ahora gira de Oeste a Este, luego irá de Este a Oeste. En otras palabras, la rotación del eje será como es actualmente. Esto significa que la Tierra deberá disminuir su paso y girar otra vez en la dirección opuesta. Sucederá en menos de un día, con tremendos cambios en la faz de la Tierra, cataclismos, miles de millones de muertos y una gran destrucción. Y entonces, todas las cosas se normalizarán otra vez, salvo que se habrán producido cambios climáticos debido al viraje de los polos.

Ahora puede preguntarme: ¿está seguro de lo que dice?

Esa es una pregunta lógica, y trataré de contestarla. La fecha 27 de julio de 9792 a.C. ha sido decodificada por Albert Slosman a partir de los jeroglíficos. El fin del mundo, tal como lo predijeron los mayas, será el 21-22 de diciembre de 2012. Las escrituras de los egipcios señalan que Venus está en una posición específica en el código, el año que la Atlántida fue destruida. Venus también es importante para los mayas. Sólo tiene que leer *The Mayan Prophecies* [Las profecías mayas] para darse cuenta de esto. El código de Venus ha sido incorporado en sus escrituras y edificios. Una predicción que hice y para la cual he encontrado evidencia matemática que la comprueba, es que códigos similares pueden hallarse en las escrituras egipcias. En Egipto, existió un complejo subterráneo que Heródoto denominó "El gran laberinto", pues contenía más de 3.000 habitaciones. ¡Es allí donde los cálculos astronómicos se realizaron! Eran copias de los que solían estar en la Atlántida. Estaban guardados, y me quedé sorprendido al leerlo, porque los atlantes sabían la fecha exacta de la destrucción de su tierra con 2.000 años de anticipación.

Aquí, estoy apelando a su mente, quiero que comprenda que ellos CALCULARON el fin de la Atlántida, que ahora se encuentra enterrada debajo del Polo Sur. Nuevamente, ellos CALCULARON un final para nosotros que es mucho más violento aún. Junte reversiones magnéticas y precesiones y obtendrá el colosal cataclismo del que hablaban. Es innegable que existe un vínculo entre el año 2012 y el 9792 a.C. Si seguimos ignorando estos hallazgos, todos moriremos. ¡Todas las alarmas deberían estar sonando en el mundo entero!

Guardián de una olvidada cápsula del tiempo

Urgentemente, debemos buscar el laberinto, ese inmenso complejo que es todavía mayor que las pirámides, según la descripción de Heródoto. Nos brindará los datos correctos con los cuales los egipcios y los atlantes hicieron sus predicciones de este cataclismo mundial. Allí se hallará toda la información de los sumos sacerdotes "científicos" del Gran Laberinto; otros misterios de una arcaica y elitista academia están en ese lugar, aguardándonos. Se ha sabido desde hace tiempo, que ellos estudiaron cuidadosamente el ciclo del Sol en su circuito anual, percibido a lo largo de la senda del zodíaco. Y más recientemente, ha surgido una acuciante evidencia del investigador Maurice Cotterell, la cual yo confirmo completamente, que sostiene que ellos estaban al tanto de la teoría del ciclo de la mancha solar, teoría que los astrónomos modernos ni siquiera conocen. Observar y medir con precisión la teoría de la mancha solar, es una proeza que sólo pudieron haber realizado personas sumamente avanzadas desde un punto de vista científico, es decir, superhombres tecnológicos y matemáticos. Ellos eran astrónomos por excelencia, que habían estado siguiendo y observando las explosiones en el Sol por miles y miles de años, y descubrieron que cuando haya un gran cambio en el campo magnético del Sol, la Tierra se dará vuelta. El resultado fue la señal de una gran catástrofe. Sus enigmáticos hallazgos vibraron por Egipto con el rigor de un culto mesiánico. Tomaron medidas para movilizar al pueblo de Egipto y contener sus energías, a fin de lograr una advertencia gigantesca: las Grandes Pirámides. Gracias a este enorme trabajo, yo pude decodificar sus advertencias.

No dudo de que encontraremos en el Gran Laberinto una conexión entre la reversión en el magnetismo del Sol, la reversión polar de la Tierra y la destrucción de la Atlántida. Más aún, urgentemente se debe llevar a cabo una investigación sobre la reversión del magnetismo solar alrededor del 20 de diciembre de 2012. Yo, personalmente, no tengo ninguna duda, luego de haber realizado estos descubrimientos. La única pregunta que me viene manteniendo ocupado por años es: "¿Cómo puedo lograr sobrevivir? Y, ¿es posible cerrar a tiempo los pozos de petróleo y las plantas nucleares?

Las tres estrellas del cinturón de Orión

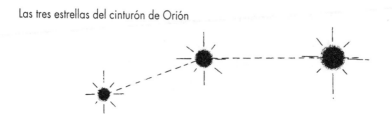

Las tres grandes pirámides de Egipto

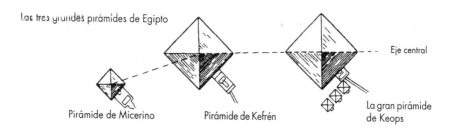

Eje central

Pirámide de Micerino   Pirámide de Kefrén   La gran pirámide
de Keops

Las tres grandes pirámides de Teotihuacán

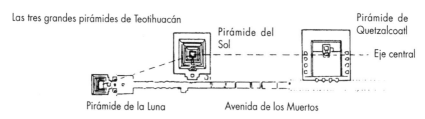

Pirámide del Sol

Pirámide de Quetzalcoatl

Eje central

Pirámide de la Luna   Avenida de los Muertos

Figura 33.
Las tres estrellas del cinturón de Orión (en oposición al real) y las tres grandes pirámides de Egipto y Méjico.

Mensaje que asombra al mundo

Tenemos un problema gigantesco, ahora mismo. Por miles de años, los egipcios fueron poseedores de un supersecreto que deseaban esconder, algo de una importancia sin precedentes para la humanidad. Hemos descubierto que su objetivo fue advertir a sus descendientes sobre el gigantesco cataclismo. Con ese conocimiento pudieron escapar a tiempo y salvar su civilización. Nadie más pudo hacerlo. Esta decodificación es la prueba de su gran conocimiento. Es irrefutable y es la primera evidencia en la historia de la ciencia moderna, de que una desarrollada civilización trazó un mapa del cielo. Y no sólo hicieron un mapa celeste, sino que también siguieron el movimiento del planeta Venus y lo vincularon con la reversión polar que destruyó su patria Aha-Men-Ptah. Este código nos dice que los mayas y los egipcios era maestros astrónomos; de hecho, más avanzados que nuestros profesionales contemporáneos, que contaban con una súper alta tecnología. Ha llegado la hora de escuchar su clara alarma que nos retrotrae a la prehistoria. Los códigos apuntan a una inminente catástrofe. Nosotros podemos hacer dos cosas: seguir como si no supiéramos nada, o empezar a tomar medidas para sobrevivir al golpe.

Sin excepción, este será el mayor desafío en la historia de la humanidad. La destrucción causada por las guerras es una minucia, en comparación con lo que se nos avecina. El golpe será comparable con la explosión de diez mil bombas atómicas; partes enteras de nuestro mundo serán destruidas, miles de millones de personas morirán, el sufrimiento será extremo, a menos que tomemos precauciones a nivel mundial para armarnos contra la destrucción. No todos podrán salvarse; me doy cuenta de eso. Pero si no hacemos nada, entonces la pérdida de vidas será más grande todavía.

Mi mensaje es claro: si la humanidad no reconoce rápidamente las implicancias de esta fecha, correrá grandes peligros. Este antiguo manuscrito demuestra lo siguiente:

1. Los códigos de los mayas y los egipcios, que utilizan en sus cálculos, son iguales.
2. Independientemente de los mayas, los egipcios determinaron la fecha del fin del mundo con una gran precisión.
3. Los egipcios y los mayas deben haber tenido calendarios superiores para hacer sus cálculos.

De los hechos precedentes, todos ellos incontestables, podemos decir que los mayas son descendientes de la Atlántida, o que basaron sus conocimientos en la tradición de los sobrevivientes al cataclismo. En cuanto a Egipto, ya lo sabemos con absoluta certeza. De esta manera podemos explicar el cataclismo mundial de 2012 de un modo lógico. Más aún, este conocimiento demuestra que, para ambas civilizaciones, no sólo se originó en la misma fuente esencial, sino que ellos mismos pudieron verificarlo. Eso completa el cuadro y nos confronta con el más grande desafío de la humanidad, es decir, el inminente cataclismo. El gigantesco desastre geológico puede borrar nuestra civilización. Podemos reaccionar con resignación, pánico, desesperación, negación, etc., pero en los pocos años que nos quedan, esperamos que la advertencia sea recogida por la suficiente cantidad de personas para tomar las necesarias precauciones. Esto podrá permitir que los más preciados conocimientos sean transferidos a las futuras generaciones. Recordemos las siguientes palabras del profesor Frank C. Hibben en *The Lost Americans* [Los americanos perdidos]:

Una de las más interesantes teorias del fin del pleistoceno es la que explica esta antigua tragedia por erupciones volcánicas que hicieron temblar toda la tierra, con catastrófica violencia. Esta idea bizarra, bastante extraña por cierto, tiene un considerable apoyo, en especial en las regiones de Alaska y Siberia. Entremezcladas en las sucias profundidades, y a veces entre las mismas pilas de huesos y colmillos, se encuentran capas de ceniza volcánica. No cabe duda de que, en coincidencia con el fin de los animales del pleistoceno, al menos en Alaska hubo erupciones volcánicas de tremendas proporciones. Es lógico que los animales cuya carne aún se ha preservado, deben haber quedado muertos y enterrados rápidamente. Los cuerpos que mueren y quedan en la superficie se desintegran pronto y los huesos se desparraman. Una erupción volcánica explica que los animales de Alaska se hubieran extinguido todos al mismo tiempo y de una manera que satisface las evidencias como las conocemos ahora. Los rebaños van a morir, ya sea por calor o sofocación, o indirectamente, por los gases volcánicos. Nubes tóxicas de gas producidas por los levantamientos volcánicos bien podrían provocar la muerte en una escala gigantesca...

Las tormentas también acompañan a las perturbaciones volcánicas de las mismas proporciones que aquí se indican. Las diferencias de temperatura y la influencia de los kilómetros cúbicos de ceniza y piedra pómez lanzados al aire por las erupciones, bien podrán producir vientos y ráfagas de inconcebible violencia. Si es esta la explicación del fin de toda esta vida animal, el período pleistoceno terminó con un tiempo muy excitante por cierto.

Relea estas palabras y recuérdelas para siempre. Es imperioso que restablezcamos urgentemente el conocimiento de la antigua Atlántida respecto del día del próximo cataclismo. Sin este dato medular, la última civilización de los últimos 12.000 años, repentinamente se precipitará en la Edad de Piedra. No sé si tenemos que construir enormes pirámides para lograrlo, pero sí sé que estas construcciones fueron un elemento esencial en mi investigación y me trajeron al punto en el cual pude gritar, "¡Eureka!" Sobre bases puramente matemáticas, como investigador puedo deducir de estos enormes edificios, gran cantidad de datos y conocimientos sobre el cataclismo. Esta sabiduría de los tiempos remotos nos enseña lo siguiente:

1. Nuestra civilización dependiente de la computadora, se destruirá por la reversión del magnetismo solar, el cual enviará una nube de partículas cargadas electromagnéticas al espacio. Entonces, los polos colapsarán, se producirá un deslizamiento de la corteza terrestre y a esto le seguirá una gigantesca ola.

2. La tormenta solar y la reversión de los polos destruirán todos los equipos electrónicos. Como resultado, se perderá completamente el 99,9999999% de nuestros conocimientos en tan sólo unas pocas horas.

3. El deslizamiento geológico de la corteza terrestre y la ola gigantesca destruirán las bibliotecas y los libros, para siempre.

A fin de enfrentar este enorme reto, debemos estar preparados para lo peor, como ya se ha demostrado. Los sobrevivientes deben tener los conocimientos básicos de todas las ciencias naturales a su disposición, pues han de comenzar todo de foja cero. Nada que tenga alguna importancia seguirá funcionando o permanecerá, y dependerá de unos pocos sobrevivientes que transmitan nuestra historia, o no.

Por cierto, me doy cuenta de que se puede mejorar mucho en nuestra sociedad, por eso debemos estar seguros de que se transmita lo esencial a las otras generaciones. Por ejemplo:

- La próxima civilización que surja luego del cataclismo tendrá que mostrar un inmenso respeto por la naturaleza. Los pesticidas, herbicidas, fertilizantes, etc., deben quedar completamente prohibidos y ser reemplazados por la agricultura biológica.

- Los bosques y selvas deben ocupar un lugar central en las ciudades del futuro. Estas deberán ser pequeñas.

- Para evitar la contaminación, la población mundial tiene que ser limitada. Al principio, justo después de la catástrofe, podrá darse prioridad a la repoblación.

- Las plantas nucleares no deberán construirse nunca más. Durante los deslizamientos de la corteza terrestre con sus titánicos terremotos, se liberará gran cantidad de radioactividad de los cientos de plantas nucleares en todo el planeta. La cantidad de radioactividad arrojada sobre el mundo, probablemente sea suficiente para extinguir a la humanidad. Mi mayor temor es que esto pase en verdad, y acerca de eso no podemos hacer nada.
- La alimentación antinatural que es destructiva para nuestra salud y requiere gran cantidad de energía para producirla, deberá prohibirse por ley. Entre estos alimentos, yo incluiría las golosinas, el chocolate, las papas fritas, el azúcar blanco, etc.
- Deberán promoverse las dietas a base de frutas y verduras. No sólo es sano sino que evita cerca de 30.000 enfermedades. Dado que la atención médica, como una intervención quirúrgica por ejemplo, será prácticamente imposible luego de la catástrofe, todos van a comprender el beneficio de permanecer saludables. Sólo una dieta de frutas y verduras puede tener este efecto, y es esencial evitar las enfermedades.
- La meditación y el ayuno deben tener un lugar central en la lucha contra las enfermedades infecciosas y de otro tipo. Además de lo precedente, serán la base de una nueva forma de vida.

Estos "sagrados mandamientos" nos permitirán crear una sociedad mucho más feliz de la que tenemos en el presente. Las ganancias no serán el tema principal, sino la salud mental y física de todos los terrícolas. Es de esperar que la mayor cantidad posible de gente se dé cuenta de esto, luego del impacto del cataclismo, para que los errores de la actual sociedad de consumo no vuelvan a cometerse. Estas son las enseñanzas que debemos transmitir. Un mundo infinitamente mejor será el resultado. Y si usted todavía tiene dudas sobre nuestros hallazgos, siga leyendo.

14

LA HISTORIA DE LA ATLÁNTIDA SEGÚN LA TRADUCCIÓN DE ALBERT SLOSMAN

He leído el libro *Le Grand Cataclysme* (El gran cataclismo) de Albert Slosman, una docena de veces, pues me intrigó sobremanera. Al cabo de un año empecé a estudiar los cataclismos con mayor intensidad.

Respuestas. Yo buscaba respuestas. Estudié los lapsos entre los cataclismos anteriores y me preguntaba: "¿Por qué el código de Orión con Venus? ¿Por qué Venus? Es un planeta y no tiene nada que ver con el cataclismo. Así pasaron los meses, y yo pensaba y pensaba, hasta que una luz empezó a brillar. Me pregunté si tenía algo que ver con el Sol. ¡Eso era; el Sol! Me quedé sorprendido por no haber pensado en eso antes. Echemos un vistazo a los acontecimientos en 9792 a.C. Al comparar los datos de las escrituras sacras con los de otros libros que he leído, todo se torna mucho más claro:

Llamas solares encenderán la atmósfera de Venus, como la luz polar, y se tornará tan visible como la Luna, o incluso más todavía, y parte de la atmósfera de Venus explotará en el espacio.

Los mayas describieron estos eventos: Venus era como un segundo Sol y tenía una cola. Por estas razones, los atlantes, los mayas y los egipcios consideraron a Venus como la señal más importante del cielo.

La significativa conclusión que puede extraerse de esto es que, tanto los mayas como los egipcios, siguieron a Venus de manera precisa ¡porque sabían que se volvería a encender en el cielo cuando se produjera el próximo cataclismo! De ahí, el código Venus-Orión. En mi decodificación del Códice Dresden (ver más abajo), hallará los importantes números de Venus que llevaron a la decodificación de este códice. ¿Y qué encontrará? La teoría del ciclo de la mancha solar (ver más abajo; también *The Mayan Prophecies* [Las profecías mayas]). Venus no es más que un indicador para hallar el año correcto del cataclismo anterior y del venidero, y no tiene ninguna influencia en el mismo.

Anteriormente expliqué cómo logramos descifrar el código de Venus-Orión, siguiendo las secretas instrucciones de la obra egipcia *El libro de los muertos*. El código sólo puede descifrarse empleando programas astronómicos de alta tecnología. Muestra un increíble relato de sus tradiciones, de su historia y del cataclismo que hizo desaparecer su patria, Aha-Men-Ptah. Este fue uno de los muchos códigos que conseguí descifrar. Nos cuentan las historias de una ciencia secreta, la cual explica cómo el Sol afecta la vida sobre la tierra. Aquí, yo tenía que hacer algo similar.

Albert Slosman tradujo que la catástrofe anterior había sido predicha basándose en eventos anteriores. En ese año, la Atlántida desapareció parcialmente bajo lo que entonces era el Polo Norte (Polo Sur ahora). A esto le siguió una importante ola. ¿Habrá hecho Venus en esa ocasión, un giro encima de Orión? Pudimos contestar esta pregunta en septiembre de 2000, porque esto sucedió en el año 21.312 a.C. y los últimos programas astronómicos llegan hasta el 100.000 a.C. Investigamos el 21.312 a.C. y los años circundantes y, según nuestros hallazgos, Venus no hizo un giro encima de Orión.

También tenemos la fecha de 29.808 a.C. En ese año se produjo una reversión polar, y otra vez, Venus no hizo un giro encima de Orión.

Entonces, yo debía buscar en alguna otra parte el código de Venus. Pero ¿dónde? Mi punto de partida era que se había predicho el cataclismo anterior de 9792 a.C. ¿Podría yo hallar más códigos de Venus en los sucesos anteriores? Empecé a estudiarlos detalladamente (ver la página siguiente).

Comencé por mirar estas tablas. ¿A qué jugaban los egipcios con estos ciclos? ¿Era un juego de números? ¿Acaso, los números escondían un mensaje oculto? ¿Podría yo hallar los números de Venus en él? ¿Debería seguir instrucciones secretas? Preguntas, preguntas y más preguntas, ¡pero ninguna respuesta!

Los números codificados de Venus

Los egipcios y los mayas usaron estas observaciones del planeta Venus, para hallar una conexión entre los cataclismos. ¿Cuál es el número de Venus? Eso es fácil de responder: 584. Este es el ciclo sinódico de Venus en días. Los ciclos sinódicos del planeta Venus alrededor de la Tierra muestran fluctuaciones marginales en la duración, entre 581 y 587 días. Si bien estas fluctuaciones

Duración	Era	Duración acumulada de los ciclos

35.712 a.C.: establecimiento de la Atlántida

864	Libra	864
2.592	Virgo	3.456
2.448	Leo	5.904

Cataclismo. Año 29.808 a.C. ¡Primera reversión polar! La Tierra empezó a girar en el sentido contrario. El Este se convirtió en Oeste, y viceversa.

1.440	Leo	1.440
2.592	Virgo	4.032
1.872	Libra	5.904
1.872	Escorpio	7.776
720	Sagitario	8.496

Cataclismo: Año 21.312 a.C. La Tierra giró 72 grados en el zodíaco ¡en media hora! ¡Esto es increíblemente rápido!
Observación: ¡No es una reversión polar, sino un rápido giro en la misma dirección!

576	Acuario	576
2.016	Piscis	2.592
2.304	Aries	4.896
2.304	Tauro	7.200
1.872	Géminis	9.072
1.872	Cáncer	10.944
576	Leo	11.520

Cataclismo: Año 9792 a.C. ¡Segunda reversión polar!
Total de años desde el comienzo: 5.904 + 8.496 + 11.520 = 25.920 = fecha de una precesión = ¡fin de la Atlántida!

1.440	Leo	1.440
1.872	Cáncer	3.312
1.872	Géminis	5.184
2.304	Tauro	7.488
2.304	Aries	9.792
2.012	Piscis	11.803

2012: PRÓXIMO CATACLISMO

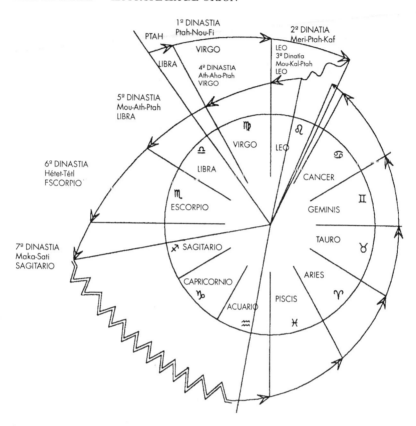

Figura 34. Los cambios en el movimiento de la Tierra, después de los cataclismos anteriores.

en sí mismas eran conocidas por los mayas, ellas eran, de hecho, mucho más interesantes por la razón que hay detrás de estas pequeñas variaciones, es decir, los cambios en la relación entre el plano de rotación de Venus y el eje rotativo de la Tierra misma. Sí, pensé para mí, esta podía ser la respuesta: una relación entre Venus y el eje rotativo de la Tierra misma. Hasta no hace mucho tiempo, nuestros propios astrónomos ni siquiera habían notado esto, pero los mayas estaban sumamente obsesionados con este ciclo, al cual le siguieron el rastro, adentrándose en la historia y arribando a épocas muy anteriores a su propio tiempo.

Como el observatorio de Chichen Itzá lo denota, los antiguos mayas eran expertos en astronomía, matemáticas, calendarios, ciclos, etc.; tenían una idea

LA PROFECÍA DE ORIÓN • PATRICK GERYL

muy compleja de su lugar en el universo, lleno de grandes y aterradores dioses. Pero eran también increíblemente científicos en sus observaciones astronómicas, con calendarios sumamente precisos, basándose de manera predominante, en el planeta Venus.

Los antiguos mayas estaban muy obsesionados con los números y la medición del tiempo en general. Por cierto, su pericia en las matemáticas era de tal magnitud, que ahora se les confiere el crédito de haber inventado el concepto del cero, permitiéndoles manejar grandes números con facilidad.

Los números no eran simples conceptos abstractos utilizados para sus calendarios, la astronomía y la arquitectura, no, los antiguos mayas pensaban que cada número poseía un espíritu propio. Para ellos, los números eran manifestaciones de las energías del universo.

Este sistema del calendario era mucho más complejo y preciso que el que poseemos nosotros. Basándose en los movimientos planetarios, no sólo podía predecir los eclipses solares que los mayas, por cierto, podían ver, sino también los eclipses que se producían del otro lado del mundo o en un futuro lejano. El calendario era tan sofisticado que, incluso, predecía con toda exactitud los eclipses que habían ocurrido recientemente. Los mayas consideraban a su calendario como un legado de los pueblos más antiguos, un regalo de los dioses, de los que podían verlo todo. Los astrónomos modernos están recién empezando a "descubrir" los principios básicos del calendario maya.

Para los mayas, el tiempo y el espacio estaban inextricablemente vinculados. Nos ayuda a comprender la naturaleza cíclica de los calendarios mayas y la manera que tenían de calcular el final del mundo. Pensando en esto, empecé a buscar una fecha entre los cataclismos anteriores y resultó ser una aventura en el tiempo realmente asombrosa. Imagine mi asombro cuando aprendí que existe una conexión entre los códigos de Venus y el ciclo sotíaco (de Sirio) en Egipto (ver en al Apéndice, Otras decodificaciones). Estos descubrimientos estaban ocultos en la fecha, entre el cataclismo de 21.312 a.C. y el de 9792 a.C. Si los resta, obtendrá 11.520 años. Más aún, en el año 21.312 a.C., la Tierra giró 72 grados en el zodíaco. El número 72 no es arbitrario, es esencial desde el ciclo de precesión (72 x 360 = 25.920). Como sabemos, los egipcios comprendieron las complejas relaciones astronómicas, alineando los templos para que coincidieran con el ciclo de precesión y cambiando la identidad de Apis —el toro— por Aries —el carnero—, con lo cual se reflejaba la precesión de los cielos sobre la tierra. Y el número 72 es esencial en estas explosiones de resultados creativos, de logros milagrosos de seres humanos tecnológica y artísticamente superiores. Entonces, pensé que ellos también habían codificado el número 72 en los 11.520 años entre los cataclismos. Yo multipliqué 11.520 por la cantidad de días en un año según los mayas y los egipcios (365 y 360, respectivamente), y lo dividí por 72. Para mi sorpresa, ¡hallé los números codificados 584 y 576 de Venus que empleaban los mayas! Y eso no es lo único que hallé.

El ciclo sotíaco o de Sothis (Sirio) de Egipto

Por el mismo método se pueden hallar los números codificados 1.460 y 1.461 del ciclo sotíaco de Egipto (ver el Apéndice). Es irrefutable, y quedé pasmado por sus avanzadas matemáticas. Me maravillé por su inteligencia, atestigüé su pericia y me asombré al pensar cómo lo sabían. Es, simplemente increíble, y me pregunté: ¿Qué mentes similares a las de los dioses podían codificar toda esta información en un solo número? El número representaba un lenguaje de simbolismos que describe los acontecimientos del mundo real. Describe la historia, la astronomía y más —sin el uso de un lenguaje limitado— para los pueblos futuros como nosotros mismos.

Tenían conocimiento de los mecanismos de las hecatombes que afectan la Tierra periódicamente, y podían calcularlas. Parece razonable sugerir que ellos deseaban transmitirnos estos conocimientos. Pero ¿cómo podría una civilización comunicarse con otra que iba a emerger miles de años más tarde, con libros quemados por los sucesivos cambios ideológicos, idiomas perdidos e ideas aniquiladas? ¿De qué manera, las instrucciones decodificadoras podrían transmitirse a otra raza con un idioma extraño y un método igualmente extraño de escritura? Hay sólo dos constantes que son comunes denominadores de las civilizaciones avanzadas: los números y la astronomía.

A fin de acomodar esto, los atlantes y sus descendientes usaron los números más simples posibles. Sumando o restando un "número sagrado" hallaron otros números que posibilitaron decodificaciones futuras. Si usted ahora se ubica en su posición, podrá decodificarlo. Sus posibilidades de sobrevivir aumentan considerablemente. También debe recordar que el método de codificación depende de la importancia del mensaje, empleándose métodos más concretos para mensajes más importantes, con lo cual se incrementan en gran medida las probabilidades de que su mensaje se transmita. Estas consideraciones fueron las que persuadieron a los egipcios para codificar sus mensajes en sus sistemas numéricos, de astronomía, de cálculos del tiempo y de arquitectura. Algunos de ellos van a soportar los estragos del tiempo, aumentando la certeza de la decodificación y la transmisión. Entonces, dirigí mi interés hacia la decodificación de sus números. Esa era una parte de la historia. Aun entonces, no contento con el éxito de esta decodificación, seguí progresando más todavía, decodificando mensajes astronómicos que habían dejado en sus escritos. Estos se apoyaban entre sí, brindando una abrumadora respuesta a los incrédulos. Todos ellos dicen lo mismo: las reversiones polares son un hecho de la vida. Cada 12.000 años volverán a suceder. Usted sólo debe comprender los números.

No es sorprendente que la elección del ciclo sotíaco y sus tradiciones hayan confundido y dejado perplejos por varios siglos a los eruditos. ¿Por qué preguntan? Bueno, porque es un número muy importante, que conduce a la solución. Al estudiar la decodificación, verá cómo desarrollaron un sistema increíblemente inteligente de claves, permitiendo la duplicación del mismo mensaje en sus calendarios, arquitectura, astronomía, etc. La evidencia que hallé es aplastante. Lo que eso demuestra es que los egipcios sólo querían revelar el significado de sus ciclos a los investigadores, quienes comprendían la importancia astronómica de los números 1.460 y 1.461 del ciclo de Sothis (es decir, de la estrella Sirio).

Los egipcios iniciaron el año la noche del 19-20 de junio. Ese día, la estrella Sirio —en la constelación del Can Mayor— se elevó justo antes que el Sol y siguió su ascenso durante la jornada, desafiando la precesión de los equinoccios. ¿Por qué? Porque Sirio, en términos relativos, se encuentra muy cerca de la Tierra. Goza de considerable "movimiento propio", que le permite desafiar la precesión, mientras que otras estrellas sí se ven afectadas. ¡Allí lo tiene! El ciclo de Sirio es un código de precesión, es decir, otro sorprendente secreto del pasado. Refleja sus enormes conocimientos sobre astronomía. El zodíaco de Dendera muestra claramente las constelaciones astronómicas caracterizadas en el zodíaco. Las inscripciones en la pirámide de Unas documentan el mito de Osiris y toman la historia mitológica un paso más adelante: "...¡Oh, rey, tú eres el compañero de Orión ... y puedes ir al lugar donde se encuentra Orión..." Con esto, se pretendía acompañar al rey muerto a la constelación de Orión, para convertirse en estrella luego de su fallecimiento. En su libro *The Orion Mystery* [El misterio de Orión], Bauval reconstruyó los cielos y descubrió que la "columna de ventilación" meridional de la Gran Pirámide de Keops, en Giza, apuntaba directamente al cinturón de Orión, mientras que la columna similar —que se encontraba a la salida de la habitación de la reina, abajo—, apuntaba a la estrella Sirio. Un código doble: precesión y Orión. ¿Qué significa esto? Nosotros ya lo sabemos: la precesión de 9792 a.C. es igual a la de 2012 d.C. Más aún, las pirámides son un reflejo opuesto de la constelación de Orión. El significado es muy claro, pues al final de un gran ciclo, el mundo se dará vuelta y el código de Sirio es importante en ello. Con eso en mente, pude hallar una decodificación tras otra, con el número del ciclo de Sirio.

He aquí otro código. Los antiguos egipcios usaban un calendario que tenía sólo 365 días en el año. Parece tonto para astrónomos tan refinados, pero no lo es, porque esta leve inexactitud, una vez más, le permitía a Sirio desafiar aparentemente la precesión. Los mayas también empleaban 365 días. ¿Acaso ellos usaron un legado de una civilización adelantada?, me pregunté. ¿Era algún código para algo determinado? La longitud correcta de un año solar es 365,2422 días, pero los mayas lo estimaron en 365,242. Esto queda a sólo 17,28 segundos del valor real. Intrigado, comencé a estudiar los números y, al cabo de algunas horas, los números de su código saltaron directo a mi cara. ¿Qué había hallado? Que su astronomía mostraba una sofisticación comparable con la nuestra. ¡Sabían que un año solar tiene 365,2422 días! Nuevamente, había aquí una decodificación que iba a asombrar al mundo; y tiene una diferencia de sólo 0,08 segundos respecto del valor real. ¡Una falla del 0,000000003%! En el Apéndice voy a revelar cómo lo decodifiqué. En mi próximo libro, encontrará muchas más decodificaciones con el ciclo de Sirio. Todas demuestran la validez de mi método decodificador.

Mis conclusiones son las siguientes:

1. Mi punto de partida fue que existe una conexión entre Venus y el tiempo transcurrido entre los cataclismos anteriores. En mis cálculos, hallé similitudes entre el ciclo de Sirio de Egipto y el ciclo de Venus. Puedo demostrar que esto es incuestionablemente cierto, por deducción.

2. La conexión entre los supernúmeros de los mayas y los números de Sirio será demostrada exhaustivamente en mi próximo libro. Diversos números mayas son los números de Sirio multiplicados por los números del código. Empleando estos números del código pude decodificar los calendarios mayas (vea mi próximo libro) y el Códice

Dresden (lea el Capítulo 22). Y le prometo que casi morirá por la conmoción que sentirá cuando le revele la decodificación final, extraída de la duración de un año solar según los mayas y los egipcios. ¡Es increíblemente exacta!

3. La manera de calcular de los mayas y los egipcios se basa, sin lugar a dudas, en la misma serie de números. Por eso los mayas y los egipcios deben tener la misma fuente.

4. Tanto los mayas como los egipcios conocían números astronómicos exactos (vea en el Apéndice, más decodificaciones). Esto es lo más asombroso de todo. Con este conocimiento, pudieron realizar predicciones precisas de las trayectorias de los planetas, miles de años antes de que sucedieran. No sólo eso, también pudieron hacer los cálculos de la fecha del fin del mundo con una increíble precisión. Por eso sus advertencias deben ser tomadas con extrema seriedad... ¡y recalco: *extrema*!

5. Cualquiera que aún diga que la prueba no es contundente, no comprende la manera de pensar que ellos tenían. Inténtelo otra vez. En su mundo de pensamiento, los números eran el punto de partida más importante, porque estos son aceptados universalmente. Si empieza por esta premisa, finalmente se le aclarará. Lo que estamos haciendo es usar la misma manera de calcular de los mayas. Cada cuatro años ajustamos nuestro calendario con un día adicional. Este ajuste es apenas un poco elevado. Después de 128 años, no contamos un día adicional y no hay año bisiesto. Cuando reflexiona sobre esto, es fácil comprender su modo de pensar; es la manera de calcular que han empleado en todos sus cómputos. En el caso de un año bisiesto, se trata de un día. Si usted calcula esto por miles de años, se convertirá en un número de días mayor. Ellos hacen sus otros cálculos exactamente de la misma manera. Luego de un cierto período de tiempo, por ejemplo, arriban a miles o millones de días. Para que esto concuerde con otros calendarios, restaron x cantidad de días, o sumaron y cantidad de días, hasta que encontraron la similitud otra vez. Con este conocimiento pudieron hallar una teoría de crucial importancia para la civilización, a medida que nos acercamos al año 2012.

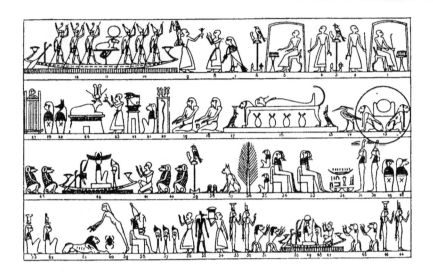

Figura 35.

El Capítulo XVIII del *Libro de los muertos* es el único que no tiene jeroglíficos. Describe el gran cataclismo. Revelaré su decodificación en mi próximo libro.

15

LA TEORÍA DEL CICLO DE LAS MANCHAS SOLARES

Tanto los mayas como los egipcios eran adoradores del Sol. Toda su cultura estaba basada en este astro; para ello había una razón primordial: el Sol no sólo les otorgaba la vida, sino también la muerte. Es exactamente esta dualidad la que les hizo adorar nuestro círculo dorado.

También sabemos y nos damos cuenta de la importancia que tiene el Sol. Por dar tan sólo un simple ejemplo, digamos que: un cielo nublado puede arruinar seriamente nuestras vacaciones de verano. Este es un ejemplo relativamente inocente, porque un calor abrasador puede causar catastróficas sequías y destruir los cultivos. Los astrónomos ahora están comenzando a darse cuenta de que los ciclos de las manchas solares podrían ser la raíz de todo esto. Nuestro conocimiento de la correlación entre el ciclo solar de once años y la temperatura promedio en la Tierra, ha aumentado con el paso de los años. Ahora, parece que es cierto que el clima sobre la Tierra está relacionado con la cantidad de manchas solares. Uno de los ejemplos más notables es el período que va desde el año 1650 al 1710, cuando virtualmente no hubo manchas solares visibles. Los astrónomos denominan a este período el "mínimo incoherente". En ese mismo período hizo más frío que lo normal en nuestra región: los meteorólogos también lo llaman la Pequeña Era Glacial.

Las manchas solares son asombrosas. Forman áreas relativamente frías en la superficie y sólo parecen oscuras porque el resto de la superficie solar es más tórrido y brillante que las manchas. Dentro de una de ellas, la temperatura es apenas menor a los 4.000 grados, muy cálida por cierto, pero lo suficientemente fría para hacer la mancha aparentemente más oscura, debido al contraste con el entorno.

La disminución de la temperatura está causada por su fuerte campo magnético, el cual aparentemente es 10.000 veces más fuerte que el campo magnético de los polos de la Tierra. Este magnetismo detiene el movimiento ascendente que, en otras partes del Sol, transporta energía a la superficie. Como resultado, una cantidad menor de energía alcanza la superficie donde se encuentra la mancha, y a la mancha que tiene una temperatura inferior.

Una mancha solar es un fenómeno temporario. Las más pequeñas sólo existen unas pocas horas o unos pocos días. Las más grandes pueden durar de semanas a meses. Algunas de ellas, incluso, son tan grandes que son visibles a nuestros ojos. Las manchas solares aparecen y desaparecen según un ritmo determinado. Al comienzo del ciclo, las manchas aparecen en las proximidades de los "polos" del Sol. Durante el ciclo aparecen más cerca del "ecuador". Después de eso, generalmente justo antes del final del ciclo, aparecen más alrededor de los polos. Pero el ciclo no se produce con regularidad, hay altibajos. Entre 1954 y 1965, por ejemplo, se vieron muchas manchas.

Estas se muestran en pares. Ambos componentes tienen un campo magnético opuesto, como si apareciera una gigantesca "herradura imantada" en la superficie solar. Obviamente, no es este el caso, pues hay fuertes corrientes eléctricas en el interior del Sol, que provocan los campos magnéticos.

Se denomina área de actividad al grupo de manchas y su entorno, porque sucede mucho más allá de la aparición de las manchas. Innumerables arcos de gas destruyen la superficie solar. Estos arcos o giros adquieren su forma característica a raíz de sus fuertes campos magnéticos, causados por las corrientes eléctricas, que poseen una fuerza de diez mil millones de amperes. Los giros son signos externos de estos gigantescos torrentes que se mueven por las manchas solares.

La actividad de las manchas solares

La actividad solar es un fenómeno más o menos periódico. Durante siglos de estudio, la gente ha descubierto que el Sol alcanza un mínimo y un máximo en un período de once años, y a este período se lo denomina ciclo solar. Alrededor del año 1840, el astrónomo Wolf logró describir cuantitativamente las manchas solares y sus grupos. El gráfico siguiente muestra la evolución de la actividad de las manchas solares desde 1680. Tenga presente que en el año 1610, Galileo fue la primera persona que utilizó un telescopio para efectuar estudios astronómicos. Él vio que eran manchas y no planetas las que se movían alrededor del Sol, porque al contrario de lo que acontece con Mercurio y Venus, que pasan por el Sol de vez en cuando, no eran constantes sino cambiantes todo el tiempo, tanto en número como en ubicación sobre la superficie solar. Después de este descubrimiento, la gente tuvo datos medianamente confiables sobre la cantidad de manchas solares. El "mínimo incoherente" mencionado desde 1650 hasta 1710, y la fuerte variación a lo largo de los siglos, son asombrosos. La comparación con el cambio en la temperatura promedio de la Tierra, muestra un marcado parecido entre los picos más altos y más bajos.

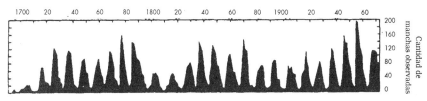

El ciclo (aproximado) de las manchas solares de 11 $^{1/2}$ años,
de la observación efectuada desde 1680.

Figura 36.
Cantidad de manchas solares desde 1680.

El gráfico muestra que la actividad del Sol exhibe variaciones del ciclo de once años. Hay ciclos largos y cortos; el período más largo entre dos picos fue de 17,1 años (1788 – 1805), y el más corto fue de 7,3 años (1829 – 1837). También hay ciclos con una intensidad máxima, grande y pequeña. Por ejemplo, en 1952 y 1989, el Sol mostró una pesada actividad con violentas erupciones. Por otra parte, en 1962 no pudo verse casi nada sobre el Sol; estuvo muy quieto. La mayor sorpresa para los expertos solares se produjo en 1996. Según la teoría, este debió ser un período de calma entre dos ciclos, pero la naturaleza decidió lo contrario. En la primavera de ese año, el satélite conocido como Anik E-1 se tornó inutilizable, y la razón fue los daños provocados por la tormenta. Enormes llamas solares lanzaron al espacio millones de toneladas de partículas que se estrellaron contra la atmósfera terrestre, la cual las devolvió parcialmente al espacio. Como se trataba de una masa increíblemente grande, billones de partículas lograron abrirse camino, y así, el resultado final para este satélite sumamente costoso fue lamentable. Ningún astrónomo esperaba que se produjese esto, pues pensaron que el Sol sólo evidenciaba este tipo de comportamiento en el punto máximo de su ciclo. Obviamente, no era el caso; el

Sol también podía padecer vicios durante los períodos de calma. Este es un punto muy importante. Si aplicamos el ciclo de once años, el mismo debería estar declinando abruptamente a fines del año 2012. Los expertos dicen que de ninguna manera podría producirse una supertormenta capaz de revertir el campo magnético de la Tierra.

Al ver lo que ha sucedido, esta teoría no es confiable ahora. También el ciclo de las manchas solares puede ser más largo o más corto, resultando en una coincidencia "máxima" de la fecha predicha por los mayas y los antiguos egipcios. Es una prueba suficiente para no desechar la antigua sabiduría de estos científicos extraordinarios. Sabemos acerca del ciclo de las manchas solares mucho menos que los atlantes. Durante miles de años ellos lo estudiaron, aplicando una teoría que ningún moderno experto en temas solares conoce. Basándose en esa teoría pudieron predecir con toda exactitud el comportamiento del Sol. Como puede observar en este libro, los mayas y los antiguos egipcios tenían números extremadamente precisos con respecto al tiempo que tarda la Tierra para realizar una revolución alrededor del Sol. Si usted posee una exactitud tan increíble, no tendrá ningún inconveniente en calcular el tiempo de rotación de los campos magnéticos del Sol. Una vez sabido esto, luego de una larga investigación, se puede develar el ciclo de las manchas solares. Es así como lo hicieron ellos, y es así como tendremos que hacerlo nosotros otra vez. El problema es que sólo disponemos de una cantidad limitada de datos. Existe la posibilidad de que esto no sea suficiente para adquirir los conocimientos teóricos necesarios que permitan recalcular la fecha del final del mundo que fue predicha. En todo caso, comenzaré mostrando cómo los atlantes adquirieron sus conocimientos.

La teoría estremecedora

Astrónomos y físicos aún no tienen explicaciones para el ciclo de las manchas solares, pero los sacerdotes que estudiaron las "combinaciones matemáticas celestiales" descubrieron unos pocos fenómenos. Al cabo de muy largos períodos de observación, notaron que las manchas solares se movían por el ecuador, con un tiempo promedio de 26 días. Hasta los polos, el tiempo promedio se torna más largo. También descubrieron que el tiempo requerido por las manchas solares para moverse desde un punto al otro, varía junto con el ciclo de las mismas. Cuando se produce una mancha solar mínima, las manchas se mueven con mayor lentitud encima del Sol. De todas estas observaciones, ellos extrajeron una teoría. El código principal fue redescubierto en 1989 por el investigador Maurice Cotterell, quien empleó números redondos para los campos magnéticos del Sol: 26 días para el campo ecuatorial y 37 días para el campo polar. Comenzando por estos números, halló un ciclo de manchas solares de 68.302 días. Esto está descripto en profundidad en su libro *The Mayan Prophecies* [Las profecías mayas], para el cual utilizó diferenciales y un programa de computación que denominó "diferenciación rotativa". A fin de simplificar este tema, hizo uso de una comparación, la cual se basaba en una indicación aleatoria de los campos magnéticos del Sol y de la Tierra, con un período intermedio de 87,4545 días. Este fue escogido porque los campos polar y ecuatorial del Sol terminan un ciclo común cada 87,4545 días y regresan al punto de partida. Equiparó un ciclo con un *bit* y obtuvo un resultado sensacional, pues había un claro ciclo rítmico en la larga impresión de la computadora. Cotterell vio que esto era semejante al conocido ciclo de las manchas solares; en consecuencia había hallado una relación entre la teoría y la realidad. Es necesario enfatizar aquí que ninguno de los astrónomos conoce dicha teoría. Por eso nadie en la Tierra está consciente de los efectos catastróficos de una completa oscilación de los campos magnéticos del Sol. Repito: ¡ninguno de los científicos oficiales conoce dicha teoría! Por eso, la advertencia de los mayas y los egipcios debe ser considerada con toda seriedad. El hecho de que los mayas estaban conscientes de esta teoría es estremecedor.

"¿Por qué?", se preguntará usted. Bueno, no existe una solución matemática simple para calcular este ciclo. Soy consciente, gracias a los papiros que tienen más de 5.000 años de antigüedad, de que los egipcios eran capaces de calcular problemas matemáticos extremadamente difíciles. Los mayas deben haber tenido la misma capacidad.

He aquí tan sólo un ejemplo de un problema difícil que los egipcios podían resolver: calcule el volumen y la superficie de media esfera. Este problema se halla en el papiro Rhind, el cual se encuentra en Moscú. Su antigüedad estimada es de 5.000 años y fue copiado de documentos más antiguos todavía. Cuando vi el problema me quedé sin aliento. ¡No era tan simple! Necesité mi libro de matemática espacial para resolver el problema e incluso me tomó dos horas refrescar mi memoria, para comprender los cálculos, una vez que los hube leído.

Esta es otra prueba de que los egipcios sabían mucho más de lo que los egiptólogos quieren admitir. Más aún, gracias a que el Códice Dresden y el zodíaco astronómico egipcio fueron descifrados, hallé la evidencia de que ambas civilizaciones conocían el ciclo de las manchas solares. Esta es una clara muestra de que estaban en condiciones de hacer el trabajo, y una prueba incondicional de que los mayas y los egipcios tienen el mismo origen, y de que eran brillantes matemáticos y astrónomos que superan a los astrónomos actuales. Ejemplo de esto es el hecho de que el campo polar del Sol es invisible desde la Tierra. Sólo los satélites que están en la órbita alrededor del Sol pueden verlo. El gran misterio es cómo hicieron los mayas para averiguar la velocidad de este campo... ¡y tengo muchas preguntas de índole similar!

Para ambos pueblos, el ciclo de las manchas solares era un tema central en su forma de vida, y esto no es difícil de creer cuando uno toma conciencia de que una tormenta solar gigantesca, proveniente de un punto culminante en el ciclo de las manchas solares, hará oscilar los campos polares de la Tierra. La catástrofe asociada con esto sería la muerte de miles de millones de personas, probablemente toda la humanidad, debido a la destrucción de las plantas nucleares, a causa de los enormes terremotos. La Tierra se convertiría en una inmensa pelota radiactiva, inhabitable para el hombre. Estos pensamientos deberían ser suficientes para que tomemos conciencia y comprendamos que es urgente realizar excavaciones en el laberinto, donde quedaron enterrados todos los conocimientos.

Los conocimientos perdidos y los códigos redescubiertos

Muchos problemas hallarán su solución en las secretas habitaciones del laberinto. Para calcular el ciclo de las manchas solares se requiere un serio conocimiento de las matemáticas, y no es tarea fácil. También son necesarios conocimientos específicos del movimiento de la Tierra alrededor del Sol, de matemática espacial, medición exacta del tiempo y matemática integral. El hecho extraño es que ellos poseían todas estas aptitudes, pero debían mantenerlas en secreto. Sólo los sacerdotes iniciados en los textos sagrados poseían estos conocimientos. Para otros, todo estaba oculto en el misterio. De ahí que esto no nos facilita nuestro trabajo. Un código determinado está escondido detrás de cada número o carácter. El significado de esto y cómo interpretarlo requiere extrema paciencia y tenacidad. Sin estas dos cualidades, no es posible descifrar sus importantes mensajes codificados. Es interesante saber que

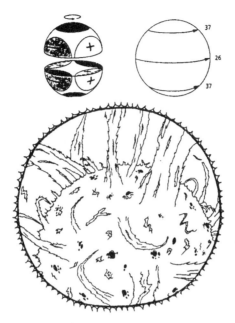

Figura 37.
La velocidad de los campos magnéticos del Sol: 26 días en el ecuador y 37 en los polos.

ellos siempre trabajaban con los mismos números sagrados.

"Siga intentando" es el mensaje; la única manera de hallar las respuestas, mientras no poseamos los datos del laberinto. Si volvemos a hacer cálculos y "pensamos en otras estimaciones matemáticas" sobre el ciclo de las manchas solares, encontraremos muchos mensajes codificados que resultan interesantes. Divida el ciclo teórico de Cotterell sobre las manchas solares, por los períodos de rotación de los campos magnéticos del Sol, y hallará el número de ciclos por los que pasan los campos magnéticos, en un ciclo de 68.302 días o 187 años:

68.302 ÷ 26 = 2.627

68.302 ÷ 37 = 1.846

Al restar estos números, se obtiene la cantidad de veces que el campo ecuatorial alcanza el campo polar: 2.627 – 1.846 = 781. Esto nos conduce a diferentes conexiones. Para calcular cuándo un campo alcanza al otro, haga los siguientes cálculos sencillos:

2.627 ÷ 781 = 3,36363636

1.846 ÷ 781 = 2,36363636

Explicación: cuando el campo polar ha viajado el 2,3636 de un círculo, es alcanzado por el campo ecuatorial. Este último ha viajado un círculo más, o 360 grados. Esto es exactamente después de 87,4545 días y coincido con el ciclo que Cotterell calculó. Es asombroso que en ambos campos se produzca el número infinito 0,36363636. Aquí radica el origen de los 360 grados:

1. Cuando estudié matemáticas no comprendía por qué un círculo consta de 360 grados y no de 100. Al observar estos números se tornó claro para mí: ¡su origen está en el cálculo del ciclo de la mancha solar!

2. Otra decodificación explicó que los egipcios y los mayas calculaban la diferencia de grados por los que los campos viajaban (360) y la usaban en el ciclo de precesión que duraba 25.920 años (25.920 = 72 x 360). Esto prueba incontestablemente el origen de los 360 grados.

3. Después de un ciclo de 87,4545 días, se produce una diferencia de 360 grados. Ocho de estos ciclos forman un miniciclo en los cálculos de Cotterell, dando como resultado el siguiente número de grados: 360 x 8 = 2.880. Este número aparece en distintos cálculos; es una parte esencial. Aquí se encuentra el origen de este número. Usando los tiempos entre los cataclismos anteriores ¡es posible calcular el ciclo sotíaco (de Sothis = Sirio) con la ayuda del número 2.880!

4. Luego, la serie infinita 0,36363636 aparece varias veces en el Códice Dresden, convirtiéndose en el código crucial de Venus. Y se torna más complejo todavía. Los números de los códigos multiplicados por 36 arrojan nuevas combinaciones que conducen a más revelaciones del Códice Dresden y del zodíaco egipcio.

Recompensa de $ 25.000

La situación es sumamente seria. Los mayas entendieron una teoría ¡que los astrónomos modernos no conocen! Nadie me creería de no estar completamente seguro de esto, por lo tanto, ofrezco una recompensa de $ 25.000 a la primera persona que pueda demostrar que los astrónomos conocen la teoría del ciclo de las manchas solares de Maurice Cotterell (ver: *The Mayan Prophecies* [Las profecías mayas]). Para cobrar su dinero, deberá enviar a mis editores, la revista científica sobre astronomía donde esta teoría haya sido publicada por astrónomos oficiales. Sólo se permitirán trabajos científicos anteriores a julio de 2001 y quedan excluidas las publicaciones que estén fuera de las obras científicas astronómicas oficiales.

Después de este ofrecimiento, espero que me crea cuando digo que hablo en serio.

16

CATÁSTROFES, TORMENTAS SOLARES Y LA PRECESIÓN DEL ZODÍACO

Este capítulo es extremadamente importante. Muestra un vínculo matemático irrefutable entre el ciclo de las manchas solares y la precesión (cambio) del zodíaco. En un momento sabrá hacia dónde nos conduce todo esto, pero primero, debe observar algunos pequeños cálculos matemáticos; nada difícil. Hice estos cálculos numerosas veces y no me produjeron ningún colapso mental, por lo tanto, usted no tiene nada que temer. Como me pasó a mí, se topará con varios números asombrosos que no podrá ignorar. Empecemos ahora mismo.

Primero, debe recordar que cada campo magnético del Sol tiene una velocidad de órbita diferente. La rotación en los polos es más lenta que en el ecuador. El campo ecuatorial rota alrededor de su eje en 26 días, el polar, en 37. Al cabo de 87,4545 días, el campo más rápido del ecuador alcanza al campo polar. En ese período, el campo ecuatorial ha viajado 3,363636 partes de un círculo, y el polar, 2,363636; la diferencia es exactamente un círculo de 360 grados.

"No tan difícil", le oigo pensar. Bueno, entonces continúo con mi historia. Si leyó el capítulo en el cual se descifra el código del zodíaco, debe saber que la Tierra se desplaza 3,33333 segundos por año en el zodíaco. Ahora le pido que multiplique ese número por sí mismo: $3,33333 \times 3,33333 = 11,11111$. Este es el tiempo promedio del ciclo de una mancha solar. Cada 11 años, el ciclo de la mancha solar sube y baja, va desde un punto alto a uno bajo. Nuevamente, esto no es una coincidencia. En cálculos posteriores, logré descifrar varios códigos con este número, el cual demostró que mi búsqueda iba bien. Si se multiplica este número importante por el número de los ciclos de rotación de los campos magnéticos del Sol, se obtienen los siguientes resultados sorprendentes, y en verdad, quiero decir sorprendentes:

3,363636 x 11,11111 = 37,37373737
2,363636 x 11,11111 = 26,26262626

Por cierto, vuelven a aparecer los períodos de rotación, pero revertidos en comparación con la cantidad de círculos que se ha viajado. Se obtienen dos series infinitas de 37 y 26. Los lectores inteligentes se darán cuenta de lo siguiente: esto significa que, si conoce el período del campo magnético del ecuador, puede calcular la velocidad del campo polar, usando el cuadrado del número de precesión. Y por supuesto, puede hacer lo mismo, pero al revés.

Bueno, me quedé sin habla. No soy capaz de expresarlo con mayor precisión. Es una extraordinaria conexión matemática, donde la coincidencia está absolutamente —repito, absolutamente—, fuera de toda discusión. Es parte de un "plan maestro", un programa de computación muy sofisticado, que derrota al más moderno *software*, en su belleza y complejidad. Usted no puede ignorarlo. Sólo trate de hacer algo como esto. Este es su punto de partida: incorpore los dos campos magnéticos del Sol, los cuales son la piedra angular del ciclo de las manchas solares, con su período promedio. Si le preguntara esto a un astrónomo, él lo miraría con desesperación y no contestaría su interrogante. Peor aún. No podría estar en condiciones de brindar un modelo matemático, porque no sabe las fórmulas que conocían los mayas y los egipcios. Estas series de complejos datos astronómicos asombran a todo el mundo. Y demuestran incondicionalmente la inteligencia de aquellos que crearon estas teorías. Así como el descubrimiento de la piedra Rosetta indujo el comienzo de la egiptología, esta manera de decodificar causará una revolución en el conocimiento de la antigüedad. Es un vínculo crucial con la existencia de nuestra civilización. En cierto modo, estas cifras tienen una numerología esotérica. Como puede ver, son números esenciales que pueden procesarse en componentes básicos. Cuando están procesados, a su vez, ellos nos conducen a los mismos números que son una mezcla de combinaciones del más alto orden, dando como resultado una fuente de información para los que se dedican a esto, es decir, los expertos en números.

Los números relevantes son una metáfora determinada para el catastrófico desastre que va a devastar la Tierra. Son el clímax fascinante de una búsqueda de las razones del desplazamiento de los polos, la caída de los cielos, la destrucción de la Tierra, animales y personas. En su simplicidad, se halla oculta una inmensa complejidad de mitología y religión, de ciencia y matemáticas, que se reúnen en un símbolo esencial.

Esto no termina aquí. Aparentemente, el descubrimiento de que el campo ecuatorial del Sol rota en 26 días, fue difícil de lograr. La rotación del campo polar resultó mucho más difícil, debido su la invisibilidad desde la Tierra. Por eso, ellos escondieron en el número de precesión, el código secreto del campo polar.   La demostración es la siguiente:

$$11,11111 \times 3,3333 = 37,037037037037$$

Aquí hallamos la serie infinita del 37. No es posible tanta coincidencia. Nuevamente, se lograrán más conexiones entre el desplazamiento del zodíaco y el magnetismo solar, y obtendremos la evidencia de los acontecimientos profetizados y reales en la Atlántida, si encontramos esas conexiones. Al mismo tiempo, estamos seguros de lo que va a suceder en el año 2012. Los atlantes sabían que una gigantesca interrupción del Sol, provoca enormes erupciones.

La onda de choque electromagnética es tan poderosa que el campo magnético de la Tierra estalla. Luego de ese evento, la Tierra se moverá en la direc-

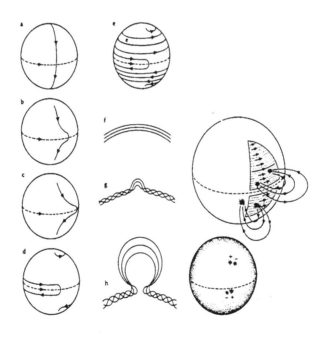

Figura 38.
Efecto de los campos magnéticos que rotan de manera diferente.

ción opuesta en el zodíaco. Para describir esto, los atlantes buscaron una relación matemática entre ambos fenómenos.

Juntos podemos revelarlo. Usamos el tiempo de los campos magnéticos del Sol: 26 y 37 días, luego calculamos la cantidad de grados que cada campo viaja en un día. Si dividimos el número de grados de un círculo por estos números, obtenemos como resultado lo siguiente:

360 ÷ 26 = 13,84615385

360 ÷ 37 = 9,729729730

Divida el ciclo de precesión por estos números:

25.920 ÷ 13,84615385 = 1.872

25.920 ÷ 9,729729730 = 2.664

Mire estos números más de cerca, notará que ya el primero es significativo. Para los mayas, el 1.872 es muy importante. Pero 1.872 también es el período más corto en el zodíaco de los egipcios. Además, esos números aparecieron varias veces en mis cálculos. La precisión de estas simples cuentas aclara cualquier duda que pudiera quedar. Y esto no es todo. Más adelante, el número 2.664 estará indicado como un número de código esencial en el Códice Dresden. En otras palabras, puede recuperar dos números de códigos mayas haciendo un simple cálculo en el zodíaco egipcio. Esto indica que deben tener el mismo origen. Si ahondamos más profundamente en tales hallazgos, pude decodificar datos más importantes. La omnipresencia de los números simbólicos no es una coincidencia. Ellos forman una similitud extraña pero comprensible y son la síntesis de una civilización superior que tuvo que confrontar el fin de los tiempos, de dioses que han incluido sus mitos y conocimientos en una gran idea. Es una fuente de conocimientos donde una perturbadora investigación científica exacta fue incorporada. Tuve que tomar aire. ¿Cuáles serían los siguientes descubrimientos que me aguardaban? Para hallar la precesión se necesita saber acerca de dos puntos en un año, donde el día y la noche son iguales en duración. Estos serían el 20 de marzo y el 22 de septiembre. La investigación revela que mayas y egipcios tenían estos conocimientos, debido a que varios templos estaban construidos en ese punto donde el Sol se elevaba por el horizonte al comienzo de la primavera.

Y allí radica la solución del acertijo que estoy tratando de develar. El ciclo de precesión es una majestuosa máquina de una extraordinaria complejidad. Casi me desmayo. Su conocimiento del cosmos debía ser enorme y sus matemáticas, descomunales. Según ellos, se necesitan 72 años antes de que el Sol se desplace un grado sobre su eclíptica. Esta es una estimación asombrosamente precisa, de acuerdo con los astrónomos de la actualidad. Sólo una ciencia de un nivel matemático y astronómicamente elevado puede producir tal exactitud.

Yo me pregunté si sería posible que los códigos secretos estuvieran ocultos detrás de este número. ¿Acaso iniciaron esta codificación en los números de los cuales hablé antes? ¿Estaba su herencia tan brillantemente codificada, de modo tal que alguien que tuviera una perspectiva científica pudiese reducir su compleja información matemática en un modelo más comprensible? Lleno de respeto, empecé mis cálculos y pronto logré vislumbrar que mi corazonada era correcta:

1.872 = 72 círculos de 26 días

2.664 = 72 círculos de 37 días

Estoy bastante seguro de que usted también se asombró al ver el número 72. Cuando se multiplica por el período de los campos magnéticos solares, el resultado son los números consignados. Estos aparecen tan frecuentemente que no pueden ignorarse. Aquí nos tropezamos con la esencia. Sin lugar a dudas, está claro que los egipcios intencionalmente incorporaron estos números en su manera de calcular. ¿Por qué?, me preguntaba. Un profundo estudio del texto de Albert Slosman sobre la catástrofe anterior me dio la respuesta a esta acuciante pregunta: Aha-Men-Ptah se corrió 72 grados en el zodíaco después de la hecatombe.

Esta conexión de importantes números básicos en el ciclo de las manchas solares y el zodíaco, está creada con un propósito. Son la respuesta matemática a las visiones apocalípticas de las erupciones volcánicas, de enormes terremotos, eras glaciales y una gigantesca ola; y por lo tanto, pavorosamente realistas. ¡Qué solución brillante, qué lógica sobrenatural! me dije a mí mismo. ¿Era, acaso, un mensaje telepático a través de la nebulosidad de los tiempos? Algo me decía que este era el caso. Había mucho más para descubrir detrás de estos números del lejano pasado. ¿Estaría yo en condiciones de recordar esas memorias? ¿Podría descifrar el olvidado código, de manera más extensa? Observé los números con renovado interés y tuve éxito después de un exhaustivo estudio (los lectores interesados en las matemáticas pueden hallar la evidencia en el Apéndice). Reste el número del ciclo de las manchas solares (vea el capítulo anterior), de los valores calculados:

1.872 – 1.846 = 26

2.664 – 2.627 = 37

¿Qué obtuvo? Una conexión directa entre el magnetismo solar y el corrimiento del zodíaco. Dicha ciencia es extremadamente progresiva y excede la que conocemos en la actualidad. Detrás de todo esto hay una mano solícita que quiere advertirnos; y científicos increíblemente inteligentes fueron los responsables de esto. La razón es que dicha conexión no es azarosa; existe una conexión directa entre los períodos dramáticos en la Tierra. El ciclo de precesión está estrechamente vinculado con el principio y el fin de las eras glaciales. Esto se ha conocido desde la década de 1970. Los descubrimientos mencionados antes son la evidencia de que los atlantes tenían un elevado nivel de conocimientos, ¡y eso hace más de 12.000 años! Ellos también descubrieron, como los científicos en la actualidad, que hubo varias causas para las eras glaciales. Tuvieron que confrontar esto el 2 de febrero de 21.312 a.C. La Tierra viró 72 grados y el subtropical Aha-Men-Ptah (Primer Corazón de Dios), en unas pocas horas quedó recubierto con el entonces Polo Norte. A esta tragedia le siguió una ola imponente. Los que sobrevivieron se agruparon y decidieron crear un centro astronómico: el Círculo de Oro. Por miles de años, sus mejores científicos estudiaron los cielos y finalmente llegaron a la siguiente conclusión:

1. El punto vernal está cambiando muy lentamente. Esto significa que aparece después de un determinado tiempo en una constelación diferente. Ellos codificaron el magnetismo solar, el período de Venus y otros números importantes en los períodos de los distintos ciclos: 1.872, 2.016, 2.304 y 2.592 años. Estas constelaciones recibieron nombres basados en hechos históricos, los cuales siguen usándose casi sin cambios hasta nuestros días.

2. Durante el corrimiento del zodíaco, se produce un segundo fenómeno: el eje de la Tierra se está desplazando levemente e inclinándose en mayor o menor medida. Los científicos lo llaman la inclinación respecto de la eclíptica (esto significa el ángulo entre el ecuador y la eclíptica). Los atlantes deben haber descubierto lo mismo que los científicos en la actualidad, fluctuando con una diferencia de 2,4 grados. El eje está más derecho a los 22,1 grados y más inclinado a los 24,5 grados.

3. La fluctuación del eje de la Tierra tiene una influencia en la velocidad del zodíaco y se produce siglo a siglo. Fueron 25.920 años; hoy está en el año 25.776. Lo más molesto es que los atlantes ocultaron en su génesis, un código secreto que yo pude descifrar. Según este, se produjo un desastre en la Atlántida cuando la precesión cambió a 25.776

años. Hoy hemos alcanzado el mismo período. No existe correlación más alarmante y esto demuestra que un acontecimiento catastrófico puede llegar a tener lugar en cualquier momento, ahora.

Los científicos demostraron que el principio y el final de las eras glaciales en Europa y el continente americano, pudieron predecirse gracias a dichos descubrimientos. Estos alarmantes sucesos se producen cuando los polos del eje de la Tierra están más derechos de lo normal. La precesión también causa un cambio en la rotación de la Tierra, lo cual genera un corrimiento de los veranos. Esto significa que, si un verano es relativamente frío, una parte del hielo que se formó en el invierno no se derrite. Al siguiente invierno se formará una nueva capa de hielo y una reacción en cadena de circunstancias glaciales se producirá en consecuencia.

Por lo tanto, la existencia de una nueva era zodiacal puede ser un crucial iniciador para el comienzo de las eras glaciales. Y esta no es toda la historia. Durante los últimos dos millones de años, la Tierra soportó diez períodos largos y cuarenta cortos de eras glaciales. La duración promedio de una era glacial va de 80.000 a 100.000 años. Estas debieron alternar con períodos interglaciales más cálidos que duraron alrededor de 10.000 años. En los últimos 330.000 años, Europa conoció tres períodos más cálidos, seguidos de otros más fríos que duraron 100.000 años. Hace diez mil años, se inició este período más cálido que estamos atravesando ahora. El final del mismo, definitivamente, se está acercando. Un desconocido desastre nos aguarda. Las capas de hielo de un espesor de cientos de metros van a enterrar a Europa y destruirán todo cuanto quede debajo. Por supuesto que los atlantes lo sabían, y estoy seguro de que sabían mucho más. Ellos deben haber hecho las siguientes correlaciones:

1. Las manchas solares y la fuerza de los inviernos: una baja actividad de las manchas solares produce fuertes inviernos, y también es cierto lo contrario. Una fácil conclusión. Todos concuerdan acerca de este tema, en particular cuando se toman en cuenta sus conocimientos sobre el ciclo de las manchas solares.

2. La desaceleración o aceleración del ciclo de precesión: los astrónomos actuales piensan que el Sol causa la precesión, pero ignoran cómo. Todos sabemos que el viento solar produce partículas eléctricas, las cuales pueden penetrar en la atmósfera terrestre por los polos y producir las conocidas auroras australes y boreales. Una porción de estas partículas puede llegar hasta el núcleo interior y crear una carga eléctrica, que es

la responsable del cambio en la velocidad de la rotación.

3. El corrimiento del campo magnético y las tormentas solares: luego de un período de más de 1.300.000 días, el campo magnético del Sol se da vuelta (ver *The Mayan Prophecies* [Las profecías mayas]). Este fenómeno viene con enormes explosiones solares, las cuales son responsables de múltiples efectos. El campo magnético de la Tierra es fuertemente golpeado, las auroras son visibles en casi todo el globo y los relámpagos se generalizan. Esto es más que suficiente para atraer nuestra atención y conducirnos a las conclusiones necesarias.

4. En el año 10.000 a.C., los atlantes tenían tal certeza de la correlación entre el campo magnético del Sol y un suceso catastrófico sobre la Tierra, que decidieron orquestar un éxodo. Durante 208 años hicieron los preparativos necesarios. Los mayas y los egipcios, como descendientes de los legendarios atlantes, predijeron una catástrofe similar pero más violenta, para el 21–22 de diciembre de 2012. ¿Qué calcularon? Después de casi 12.000 años, habrá una gigantesca reversión del campo magnético del Sol. Cuando eso suceda, llamaradas solares increíblemente grandes se emitirán, billones de partículas alcanzarán los polos terrestres y estos "arderán en llamas". Debido al continuo flujo de electromagnetismo, los campos magnéticos de la Tierra se sobrecargarán. Se generarán fuerzas eléctricas desconocidas. Cuando los polos se llenen de auroras, por las partículas que caen, lo inevitable sucederá: el campo electromagnético interior de la Tierra se sobrecargará y estallará. Entonces, ¡wam! El campo magnético terrestre se revertirá y la Tierra empezará a girar en sentido contrario, como una dínamo que comienza a dar vueltas para el otro lado, y el Polo Norte se convertirá en el Polo Sur, y viceversa. ¡Y toda nuestra civilización será destruida!

Mi conclusión es que los atlantes descubrieron varias relaciones entre el magnetismo solar y el desplazamiento del zodíaco. Todo esto es sumamente perturbador. Los científicos modernos saben que los mismos fenómenos podían poner a la Tierra en un terrible peligro. Ignorar estos mensajes es suicida. Casi todos morirán durante tales acontecimientos, si no se toman las precauciones de manera urgente. Y sobre todo, los sobrevivientes no tendrán computadoras ni máquinas en las cuales confiar. Por qué esto es así, será develado en la Parte IV.

Parte IV

La catástrofe

17

UN DESCOMUNAL DESASTRE TECNOLÓGICO

Martes, 26 de diciembre de 1996. Había celebrado la Nochebuena en la casa de mi hermano, junto con su novia y mi madre. Durante una caminata que realizamos bajo un clima helado (él sacó a pasear a su perro, el cual apenas podía seguirnos a causa del frío), hablamos sobre el desastre por venir. Mi hermano es ingeniero civil en electrónica y, tal vez, podría asesorarme sobre algunas de las preguntas que yo me formulaba. Le dije: "Si el campo magnético del Sol se revirtiera, esto produciría una corriente de partículas electromagnéticas que serían arrojadas a la Tierra, causando un cortocircuito en la dínamo del interior de la Tierra. El campo magnético de esta también se revertiría con catastróficas consecuencias, como terremotos, erupciones volcánicas y deslizamientos de tierra".

Mi hermano permaneció en silencio por unos instantes. "Eso es mucho peor de lo que pensé", me dijo. "El campo geomagnético de la Tierra es sumamente poderoso; si se revierte, generará campos magnéticos con alcance mundial, ¡sería un descomunal desastre tecnológico!"

Lo miré sorprendido, mientras las últimas nebulosas de su respuesta desaparecían en el aire congelado. "¿A qué te refieres con eso?", le pregunté.

"Cuando el campo electromagnético se revierte, genera potenciales diferencias. Estas son tan grandes que la electrónica sensible actual se 'quemaría' en un instante".

Lo miré, me quedé paralizado y me alarmé: "¿Quieres decir, literalmente, que todos los aparatos serán destruidos?"

"Me temo que sí, porque debido al corrimiento de los polos se generarán fuertes campos magnéticos prácticamente en todas partes, creando corrientes inducidas. Según sea el tamaño del campo magnético, este puede destruir todos los aparatos electrónicos y los motores eléctricos pueden quemarse, etc."

Me hizo sentir mal, pues no había tenido esto en cuenta. "¿Qué es exactamente lo que dejará de funcionar?", le pregunté.

"Prácticamente todo: las calculadoras de bolsillo, los relojes, las cajas de música, radios, computadoras, televisores, el encendido electrónico de los autos, los controles electrónicos de trenes, barcos y aviones. Espera, ¿qué más? ¡Ah!, todos los aparatos de comunicación de los satélites, en las torres de radio y televisión, estaciones de radio, etc."

"Rayos", pensé, "¡este es un increíble desastre descomunal!" Pero vislumbré una salida posible y le pregunté: "¿Esto puede repararse rápidamente?"

Mi hermano lanzó una desdeñosa carcajada. "¿Sabes de lo que estás hablando? La reversión del campo magnético es un hecho tan importante, que todas las partes electrónicas serán destruidas definitivamente y no será posible repararlas".

"¿Y si los aparatos no están conectados?"

"¡Aun así! Los campos internos de inducción son más que suficientes para quemar todo. Repito, ¡todo!"

Si me hubieran visto después de esas palabras... Mis ojos casi saltaron de sus órbitas, así de consternado me sentía. "No puede ser verdad", pensé, "¡no puede ser verdad!" Pero mi hermano seguía firme: "¡Desaparecerá toda la electrónica!"

"¡Qué desastre!", murmuré. "¿Y no hay absolutamente nada que pueda hacerse?"

"Nada, y no estamos hablando sólo de la destrucción del *hardware*, sino también decimos que se borrarán todos los datos".

No podía creer lo que estaba oyendo. ¡Como si ya no hubiera sido suficiente! Entonces, pregunté con desaliento: "¿Cómo es eso posible?"

"Debido al enorme campo magnético producido por la reversión de los polos, toda la información almacenada en los medios magnéticos desaparecerá: cintas y casetes de computación, de música, los discos rígidos de las computadoras, etc.; en resumen, toda la información posible, sea digital o análoga".

"¡Oh, no!", pensé para mis adentros. Todo el conocimiento actual está almacenado en las computadoras y en el año 2012 lo estará más todavía. La información esencial ya no estará en los libros y la totalidad de ese conocimiento se destruirá de un plumazo. Nuestra fuente de información entera desaparecerá para siempre; yo no había tomado eso en cuenta. Había pensado que íbamos a poder guardar todo en las computadoras, de modo que pudiéramos iniciar una civilización en un período de unos pocos cientos de años. Continué nuestra conversación al cabo de casi un minuto completo de silencio. "Entonces, ¿no hay ningún lugar donde podamos guardar nuestros conocimientos?"

"Los CD-ROMS deberían ser resistentes, pero te repito, todos los aparatos que permiten el acceso a ellos estarán destruidos".

"Y los microfilmes, ¿serían lo suficientemente fuertes?"

"Indudablemente, si guardas en ellos la mayor cantidad de información, existe la posibilidad de que el conocimiento científico sea recuperado pronto. De lo contrario, en verdad puedes olvidarte de ello. Si tienes que empezar de foja cero, no puedo imaginarme cómo será eso; un golpe semejante es suficiente para borrar todo".

"Existen historias sobre civilizaciones superdesarrolladas en la Tierra que fueron destruidas por completo por cataclismos semejantes. Ahora que me has contado esto, me doy cuenta de que puede ser verdad".

"No te olvides de que somos completamente dependientes de la electrónica en la actualidad. Todos los conductores eléctricos como el hierro, cobre, aluminio, agua salada, etc., generarán corrientes inducidas, con fatales resultados para todos los equipos y aparatos. Para colmo, la gente también puede electrocutarse. Si, por ejemplo, te encuentras en un barco de acero, las corrientes que se generarán allí pueden volverse tan altas que te electrocutarás".

"¡Oh, no!" pensé. "¡Basta!" Mi plan había sido desafiar la ola gigantesca a bordo de un barco, como lo hicieron los atlantes, pero con todas las corrientes inducidas, esto parecía imposible.

"Entonces, ¿no será posible sobrevivir en un barco?"

"Es probable que no, pues será imposible de controlar y tendrá una carga eléctrica tan grande que no podrás sobrevivir. Además, se habrá detenido el sistema de enfriamiento de las plantas nucleares, por lo tanto, toda la Tierra estará contaminada con radioactividad. No sé si será seguro vivir".

Volví a apremiarlo: "¿No existe ninguna posibilidad de sobrevivir a bordo de un barco?".

"Si pudieras construir una jaula Faraday alrededor del barco, entonces tal vez podrías sobrevivir, pero te digo, es un gran 'si'. Quizás sería posible, si el barco estuviera construido con material sintético y las partes metálicas se hallaran bien aisladas. Esos preparativos deberían mantenerte feliz por un par de años".

187

Suspiré pesadamente. El viento solar nos va a traer una catástrofe descomunal, el campo magnético de la Tierra se va a sobrecargar y, luego, se quebrará y revertirá. Durante los eventos alucinógenos que le seguirán, habrá desaparecido todo cuanto conocemos, a menos que tomemos medidas para salvar de una completa destrucción, los conocimientos que tenemos en la actualidad. Sintiéndome miserable miré al Sol, el cual, debido al invierno, estaba bastante bajo en el horizonte. El Sol no sólo hacía posible la vida sobre la Tierra, sino que también la destruía a su debido tiempo. El núcleo interior de la Tierra iba a volcarse de arriba hacia abajo, después de lo cual, sobrevendrían sucesivos hechos fatales. Y nadie podía detener el reloj.

18

TORMENTAS SOLARES

20 de diciembre de 2012. Todo está normal sobre la Tierra. Los aviones están volando, los barcos zarpan de los puertos, la gente hace sus compras de Navidad; en resumen, el mundo parece hallarse como siempre. Sólo parece. Si observa los rostros de las personas, notará la expresión de una profunda preocupación. Varios libros han señalado que, algún día, la Tierra será golpeada por un enorme cataclismo. Escapar de él sin haber hecho los preparativos necesarios, se volverá algo imposible. Las predicciones del zodíaco de los mayas y los egipcios han sido el único tema de debate durante semanas y meses. ¿Y qué pasaría si resulta que esto es verdad? ¿Cómo podremos sobrevivir? ¿Hacia dónde debemos correr? El temor tenía sus buenos fundamentos en muchas personas, pero no obstante, ellos no tomaron las medidas necesarias. Algunos miles de personas hicieron los preparativos y almacenaron alimentos y suministros de energía. También construyeron una biblioteca con los libros que contienen todos los conocimientos que existen al presente y se almacenó otra copia en los videodiscos digitales que pudieran sobrevivir a la tormenta magnética. Con calma y confianza en sí mismos, hacían los últimos preparativos. Barcos especialmente equipados con suministros por un año, abandonaron los puertos hace algunos días. Estos serían los que van a sobrevivir la inundación. Entonces, un ominoso mensaje llegó al satélite Heliostat, que se encontraba en órbita alrededor del Sol. Yo había registrado los cambios en el campo magnético del Sol. No era un cambio normal, sino algo importante. Sólo al cabo de unos segundos de haber recogido el Heliostat el mensaje, estaba enviando la información a la Tierra a la velocidad de la luz.

Después de que los satélites de la Tierra y los observatorios del espacio recibieron la alarmante noticia, el pánico se desató entre los científicos, pues supieron que el cataclismo iba a producirse. En los países donde no se había tomado ninguna medida, los gobiernos trataron de detener las informaciones, pero en vano. Minutos más tarde, todas las estaciones del mundo las estaban

PATRICK GERYL • LA PROFECÍA DE ORIÓN

difundiendo. El pánico era increíble: se acercaba rápidamente el final de la sociedad de consumo.

Millones de personas trataban de escapar, corriendo al puerto para intentar subir a los barcos. Los buques —que no estaban construidos para esta eventualidad— fueron asaltados por las turbas desenfrenadas. La gente gritaba, se peleaba, se mataba por llegar a bordo. Grupos armados tomaron un barco crucero que ya estaba lleno de pasajeros; estos fueron devueltos a tierra y el buque zarpó hacia el océano. Veleros, botes de goma, todos cambiaron de dueño en medio de una terrible violencia. Era un caos total y la anarquía corría sin freno alguno. Había grupos arrasando las áreas abandonadas, y las iglesias se colmaron de gente. El penetrante olor del miedo, miedo puro y desnudo, provenía de casi todos los habitantes de la Tierra. El fin estaba por llegar; ya se encontraba más allá del punto de retorno.

Cortocircuito en el Sol

La masa del Sol, con un volumen de 1.300.000 veces el tamaño de la Tierra, tembló; era el preludio de algo más que un tiempo tormentoso en el Sol. De hecho, este debería estar en un ciclo de baja actividad, pero los satélites que lo circunvalaban emitían información para los heliosismólogos: se estaba por producir un acontecimiento que sólo ocurre cada 12.000 años. La antigua civilización de la Atlántida había descubierto los códigos de este cataclismo y, tanto en las pirámides como en un enorme templo subterráneo con más de 3.000 habitaciones, habían logrado guardarlos para las futuras civilizaciones, pero el conocimiento se había perdido y la gente pensaba que el zodíaco sólo servía para hacer graciosas predicciones. La última de esas predicciones para las cuales había sido diseñado, fue recibida con aullidos de escarnio por parte de los científicos, hasta que llegó el momento del juicio final. Con asombro, observaron cómo las líneas magnéticas empezaron a cambiar brutalmente, cómo el Sol entró en un gigantesco cortocircuito y entonces, agitaron sus manos, sus corazones latieron con fuerza y un abrumador temor se apoderó de ellos. Miraron los números incrédulamente, pero no había otra salida, pues con la reversión del magnetismo, la capa de convección ardería en llamas. Una dínamo gigante había entrado en funcionamiento, el cual podría causar una continua producción de campos magnéticos. En breve, el Sol experimentaría su mayor actividad desde tiempos inmemoriales.

Entonces, sucedió lo inevitable: se desataron reacciones nucleares internas, se fundió mucho más hidrógeno que lo normal y una gigantesca cantidad de energía encontró su curso hacia la superficie. A doscientos mil kilómetros de esta, de repente la energía se transmitió a la capa de convección, haciendo que súbitamente las capas de gas se calentaran, expandieran y fueran arrojadas en forma ascendente, hacia las capas más frías. Una vez en la superficie del Sol, las bolas de gas burbujeante estallaron, abriéndose y liberando hacia el cielo, una temperatura normal de 6.000 grados. Fuentes gigantes de fuego que alcanzaban más de cientos de miles, incluso de millones de kilómetros de altura, hicieron arder al Sol, y enormes cantidades de rayos radiactivos fueron arrojados al espacio. Estos alcanzaron al Heliostat. "Bliiip" se oyó en su última

Figura 39.
El campo magnético del Sol cambia abruptamente y lanza llamaradas solares. Es el principio del fin.

transmisión y eso fue todo; terminó. La advertencia del Heliostat sobre una tormenta cósmica de inconmensurables proporciones quedó interrumpida abruptamente, pues la radiación atómica había realizado su tarea asesina y ahora el Sol ardía en llamas. Por todas partes, la superficie solar se abrió con enormes llamaradas, similares a lo que sucedería si todos los volcanes de la Tierra entraran en erupción, flagelando a todo el planeta. Era el preludio de la obertura de la caída del mundo. Los campos magnéticos y eléctricos se estaban tornando frenéticos, un fenómeno que hasta el presente era desconocido, salvo en los misteriosos confines del espacio exterior. Era algo que uno podía observar en lejanas constelaciones de las fronteras del universo. Allí, en una lejanía inimaginable, probablemente en el último escondite del espacio infinito, ocurrían estos notables sucesos. Pero ahora, en nuestro universo que tiene miles de millones de años, nuestro Sol se convirtió en el centro de todo. Cada segundo, billones de partículas fueron arrojadas al aire y se creó una fuente de radio intergaláctica como si no fuera nada. ¿Era este en verdad el Sol o una galaxia ultraterrena? Un espectáculo mortal y fascinante comenzó a desplegarse. Lenguas de fuego provenientes del Sol arrojaron al espacio su destructiva carga. Es imposible describir con palabras su poder explosivo. Una de esas llamas que se desarrolla puede llegar a alcanzar la energía de cincuenta mil millones de bombas explosivas de hidrógeno. La temperatura alcanzada en este infierno tiene varios cientos de millones de grados. ¡Si la Tierra cayera allí, se reduciría casi por completo a un protoplasma nuclear!

Y estas eran sólo las erupciones más pacíficas. Una vez que el horno de fuego atómico alcanza su máximo poder, la estabilidad del Sol mismo está en peligro. El comienzo de la catástrofe es anunciado por movimientos sísmicos producidos en las estrellas; capas de materia ardiendo son arrojadas desde las capas subterráneas y se libera una indescriptible cantidad de luz y energía. Lejanos espectadores observarían este espectáculo (de hecho, increíblemente hermoso) con consternación. Las llamaradas solares forman una especie de red alrededor del Sol, provocada por las salvajes erupciones ondulantes; tienen una belleza sobrenatural en el espacio desértico. El enloquecido plasma solar lleva las células cerebrales a su máximo, haciendo surgir un demente entusiasmo a causa de tanta belleza, sumado a una aterradora tensión al conocer su descomunal poder destructivo; algo milagroso y a la vez mortal, como hielo que se evapora instantáneamente cuando se coloca en un horno atómico. Sin embargo, el mundo de ensueños de los astrofísicos fue sólo una pura rea-

Figura 40.
Gigantescos dedos de fuego se elevan en lo alto del cielo, formando aterradores giros y superando en muchas veces el tamaño de la Tierra. El fin de nuestra civilización está próximo.

lidad para todos los habitantes de la Tierra, que iría a terminar en una catástrofe destructora, la más grande jamás conocida. Es un evento que sólo puede experimentarse una vez en la vida si, de más está decir, se logra sobrevivir a él. Increíblemente bello y a la vez, desesperadamente mortal. Peor que la peor de las pesadillas.

Los cambios en el campo magnético del Sol, viajando a la velocidad de la luz, ahora han alcanzado la Tierra. A su vez, produjeron cambios en los cerebros de los terrícolas; no muy drásticos, sino sólo sutiles. Esto fue suficiente para empujar el miedo a niveles desconocidos. Todos ahora estaban convencidos de que la población de la Tierra podía desaparecer completamente. Un grito primordial estaba ahora en la mente de casi todos: "Sobrevivir, ¡debo sobrevivir!" Otros, por su parte, permanecían completamente estoicos; sus voces sonaban más fuerte mientras recitaban sus plegarias pidiéndole perdón a su Dios. Para eso, ya era demasiado tarde. El Creador estaba encolerizado por los crímenes que la humanidad había cometido contra la naturaleza. Con su enojo contenido, Él generó el caos en ese Sol de miles de millones de años de antigüedad. Los Testigos de Jehová ahora tenían su fin del mundo, los islámicos decían que era la voluntad de Alá y muchos se convirtieron repentinamente. A la larga, la Biblia demostró ser cierta, pues había llegado el fin de los tiempos. En Nueva York, un nuevo día comenzaba. Una luz difusa, oculta detrás de espesa niebla, con un brillo jamás irradiado por la más brillantes de las luces, dominó la atmósfera entera. En la ciudad, se había detenido toda la actividad este 21 de diciembre. La nieve en las calles se derretía velozmente y la temperatura se elevó con toda rapidez. Una figura solitaria miraba toda la ciudad con su cámara infrarroja desde el edificio del *Empire State* y luego dirigía su mirada al Sol invisible. Tembló ante esta visión apocalíptica y decidió quedarse esperando lo inevitable. Mientras tanto, en el barco *Atlantis*, todo estaba dispuesto. Los casi 4.000 pasajeros que se habían anotado años atrás para este viaje de supervivencia, estaban más que alertas. Observaban muy de cerca lo que ocurría. El barco pesaba más de 100.000 toneladas y estaba completamente lleno de alimentos, ropa y suministros energéticos. Contaba con un quirófano y también con un consultorio odontológico. Todos lucían ropa de estreno, tenían sus dentaduras en excelentes condiciones, habían traído anteojos de repuesto y demás. Después del cataclismo, iban a pasar años, antes de que la civilización comenzara a funcionar otra vez.

Desde el comienzo, todo estaba racionado porque la ola gigantesca podía llegar a destruir prácticamente todos los suministros de alimentos del mundo. También había algunas gallinas a bordo, un par de cabras y algunos pocos animales más. Muchos otros, así como plantas, semillas y aparatos estaban en otro barco carguero alquilado con este propósito. También se hallaban centenares de jóvenes mujeres a bordo, a las que se les habían ofrecido unas vacaciones gratis a bordo de un crucero, con la intención de que ellas se ocupasen de repoblar el mundo. Ellas lo sabían y dieron su consentimiento para viajar en estos días específicos. Uno nunca sabe. Seguro que no iban a lamentarlo.

Mientras sucedía todo esto, continuaban las erupciones solares con toda su fuerza, liberándose un torrente de radiación de onda corta energizada. Esta onda de choque interestelar, principalmente de rayos X y radiación gamma, podrían matar a los astronautas que se encontraran a miles de millones de kilómetros de distancia del lugar del hecho, y la tormenta de plasma solar desorientaría por completo su nave espacial. Las agujas de la brújula van a girar alocadamente, los equipos eléctricos van a entrar en cortocircuito y el radiofaro va a ser barrido por la tormenta de electrones. Una nave muerta va a circular en el espacio eternamente. Ahora la onda de choque de plasma solar interestelar se acercaba a la atmósfera terrestre. Los electrones y protones tenían una velocidad mucho mayor que la normal, debido a su impetuoso

Figura 41.
Gigantescas explosiones magnéticas nucleares parecen desgajar al Sol de manera continua.

origen. En la Tierra había vientos, tormentas, huracanes y tornados. Los vientos no eran los causantes del mayor daño, las tormentas podrían arrancar árboles y hacer volar techos, etc., los huracanes iban a arrasar pueblos y ciudades enteras, mientras que los tornados destruirían todo lo que encontraran a su paso. Lo mismo va a ocurrir con las tormentas solares. La baja actividad arroja plasma a una velocidad lenta y la mayor actividad produce una importante cantidad de plasma que puede alcanzar algunos millones de toneladas. Pero ahora, todos los registros se habían dañado. Cientos de miles de toneladas de electrones con carga negativa y protones con carga positiva eran lanzados como torpedos al vacío del espacio. Las primeras partículas se aplastaron contra la magnetosfera y la mayoría de ellas rebotó, continuando su viaje hacia otros destinos. En circunstancias normales, la magnetosfera tiene la forma de una lágrima, con una parte globular en dirección hacia el Sol y alongada en la línea de la onda de choque. Cada vez más y más partículas empezaron a golpear contra el campo protector, que había funcionado perfectamente durante los últimos 11.003 años y, del mismo modo que el parabrisas de su auto lo resguarda del viento, la magnetosfera cumplía con su tarea de protección. La incesante corriente de partículas radioactivas estaba haciendo su lento y destructivo trabajo.

El campo magnético de la Tierra colapsa

El parabrisas empezó a quebrarse, las partículas eran cada vez más grandes pero la pantalla aún se mantenía en pie —del mismo modo que un parabrisas completamente resquebrajado puede sostenerse debido a los soportes reforzados— filtrándose por él, billones y billones de partículas cargadas. Estas sobrecargaban los cinturones de Van Allen, que también circunvalan la Tierra. Otras partículas corrían en espirales descendentes hacia las líneas magnéticas de los Polos Norte y Sur. De ese modo, gran cantidad de energía se liberaba debido al estímulo recibido por los átomos de nitrógeno y oxígeno. El resultado fue la generación de auroras boreales y australes teñidas de brillantes colores, tornándose a cada minuto, más y más violentas, y representando una señal de advertencia de lo que estaba por venir. El escudo de deflexión de la Tierra también se estaba afectando progresivamente por la tormenta geomagnética que estaba por alcanzar su máxima potencia. Y no podía ser de otra manera, pues el Sol había arrojado partículas al espacio, a una turbovelocidad. Eyectadas a enormes velocidades, estas partículas electromagnéticas se abrieron paso por la atmósfera con una fuerza mayor que la usual, creándose una especie de chimenea donde las líneas del campo de los vientos solares se adentraron en la magnetosfera. Se generaron tormentas sumamente fuertes en las capas superiores de la atmósfera, las conversaciones telefónicas se interrumpieron, las conexiones radiales se desconectaron abruptamente y las señales televisivas entraron en cortocircuito. En resumen, desapareció toda posibilidad de comunicación en la Tierra. Era algo aterrador, más aterrador que cualquier otra cosa, pues sin comunicaciones, este mundo no podría sobrevivir.

La tormenta solar más grande de la historia desde el fin de la Atlántida,

Figura 42.
El punto culminante se alcanza cuando una gigantesca red de llamas solares rodea al Sol. Una de ellas contiene la misma energía que cien mil millones de bombas explosivas de hidrógeno.

estaba ahora haciendo su trabajo mortal. El flujo de electrones se hacía sentir en los polos, donde hallaron su camino. En Canadá, se sobrecalentaron los transformadores eléctricos, siendo esta una reacción en cadena seguida de reactores que se derrumbaban. El flujo de electrones ahora adquiría una fuerza huracanada, penetrando la atmósfera cada vez más. Todas las plantas de energía eléctrica y nuclear del planeta entero fueron cayendo una por una. Había vuelto la era del hombre de las cavernas. En muchas partes, los motores de combustión entraron en cortocircuito y quedaron fuera de servicio; era como si ya nada fuera a funcionar nunca más. Los Testigos de Jehová rezaban para estar entre los elegidos, otros tenían un color gris mortecino y sólo atinaban a murmurar incoherencias; sólo les quedaban unas pocas horas y entonces, sus vidas, abruptamente llegarían a su fin en un terremoto, erupción volcánica u ola gigantesca.

En el barco *Atlantis*, aislado con plástico contra las corrientes de inducción y los campos magnéticos, podía oírse una voz por sobre las restantes. Era la mía: "Estimados amigos, la hora de la verdad ha llegado, hemos estado preparándonos durante años para este día, y ahora está aquí. La Tierra se ha desplomado en una feroz y desconocida tormenta magnética y toda conexión con el mundo exterior ha desaparecido. Ahora no sabremos qué sucede, lo que sí sabemos es que dentro de poco, la corteza terrestre se desconectará y causará una catástrofe mundial. No tenemos certeza de que vayamos a sobrevivir, pero tenemos posibilidades si la ola gigantesca no es demasiado alta y el océano no se abre a causa de un maremoto. Ahora quisiera que tomen todos sus asientos o se dirijan a su camarote y se aseguren lo mejor posible contra los golpes que el barco recibirá. Recuerden que no deben comer y pueden beber lo menos posible; si van al baño mientras el barco está luchando contra las olas, pueden llegar a lastimarse seriamente. Si logramos sobrellevar este día, entonces lo peor habrá pasado; esperemos lo mejor. Les aseguro que será bueno vivir en el nuevo mundo que iremos a comenzar".

Hubo un silencio mortal durante un minuto y luego se produjo un ruidoso aplauso, liberando las emociones que habían quedado contenidas. Fue un gran momento para todos y les pertenecía a los pocos que habían creído en las profecías del zodíaco. Gracias a ello, ahora estaban por recibir la recompensa de seguir viviendo. El hecho de que iban a perder todo lo que poseían los conmovió profundamente, pero la esperanza surgió de la nueva vida que estaba por comenzar luego de la catástrofe. Las crecientes necesidades de la humanidad habían colocado a la Tierra al borde del desastre; este evento la haría llegar a su fin, creando una nueva posibilidad de hacerlo mejor esta vez, siguiendo las leyes de la naturaleza y no las leyes opresivas del supercomercio y sus fuerzas destructivas. Valía la pena seguir vivo. De un solo golpe muchos problemas desaparecerían, aunque muchos otros iban a comenzar. Sin embargo, la creencia en la supervivencia era muy fuerte y constituiría la fuerza motriz detrás de una nueva existencia.

En el edificio del *Empire State*, la solitaria figura observaba cómo se desvanecía la electricidad en Nueva York; él sabía que su fin estaba próximo. Con intensidad miró al brumoso e impenetrable cielo. ¿Vendrían los ángeles a buscarlo y sacarlo de allí? Había un zumbido en el aire y ya empezaba a oler a ozono, mientras la temperatura seguía subiendo. Era como un día de verano, sólo que era invierno. Los perros empezaron a ladrar y aullar, y los gatos a chillar; era horroroso. La muerte inminente era esperada en un espacio de tiempo exageradamente doloroso, donde los segundos parecían siglos.

La catástrofe se va a producir

Los polos ya no pudieron seguir soportando el continuo torrente de partículas, y enormes diferencias potenciales penetraron la corteza terrestre. Los gigavoltios chocaron entre sí, generando un cortocircuito a escala global, la dínamo terrestre desapareció y el campo magnético protector alrededor del planeta azul fue borrado de un plumazo. El infierno se desató. Ahora el plasma solar golpeó contra la desprotegida atmósfera, dando como resultado fuegos artificiales de alcance mundial. Las auroras aparecían por todas partes a una velocidad de relámpago, las diferencias potenciales generadas en la atmósfera eran enormes y parecía que el cielo había sido dominado por el fuego. Ya nada podría detener el golpe fatal, y cualquiera que viese esto se daría cuenta con toda claridad. Miles de millones de personas iban a morir, más que nunca en todas las catástrofes anteriores juntas, pero también iba a sobrevivir más gente que nunca, simplemente porque el planeta ahora estaba más poblado. La hora del juicio final se acercaba con rapidez. La capa exterior de la Tierra tembló; normalmente está unida a ella, pero debido a la reversión del núcleo interior de la Tierra, las cadenas de la capa exterior se rompieron. El casquete polar del Polo Sur, que se había tornado sumamente pesado durante casi 12.000 años, empezó a hacer su trabajo desestabilizante. La catástrofe se avecinaba y podía empezar en cualquier momento. Debido a que las partículas solares ahora podían penetrar profundamente en la atmósfera, se crearon numerosos campos magnéticos, perturbando el funcionamiento de los cerebros, tanto de animales como de seres humanos. Muchos animales, ciegamente entraron en pánico, al tiempo que sus amos comenzaron a desesperarse. El fuego radiactivo ardió con intensidad, causando un daño irreparable en los órganos reproductores. A bordo del *Atlantis* ya estaban preparados para esto. Los escudos de deflexión eran un excelente protector. También, los compartimientos separados detenían gran parte de la radiación, y sólo el capitán y algunos oficiales iban a recibir su parte más pesada, dado que no podían abandonar sus puestos. De ellos dependía que el barco sobrellevara con todo éxito o no, los cambios geológicos y, preferentemente, lo hiciera en una sola pieza. Ellos transpiraban profusamente y se preguntaban qué les estaría aguardando, ¿cuánto tiempo pasaría antes de los primeros movimientos sísmicos?

Entonces, la Tierra empezó a gruñir. "¡Ya llegó!". Esta idea pasó por sus mentes, y luego se le sumó: "¡Va a empezar ahora!" Nuevamente el sonar detectó un sonido semejante a un gruñido y los cielos parecieron moverse, debido al gigantesco balanceo que se produjo en la corteza terrestre.

19

DESPLAZAMIENTO DE LOS POLOS
EN LA TIERRA

¿Qué había sucedido? El núcleo de hierro de la Tierra se comporta como una dínamo. Debido a las partículas que cayeron sobre él, este entró en cortocircuito y se detuvo; entonces, la capa exterior de la Tierra (la litosfera) giró alrededor de una capa de hierro de consistencia viscosa y se desconectó, y el cimbronazo que sufrió la Tierra también afectó la astenosfera. La litosfera que se encuentra encima de esta, siendo la capa más delgada de la Tierra y sobre la cual depende toda la vida, se quebró. El peso del hielo que se encontraba sobre la Atlántida—que había estado creciendo por más de 11.000 años hasta alcanzar una increíble masa— puso en movimiento la capa exterior de la Tierra. Al rajarse, romperse y temblar, esta capa comenzó a tener vida propia. La Tierra siguió sacudiéndose de manera continuada y nuestro solitario observador de Nueva York fue arrojado en todas direcciones. Luego, la torre se quebró en su base y lentamente comenzó a derrumbarse. En apenas unos segundos, sólo quedaban las ruinas del edificio que había tenido cientos de metros de altura. Durante su caída al vacío, nuestro hombre vio cómo se formaba una fisura gigantesca en la calle donde iría a caer; era como si hubiese empezado Armagedón. Las casas se venían abajo y se hundían en insondables profundidades. Las carreteras construidas de concreto y asfalto se partían por largas distancias, y los puentes se derrumbaban sobre las aguas arremolinadas debajo de ellos. La gente desaparecía repentinamente en las grietas que se formaban a sus pies y todo aquel que no se encontraba en un barco o arriba en la montaña, quedaba atrapado; de hecho, no había ningún lugar seguro. Los escaladores del Monte Everest, perteneciente a los Himalayas, y que es una cadena montañosa que se formó durante el anterior corrimiento de los polos, eran arrojados cual plumas al aire desde la montaña temblorosa, quedando sepultados bajo las avalanchas. Entonces, la montaña se abrió en dos y se derrumbó. Fin del ascenso. En Hollywood, las casas paradisíacas de las estrellas de cine se deslizaron hacia el océano, a una asombrosa velocidad. El cuento de hadas había concluido, sin que importara ya cuán famosos habían sido. Debajo de Disneylandia, la tierra se convirtió en algo parecido a las arenas movedizas. Los juegos y las atracciones, disfrutadas por cientos de millones de personas, se partieron, se desplomaron y se hundieron en el terreno pantanoso que emergía. En Londres, el famoso Puente de la Torre también colapsó, al que le siguió la ciudad entera, como si fuera un castillo de naipes. Pronto, el corazón financiero quedó en ruinas y nada pudo preservarse del hermoso distrito de compras. Las cañerías de agua explotaron, las de gas arrojaron su contenido, las estaciones de servicio se desgajaron y nublaron la atmósfera. Era el caos, el supremo caos. Un delirante pánico se apoderó de los sobrevivientes. No había escapatoria. Las ciudades, al derrumbarse, quedaron en ruinas, y el sonido de los llantos y gemidos de las personas heridas, podía oírse por todas partes. Si todos los muertos se hubieran quejado juntos, el sonido hubiese sido ensordecedor.

El suelo tembló. En otros lugares se revolvió como un mar embravecido, y no sólo por un segundo, sino por varios minutos; parecía que iba a durar para siempre. Se estaba anunciando una tragedia de incalculables proporciones. La Tierra seguía temblando y sacudiéndose. Era una calamidad indescriptible. Castillos maravillosos se partían y derrumbaban, quedando sólo las ruinas. No había nada que pudiera soportar esta naturaleza que se había vuelto loca. Por un minuto, la Torre Eiffel pareció resistir; se balanceaba de un lado al otro y luego encontraba nuevamente su equilibrio, hasta que uno de sus principales pilares se hundió y el poderoso esqueleto de hierro se derrumbó completamente. En París, nada era igual a lo que había sido hasta el día anterior. La festiva iluminación se apagó, el Arco de Triunfo se vino abajo, los puentes sobre el río Sena desaparecieron, el Museo del Louvre, donde se guardaba el zodíaco de Dendera, resistió apenas un momento. En resumen, con cada temblor, París se deshacía más y más. En el interior de la Tierra, las grandes masas de piedra seguían rompiéndose sin parar y las extensiones rocosas se deslizaban, cubriendo áreas ya destruidas. Este fenómeno causaba un incesante temblor y sacudón de la corteza terrestre y no iba a detenerse rápidamente, porque ahora, toda la Tierra estaba en movimiento. En el mundo entero, los sismógrafos saltaban hasta el techo. Eran utilizados para medir la fuerza de los terremotos y podían registrar los temblores a grandes distancias, debido a que los temblores de los grandes terremotos provocan ondas que penetran en todas las capas de la Tierra y viajan sobre su superficie; en EE.UU. o Europa se registra cada temblor... hasta ahora. Las incesantes series de imponentes terremotos causaron una permanente disfunción de los instrumentos; pero esto no representó una gran pérdida, dado que la mayoría de la gente que los usaba murió en uno de los maremotos.

No obstante, la catástrofe no había terminado. Volcanes de miles de años retomaron su actividad. Lo que una vez sucedió en la Atlántida, se repetía aquí y ahora. Con fuerza abrumadora, docenas, miles de volcanes entraron en erupción a cortos intervalos y podían oírse a kilómetros de distancia. Miles de kilómetros cúbicos de roca y enormes cantidades de ceniza y polvo fueron arrojados a las capas superiores de la atmósfera. Un fuego infernal, peor que el peor de los infiernos, salió disparado por la boca de los volcanes y lava hirviente expulsada desde las montañas, destruía todo a su paso. Los pocos gorilas que quedaron en el mundo conocieron ahora su trágica suerte. Por miles de años, habían llevado una vida pacífica en las altas montañas de África y ahora la tierra se sacudía peligrosamente. Con un enceguecido pánico trataron de escapar; entonces, Némesis, diosa de la venganza, hizo su trabajo. Debido a la fragmentación de las capas terrestres, la roca se hizo fluida; normalmente, se mantiene sólida por la presión de las capas superiores, pero como estas se habían abierto, las rocas se derritieron con rapidez. Pronto, la presión interior fue tan alta que buscó una vía de escape a través de las capas superiores. Las piedras y rocas superiores fueron empujadas y se derritieron. El "corcho" voló y toneladas de lava se esparcieron por los aires. Aterrorizados, los gorilas miraron hacia arriba y luego, desde el cielo, cayó una lluvia de fuego sobre ellos. Los gases venenosos, las brasas, el barro hirviendo y las cenizas no les dejaron salida a los animales. Lo peor de todo son las cálidas nubes de gases, pues en apenas unos pocos minutos, estas cubren kilómetros de distancia y se hace imposible la respiración, dado que no hay suficiente oxígeno. La temperatura de los gases es tan elevada que hasta pueden provocar fatales quemaduras, si es que todavía uno sigue vivo. Cuando la nube se retira vuelve el oxígeno, y prácticamente todos los árboles, plantas y casas, entre otros, arden en llamas, y como si eso no fuera suficiente, llega la lava y lo cubre todo.

Ese fue el fin de los gorilas. Hace casi 12.000 años, durante el desastre anterior, los mamuts, los tigres con colmillos de sables, los toxodontes (mamíferos de América del Sur) y docenas de otras especies, se extinguieron. Ahora le tocaba el turno a los simios y muchos otros animales exóticos, cuya existencia conoce el hombre por su presencia en los zoológicos. El aire estaba cargado con los quejidos de estas criaturas, amenazadas por una completa extinción. Veían imágenes fantasmales de la catástrofe anterior, como si hubieran retrocedido en el tiempo. Hace miles de años, en otra enorme erupción, un grupo entero de mastodontes quedó enterrado bajo la ceniza volcánica. Cuando fueron descubiertos en el valle de San Pedro, aún permanecían parados; lo que pasó entonces fue asombroso, pero pertenecía a un pasado olvidado. Lo que ahora estaba aconteciendo era la pura realidad: la actividad volcánica con un efecto destructivo sobre la vida animal y vegetal, y no sólo localmente sino a escala mundial. Las nubes de cenizas oscurecieron el cielo, como si el mundo hubiese ingresado en una era de oscuridad. Eso era cierto, porque esta violencia de la naturaleza no sólo mató toda la vida en muchas regiones, sino que también asoló las comarcas inhabitables. Si bien las personas y los animales trataron de escapar, la Tierra seguía temblando, sacudiéndose y arrojando fuego; era algo increíblemente traumático y aquellos que lograron sobrevivir lo recordarían para siempre. Por generaciones, esta descomunal catástrofe iba a convertirse en el tema de conversación, a causa del devastador daño producido. Durante el anterior desplazamiento de los polos, una gran parte de Perú se elevó desde las profundidades. Bellamy sostuvo que, en los tiempos geológicos recientes, toda la cordillera surgió violentamente; en la obra *The Path of the Pole* [La senda del Polo] aparece una de sus citas:

> Sobre la base de la evidencia paleontológica e hidrológica, yo afirmo que todo se ha elevado. La asombrosa confirmación de la inmensidad de estas elevaciones está representada por las antiguas terrazas de piedra empleadas para la agricultura, alrededor de la cuenca del Titicaca. Estas estructuras pertenecientes a alguna civilización de otros tiempos, se encuentran a enormes altitudes, para soportar el crecimiento de los cultivos para los cuales fueron construidas originalmente. Algunas se elevan a 15.000 pies sobre el nivel del mar, o cerca de 2.500 pies sobre las ruinas de Tiahuanaco, y en el Monte Illimani se encuentran a 18.400 pies sobre el nivel del mar; es decir, por encima de la línea de las nieves eternas.

Luego de este levantamiento, nació un gran lago artificial de agua salada, el Lago Titicaca. Incluso ahora, los peces y crustáceos parecen animales de aguas saladas, más que especies de agua dulce. En un tiempo no demasiado lejano, van a reunirse con los de su género nuevamente.

En el año 2012, el lago comenzó a descender, lo cual acarreó un enorme y traumático cambio. Hace algunas horas, todavía estaba a 3.800 metros sobre el nivel del mar y en menos de tres horas, ya se encontraba a menos de 2.000 metros. Los millones de crustáceos fósiles experimentaron de nuevo su anterior hora de la muerte. Las olas gigantescas empezaron a asolar el lago que una vez fue tranquilo. La silvestre belleza desértica se convirtió en la sepultura de navegantes y pescadores; el lago más grande que la humanidad había conocido, estaba llegando a su fin.

La furia de los dioses aparentemente se calmó un poco, pues el incesante temblor disminuyó y los volcanes dejaron de arrojar sus interiores al aire. Mientras tanto, los cielos ya habían empezado a moverse; allí donde brillaba el Sol, parecía que él mismo había perdido su curso. Ese era el castigo porque los sacerdotes de Machu Picchu ya no hacían su ritual sagrado. Ellos solían atar una soga a un gran pilar de piedra para "guiar" al Sol por el cielo y para evitar que se saliera de su curso. Este "Intihuatana" o ritual de la "estaca para atar al Sol" dejó de realizarse por siglos. El dios del Sol ahora se vengaba abandonando su rumbo y provocando muerte y destrucción. En Stonehenge, se había reunido un grupo de videntes para hacer el intento de que el Sol retomara su ruta, pero sin éxito alguno. La ira del Sol era demasiado feroz, después de tantos siglos sin ofrendas ni rituales.

Los griegos habían descripto esta destrucción en una versión mítica. Faetón, el hijo del Sol, fue encargado de conducir el carruaje de su padre, pero no pudo mantenerlo en su curso habitual. En la Tierra, comenzaron los incendios, a causa de este cambio de ruta. Para salvar a la humanidad, Zeus decidió matar a su hijo; con ese propósito dejó caer un rayo en dirección a este, con el resultado esperado. Como el incendio aún ardía en la nueva senda, envió una ola gigantesca para extinguir el fuego. En el libro hebreo de Henoch, Noé gritó con amarga voz: "Dime qué está sucediendo con la Tierra, ahora que la están flagelando y sacudiendo tanto..."

Eso es exactamente lo que se preguntaban los japoneses. Tokio se había derrumbado; islas enteras habían desaparecido bajo el mar y la lava corría en torrentes sobre los arrozales, su fin se aproximaba, de eso no cabía duda. Así como la Atlántida, una vez desapareció completamente, su tierra también iba a hundirse bajo las aguas. Una vez más, el Sol hacía un extraño movimiento en el cielo y la Tierra del Sol Naciente se hundía también cada vez más profundamente, como si el océano la tragara. El agua salada penetró por la capital, la rodeó y siguió subiendo. Aquí, el Sol ya no nacería más. Si hubieran estudiado el calendario maya, tal vez hubiesen podido escapar de la furiosa locura de la naturaleza, como alguna vez lo hicieron los atlantes. Pero ¿qué tecnócrata, sólo interesado en computadoras, chips y otros productos para la sociedad de consumo, hubiera permitido que ese pensamiento siquiera cruzase su mente? Ahora era demasiado tarde y el ciclo actual del Sol terminaría en la destrucción del mundo entero.

4 Ahau 3 Kankin: 21 – 22 de diciembre de 2012: Uno sólo tenía que mirar a su alrededor para darse cuenta y ver el poder de este antiguo oráculo. Como resultado del desastre cósmico del Sol, se produjo un terrible desastre geológico sobre la Tierra, el mayor de todos los tiempos; por cierto, el más grande de Japón, que desapareció para siempre en las furiosas aguas.

En Egipto, las pirámides de Giza —erigidas a imagen de la constelación de Orión— habían soportado la violencia bastante bien hasta ahora, gracias a su construcción superior. Los antiguos maestros constructores tuvieron la inteligencia de crear algo que iba a perdurar en el tiempo lo más posible. Si esta civilización no lograba decodificar su mensaje, entonces, tal vez, la próxima lo haría. De ahí el estado bastante bueno de las pirámides después de una serie de terremotos. También sus similares en América del Sur, portadoras del mensaje de destrucción, permanecían de pie. Más tarde, los astrónomos podrían descubrir todavía que Orión es un vínculo importante para develar los códigos de destrucción de la Tierra, en caso de que volviese a ser necesario. Ese es el último interrogante.

La población mundial se estaba diezmando a una velocidad inigualada; ni siquiera una guerra nuclear podría llegar a ser más fatal. Aun con los cientos de millones de computadoras que el hombre moderno había logrado construir, no podía lograr que una computadora calculara el final del mundo. Sin embargo, hace más de 14.000 años, los sacerdotes de la Atlántida sí fueron capaces de hacerlo. Los conocimientos perdidos, ahora temblaban y se sacudían, pero estaban firmes contra las poderosas olas de la Tierra. Era como si los sumos sacerdotes quisieran resguardar su creación maestra, como si hubieran querido decir: "Protejan esos lugares sagrados, no destruyan la resurrección de Orión, dejen que sea más fuerte que la violencia de la naturaleza".

Y así sucedió. El daño fue escaso, como si los dioses lo hubiesen determinado, mientras todo lo demás en el mundo colapsaba. Si pudiera ver el desastre desde una nave espacial, el panorama sería mucho más claro. La Tierra se había movido y había sido desplazada de su eje. Allí donde alguna vez estuvieron los polos, ahora había otras regiones. Los estadounidenses y canadienses se aterrarían si pudieran ver que su mundo era arrastrado hacia el lugar donde antes se encontraba el polo. No había cómo detenerlo. Canadá y EE.UU. iban a desaparecer bajo el hielo polar como sucedió antes, hace 12.000 años. En Navidad, la ciudad de Nueva York –corazón financiero de la sociedad de consumo que había escalado hasta la cima–, ahora iba a quedar enterrada bajo una gruesa capa de hielo y su clima sería extremadamente frío, frío polar. Si se realizaran excavaciones en miles de años, se descubrirían millares de cadáveres humanos y de animales, porque se habrían congelado para siempre, a causa del súbito desplazamiento del eje de la Tierra.

En el lado opuesto del mundo, el otrora Polo Sur se había movido hacia un clima más moderado. A causa del intenso calor generado por las erupciones solares, grandes porciones de hielo comenzaron a derretirse. La Atlántida iba a emerger otra vez, cuando el enorme poder de la masa de hielo desapareciera. La predicción del clarividente Edgar Cayce (ver *The Mayan Prophecies* [Las profecías mayas] y otro textos), referida a que la ciencia de la Atlántida iba a ser redescubierta, se había vuelto realidad, y ahora sus otras predicciones también demostraban ser correctas: "No mucho tiempo después del descubrimiento de los secretos de la caída de la Atlántida, los polos de la Tierra se revertirán y se producirá un deslizamiento de la corteza terrestre en las áreas polares, estimulando las erupciones volcánicas. En la parte occidental de EE.UU., la tierra se abrirá y desaparecerá bajo el casquete polar, y la parte superior de Europa cambiará de un solo golpe".

Y eso estaba sucediendo ahora. Áreas enteras sufrieron un drástico cambio en el clima en apenas unas pocas horas; era el escenario de un completo juicio final para enormes grupos de poblaciones y animales. Los osos polares y los pingüinos tal vez logren sobrevivir, pues ellos pueden nadar y adaptarse a los cambios de la temperatura, de fría a cálida. Quizás, ellos se originaron en un anterior corrimiento de los polos y se vieron forzados a adaptarse después de haber sido arrojados de un clima cálido a uno frío. En esta ocasión, eso ya no será necesario, pues hallarán su camino hacia nuevos polos. Los estadounidenses ahora iban a darse cuenta de por qué su tierra estaba tan poco poblada apenas unos cientos de años. Después del último desplazamiento, el hielo debió derretirse y sólo entonces, se hizo posible el crecimiento de la vegetación. Por supuesto, esto tardó unos miles de años. Entonces, los animales pudieron reproducirse sin ser perturbados. Dado que las personas emigraron más tarde, la mayor parte del país permaneció deshabitada. Hubiera sido mejor que permaneciese de ese modo. Sumamente sorprendidos, los norteamericanos sobrevivientes iban a ver su tierra deslizarse hacia el Polo. Su tierra iba a desaparecer casi por completo e iban a comenzar a darse cuenta cuando sintieran las primeras oleadas de frío. El dólar –que alguna vez fue todopoderoso–, ahora llegaría a su fin para siempre, congelado a cincuenta grados bajo cero y cubierto de colosales cantidades de hielo. Dentro de cientos de años, ya nadie hablaría del dólar, del índice Dow Jones, del precio del oro, la plata y los metales preciosos, la crisis del petróleo, etc. terminaría para siempre, así como el mundo de la Siberia de repente llegó a su fin durante el deslizamiento anterior. En aquel tiempo, Siberia tenía un clima moderado, pero en pocas horas, de pronto se tornó intensamente frío. Como consecuencia de ello, grandes cantidades de mamuts murieron en forma súbita; el deceso llegó tan rápido, que ni siquiera habían digerido las plantas que habían comido. Incluso en la actualidad, se pueden hallar flores y pastos en buen estado dentro de sus estómagos. Richard Lydekker escribe en *Smithsonian Reports* [Informes smithsonianos] (1899):

En muchas instancias, como es sabido, se han hallado carcasas enteras de mamuts enterradas, con la piel y los pelos conservados, y la carne tan fresca como las de las ovejas congeladas de Nueva Zelanda en la cámara frigorífica de un barco carguero. Y los perros que arrastran trineos, al igual que los yakuts, a menudo se han procurado una suculenta comida con la carne de mamut, que tiene miles de años de antigüedad. En circunstancias como estas, es evidente que los mamuts deben haber quedado enterrados y congelados casi inmediatamente después de su muerte, pero como la mayoría de los colmillos parecen encontrarse de manera aislada, a menudo apilados unos encima de otros, es probable que comúnmente las carcasas se rompieran al ser arrastradas por los ríos, antes de llegar a sus tumbas finales. Incluso entonces, el entierro o, al menos el congelamiento, debe haber sido relativamente rápido, ya que la exposición en su condición normal hubiera deteriorado aceleradamente la calidad de su marfil.

De qué manera pudieron los mamuts existir en una región donde sus restos se congelaron tan rápidamente, y cómo esas grandes cantidades se acumularon en puntos determinados, son interrogantes que en el presente no parecen poder responderse de manera satisfactoria.

Los norteamericanos obtuvieron su respuesta ahora. De un clima suave y benigno, EE.UU. y Canadá se convirtieron en tierras de hielo y nieve; para las regiones del norte fue lo peor. La nueva ubicación de Montreal, ahora no estaba lejos del centro del nuevo Polo. Sin electricidad, la gente se congelaba y moría rápidamente y esto le iba a pasar a cientos de millones de personas, en los que alguna vez habían sido los polos económicos del poder. Su carne no se pudriría y, en miles de años, podrían realizarse horrorosos descubrimientos. También se preguntarían: "¿Por qué esta inteligente civilización no pudo ver lo que se avecinaba? Si ellos antes habían conseguido que una nación entera escapase del desastre, entonces, ¿por qué no lo habían hecho ahora?" Preguntas, miles de preguntas tratando de comprender esta catástrofe para la humanidad. No iban a hallar respuesta, o deberían empezar a buscarla en los intereses comerciales, el escepticismo, la falta de comprensión de antiguos códigos, la todopoderosa creencia en el dólar, etc.

El siguiente pasaje, que ilustra de una manera notable la edad excepcional de los documentos egipcios (Berlitz, 1984), ahora se hace realidad:

"... uno de los sacerdotes, de muy avanzada edad, dijo: "¡Oh, Solón, Solón, vosotros, helenos, sois sólo niños, y nunca habrá un anciano que sea heleno".
Cuando Solón oyó esto, dijo: "¿Qué queréis decir?"
"Quiero decir", respondió, "que mentalmente sois todos jóvenes y que la tradición antigua no os ha transmitido ni criterio ni pátina de sabiduría. Y yo explicaré la razón de esto: debido a varias causas, se han producido muchas destrucciones de la humanidad, y sucederá otra vez".

22 de diciembre de 2012. Mientras la Tierra temblaba y se sacudía y el cielo se encendía, estas palabras acudieron a las mentes de los que todavía estaban vivos. El sacerdote egipcio había enfatizado hace 2.500 años, que esta civilización poseía descripciones de importantes acontecimientos: "Todo lo que se ha escrito en el pasado ... está guardado en nuestros templos ... Cuando el arroyo baje desde los cielos como una pestilencia y deje sólo a aquellos entre vosotros, que no tienen cultura ni educación ... deberéis empezar de nuevo como niños que no saben nada de lo que sucedió en los tiempos de la antigüedad".

Frank Hoffer, en la obra *The Lost Americans* [Los americanos perdidos], brinda una vívida imagen de las consecuencias de la catástrofe anterior, cuando se destruyó la Atlántida:

> Los sombríos agujeros de Alaska están llenos de evidencia de una completa muerte... imagen de un súbito fin ... Mamuts y bisontes fueron estrujados, destrozados, como por una mano cósmica en un acto de ira divina. En muchos lugares, la fangosa manta de Alaska está repleta de huesos de animales y de grandes cantidades de otros restos... mamuts, mastodontes, bisontes, caballos, lobos, osos y leones... Un mundo animal entero... en medio de una catástrofe... fue súbitamente destruido.

Un cataclismo similar se estaba produciendo ahora. Millones de animales murieron y sus esqueletos irían a cubrir el fondo del mar por miles de años. La isla Llakov, en la costa de Siberia, de hecho, está construida con millones de esqueletos que aún permanecen en buenas condiciones debido a las bajísimas temperaturas. Pero ni siquiera los peces van a sobrevivir. Cerca de Santa Bárbara, en California, el Instituto Geológico de los Estados Unidos ha descubierto un lecho de peces petrificados en el anterior fondo del mar, donde se estima que más de mil millones de peces hallaron su muerte por una masiva ola gigantesca.

20

LA OLA GIGANTESCA

Cuando uno mira a la Tierra desde el espacio exterior, se ve un planeta azul, pues está compuesto principalmente por agua. Los océanos no son sólo tierras fértiles que están allí para alimentar la vida, sino también —y esto es lo más importante— para la destrucción de la vida. Al haber adquirido movimiento la corteza terrestre, todo, incluidas las masas de tierra y los océanos, alcanzó cierta velocidad. Cuando la corteza terrestre se une otra vez y detiene su movimiento, evoca inmensos temblores. Puede compararse con un auto que choca contra un muro; cuanto más rápido marcha, mayor será el impacto. Cuando las placas tectónicas chocan entre sí, van acompañadas por titánicos movimientos sísmicos, erupciones volcánicas, etc. En determinados lugares las placas serán prensadas otra vez, unas contra otras, de tal manera que se formarán montañas con varios kilómetros de altura. En otras partes, las capas subyacentes se abrirán y tierras enteras desaparecerán en las profundidades. Los sucesos apocalípticos que se avecinan no tienen parangón, pues serán tan destructivos que resultan incomprensibles.

Un choque de autos trae aparejados otros fenómenos. Por ejemplo, si uno no está atado de manera segura, puede llegar a ser despedido del vehículo; los que no usan el cinturón de seguridad suelen volar por el parabrisas cuando se produce un choque a alta velocidad, resultando de ello serias heridas o incluso la muerte. En el lenguaje científico, a esto se lo denomina la ley de inercia: todos los objetos que alcanzan cierta velocidad la mantienen; es una ley de la naturaleza que siempre ha existido y existirá eternamente y las víctimas de accidentes automovilísticos lo saben muy bien. Esta ley universal también se aplica para la Tierra misma. Al estudiar de cerca los desplazamientos polares anteriores en los escritos de la Atlántida, entonces, uno se entera de que esto sucedió en apenas algunas horas.

Científicamente, puede demostrarse que el deslizamiento de la corteza mide

29 grados, basándose en las rocas magnéticas endurecidas que siguen apuntando al polo original. Dicho deslizamiento está en correspondencia con el corrimiento de la corteza terrestre de 3.000 kilómetros. Imagine tener que viajar 3.000 kilómetros en su auto durante 15 horas; eso equivale a una velocidad de 200 kilómetros por hora. Desde el momento en que la Tierra empieza a moverse, uno soporta cierto nivel de velocidad, pero si esto pasara rápidamente, entonces, podríamos salir despedidos. Una vez que la Tierra alcanza una velocidad constante, ya no se nota. Ahora estoy llegando al punto crucial. El campo magnético de la Tierra se recupera y une las capas exteriores, otra vez. Este es el efecto más desastroso para todos los terrícolas y los animales. Es como si un muro inmenso apareciera de repente y hubiera que clavar los frenos de un auto de carrera. ¡Demasiado tarde! En un colosal impacto, uno choca contra el obstáculo y sale despedido del vehículo. Eso es lo que ocurre con los océanos en este punto del cataclismo; debido a la ley de inercia, ya no pueden detenerse y, según sea la dirección, los mares comienzan a elevarse sobre determinadas tierras costeras.

La reversión polar

Pero la historia es más complicada, pues no sólo se produce un deslizamiento de la corteza sino también una reversión. Esto sucede cuando la Tierra empieza a girar en sentido contrario. Es un desastre inimaginable. Mire los números. Hay cerca de 24.000 millas alrededor de la Tierra en la línea del ecuador. Dado que la Tierra hace una rotación completa cada 24 horas, significa que viajamos 24.000 millas cada 24 horas. Divida 24 horas por 24.000 millas y obtendrá el asombroso resultado de que estamos girando alrededor del eje del globo a unas 1.000 millas por hora.

Si, durante el próximo cataclismo, EE.UU. es desplazado hacia el actual Polo Norte (futuro Polo Sur), sería como si el agua en el puerto de Nueva York de repente desapareciera y en Brasil aparecieran playas de kilómetros y kilómetros de largo, dado que el agua va a ser arrojada con toda violencia. En las masas de tierra opuestas sucederá lo contrario. A una asombrosa velocidad, las aguas se elevarán, alcanzando alturas catastróficas. Una ola gigante como nunca se ha visto antes, de cientos de metros de altura (incluso, más de un kilómetro), se aplastará sin piedad contra las regiones costeras y será imposible escapar de su violenta naturaleza. Olas gigantes más pequeñas, de unos diez metros de altura, son capaces de borrar todo lo que encuentran a su paso. Entonces, ¿qué hará este muro de agua? Literalmente, toda la vida perecerá con ella. Imagine que vive en una zona costera y ve venir hacia usted esta inconmensurable ola cientos de metros de altura; antes de poder reaccionar estará cubierto por miles de millones de litros de agua de mar. No lo olvide, esta ola gigantesca alcanzará una velocidad relativamente elevada, debido a la energía que ha creado. Esta energía del movimiento debe disiparse completamente antes de que los océanos recobren su calma. Esto significa una enorme destrucción de la vida animal y vegetal. Mientras la ola gigantesca se extiende sobre las tierras, más gente muere, como nunca antes había ocurrido, más incluso que en todas las guerras de la historia juntas. En su libro titulado *Voyage dans l'Amérique méridionale* [Viaje a la América meridional], Alcide d'Orbigny escribió:

> Yo sostengo que los animales terrestres de América del Sur fueron aniquilados por la invasión del agua en el continente. ¿Cómo puede explicarse, de otra manera, esta completa destrucción y la homogeneidad de las pampas que contienen huesos? He hallado una prueba evidente de esto en la inmensa cantidad de huesos y animales enteros, cuyos números son mayores a las salidas de los valles, como el Sr. Darwin lo muestra. Él encontró la mayor cantidad de restos en Bahía Blanca, en Bajada y también en la costa, y en los afluentes del Río Negro; también a la salida del valle. Esto demuestra que los animales flotaron y, por lo tanto, fueron llevados principalmente hacia la costa. Esta hipótesis debe ser acompañada por la idea de que la tierra barrosa de las pampas fue depositada repentinamente, como resultado de las violentas inundaciones de agua, las que transportaron el suelo y otros sedimentos superficiales, mezclándolos entre sí.

Entonces, los americanos y canadienses no sólo van a tener temperaturas polares, sino que también una inundación desde las montañas aplastará todo. Los árboles serán arrancados como si no pesaran nada; animales y personas serán levantados y transportados, igual que los autos, que serán trasladados a kilómetros de distancia. Nada, absolutamente nada escapará a esta violencia de la naturaleza. Incluso, numerosos animales marítimos perecerán, porque se los aplastará violentamente contra los restos de las casas y la tierra. Será una tumba gigante y masiva, una reunión de cientos de millones de personas con animales marítimos. Los cadáveres restantes se preservarán para las futuras generaciones, debido a su intenso frío glacial, como una advertencia por haber ignorado las fuerzas anunciadas de la naturaleza y para que este error no vuelva a cometerse. El geólogo J. Harlen Bretz escribe en *The Channeled Scabland of the Columbia Plateau* [La acanalada tierra escarpada de la meseta de Columbia] (*Journal of Geology* [Diario de Geología], noviembre de 1923):

La inundación llegó de manera catastrófica a finales de la última era glacial. Era un inmenso muro de agua, con su cresta avanzando e inundando todo. Con más de 1.300 pies de altura, se vertía por los extremos superiores de las lomadas gigantes, cual imponentes cataratas y cascadas de hasta nueve millas de ancho, y luego caía y rodaba en superficies de varias millas de diámetro.

Una inundación masiva cortó canales con cientos de pies de profundidad en la tierra basáltica de la meseta de Columbia. Haciendo saltar el valle del río *Clark Fork* de Montana occidental y abriéndose paso por el norte de Idaho a diez millas cúbicas por hora, el agua alcanzó profundidades de 800 pies, mientras caía sobre la falla de Wallula en la línea Oregon–Washington, y luego descendió por el Columbia, en irrefrenable turbulencia hacia el Pacífico.

Arrastrando consigo entre 100 y 200 pies de la capa superior del suelo en muchas localidades, la inundación desnudó completamente 2.000 millas cuadradas de la meseta de Columbia, de su cubierta de sedimentos y loes, dejando sólo valles de empinados muros, similares a fosos de hasta 400 pies de profundidad, como estériles recordatorios de su pavoroso poder.

La inundación terminó tan rápido como empezó, en cuestión de días. Dejó gigantescos listones en los ríos que ahora se erigían como elevaciones con canales medios de más de 100 pies de altura, y depositó un delta de grava de 200 metros cuadrados, en la conjunción de los valles de Willamette y el río Columbia. Portland, Oregon, Vancouver y Washington ahora están ubicados en una porción de ese delta.

Ya se habían producido miles de millones de muertes y aún no había terminado. Parecía que la ola gigantesca no iba a detenerse nunca, penetrando cada vez más tierra adentro. Sólo a 1.500 metros sobre el nivel del mar uno podía estar a salvo, siempre y cuando esos lugares no se hubieran derrumbado durante los deslizamientos de tierra. En ninguna parte uno estaba seguro de sobrevivir. En esta heroica batalla entre los poderes de la luz y la oscuridad, estos últimos venían ganando en fortaleza. La Tierra entera quedó atrapada en la confusión general. Aquí y allá, la gente desesperada trataba de escalar las montañas para estar a salvo de las aguas que subían, y sólo unos pocos lo lograban. Esta ola gigante de los mares era demasiado poderosa como para tratar de combatirla. Duras y despiadadas, las olas rodaban cada vez más. La ola gigante llegó hasta las pirámides, entonces las construcciones que alguna vez se erigieron poderosas no pudieron resistir el embate y quedaron enterradas bajo una enorme inundación. Con una atronadora violencia, el agua tomó velocidad por la entrada y los respiraderos hacia la habitación real. Hace algunos milenios, los rituales sagrados de resurrección se realizaban allí. En la actualidad, estas habitaciones formaban el centro de la destrucción de la Tierra, el fin de la era del quinto Sol, en un cataclismo como nunca antes se había presenciado. La civilización iba a regresar a la Edad de Piedra, si es que lograba sobrevivir.

Figura 43.
Y una gigantesca
inundación destruirá
nuestra civilización...

Relatar estos acontecimientos determinará el futuro comportamiento por miles de años. Todas las civilizaciones no vinculadas entre sí lo contarán y el relato pasará de padres a hijos, de madres a hijas, acompañado por cuentos inmortales de coraje y desesperación, como informes históricos de lo acontecido. Exactamente como lo que leemos ahora sobre lo que sucedió las veces anteriores. En Perú existe una historia sobre un indio que fue advertido por una llama, acerca de la inundación. Juntos huyeron a la montaña. El nivel del mar comenzó a subir y pronto cubrió las llanuras y montañas, con excepción de aquella a la cual habían escapado; cinco días después, el agua empezó a descender. Historias similares pueden hallarse en todo el mundo; la de Noé es la más conocida por todos. En la Mesopotamia existe la historia de Utnapijstim (Hancok, 1995): "Durante seis días y seis noches el viento sopló, torrentes, tormentas e inundaciones cubrieron el mundo. Cuando llegó el séptimo día, la tormenta proveniente del sur amainó, el mar se calmó y las inundaciones se detuvieron. Miré el mundo y lo que hallé fue silencio... Me senté y lloré... porque en todas direcciones lo que había era la vastedad del agua".

En toda la historia del mundo se cuentan más de 500 testimonios de inundaciones prehistóricas masivas. Incluso en China se halló un antiguo trabajo que narraba lo siguiente (Berlitz, 1984): "Los planetas cambiaron su curso, el cielo se desplomó hacia el Norte, el Sol, la Luna y las estrellas modificaron su dirección, la Tierra se hizo pedazos y las aguas en su lecho se elevaron e inundaron la tierra con violencia".

Estas historias sobre inundaciones apocalípticas no dejan duda, es decir, eso ya ha sucedido y con anterioridad debe haber ocurrido infinidad de veces; suceso recurrente, aniquilador y despiadado. La vida es tan sólo algo frágil que puede desaparecer de esa manera. Las mismas catástrofes deben ocurrir en innumerables planetas de otros soles; no puede ser diferente. No sorprende que no hayamos recibido signos de vida extraterrestre. Si todos los planetas sufren de esta destrucción masiva, es un milagro que quede vida después de eso, y por añadidura, vida inteligente. La reversión del magnetismo solar con sus desastrosas consecuencias para la vida inteligente, por lo tanto, debe ser considerada como un factor increíblemente restrictivo en las evidencias sobre la vida extraterrestre. La prueba de la caída y desaparición de la civilización de la Atlántida es demasiado grande para negarla. Tardó más de 11.000 años para alcanzar más o menos un nivel similar de civilización. Reflejado en la escala del universo, esto significa otra vez un golpe para la existencia de la vida extraterrestre. En mi libro *A New Space – Time Dimension* [Una nueva dimensión entre el espacio y el tiempo], ya demostré que la vida extraterrestre sólo podría existir en las partes centrales del universo. Más lejos, los sistemas solares explotan, uno tras otro. Sus planetas son pulverizados hasta convertirse en un mar de plasma. Allí la vida extraterrestre es imposible porque los planetas son reducidos a un desarreglo atómico. Paralelamente, la posibilidad de la existencia de otras culturas muy evolucionadas es muy poco probable. Por cierto, eso no significa que seamos los únicos o que nuestra civilización sea una de las grandes excepciones del cosmos, pero sí significa que el espacio en el cual la vida es posible, mide sólo una milésima parte del volumen total del universo. Además de este atemorizante hecho están las implicancias de la reversión del magnetismo solar. Para mi asombro, debo llegar a la conclusión de que la vida, me refiero a las civilizaciones inteligentes como la nuestra, es mucho más esporádica de lo que solíamos postular. Además del hecho de que las partes más grandes de las estrellas mueren durante las más violentas explosiones en el universo, los deslizamientos de la corteza de los planetas forman una importante barrera para el debate acerca la vida extraterrestre. En las lejanas profundidades del universo, un mar de fuego barre completamente toda existencia, ya que todo se reduce a cenizas atómicas. Aquí en la Tierra, un mar de agua se lleva casi toda la vida, luego de lo cual sigue un oscuro período y surge un verdadero interrogante sobre si es posible alcanzar un mismo nivel de civilización otra vez, o no. Antes de que la Atlántida desapareciera bajo el hielo polar, los atlantes navegaban por los océanos. Poseían mapas y cartas tan perfectas que sólo pudimos decodificarlos en el siglo XX. El profesor Charles Hapgood escribe en *Maps of the Ancient Sea Kings* [Mapas de los antiguos reyes del mar]:

"Di vuelta la página y me quedé sentado, transfigurado. Mientras mis ojos se posaban en el hemisferio sur de un mapa mundial dibujado por Oronteus Finaeus en 1531, tuve la súbita convicción de que había encontrado aquí, un mapa realmente auténtico de la verdadera Antártida.

La forma general del continente era sorprendentemente igual al esbozo del continente en nuestros mapas modernos... La posición del Polo Sur, casi en el centro del continente, parecía estar correcta. Las cadenas montañosas habían sido descubiertas en la Antártida en años recientes. Era obvio también, que esta no era la disparatada creación de la imaginación de alguna persona. Las cadenas montañosas fueron individualizadas: algunas eran decididamente costeras, otras no. En la mayoría de ellas, se mostraban los ríos que corrían hacia el mar, siguiendo en cada caso, lo que parecían patrones de drenaje muy naturales y convincentes. Por cierto, esto sugería que la costas no tenían hielo cuando se dibujó el mapa original. Sin embargo, el profundo interior estaba completamente libre de ríos y montañas, lo que sugiere que es probable que el hielo haya estado presente allí".

Además, recién ahora empezamos a develar sus conocimientos sobre la órbita de los planetas y las constelaciones de las estrellas. Eso muestra a las claras que un corrimiento polar y las inundaciones que lo acompañan, puede hacer desaparecer una civilización del globo de un plumazo. En la actualidad, nuestra civilización ha alcanzado su nivel porque un sumo sacerdote de la Atlántida había hallado una conexión entre el ciclo de las manchas solares y el campo magnético de la Tierra. También descubrió que cuando Venus y Orión están ubicados en posiciones de códigos específicos, se producirá el próximo desastre. Gracias a su previsión, grupos de atlantes pudieron escapar de la catástrofe. Sólo debido a este hecho, ahora el mundo está densamente poblado y ha alcanzado semejante grado de civilización. Pero no debemos olvidar que hace 200 años, decididamente no estábamos tan adelantados y había que descubrir aún gran cantidad de conocimientos. En ese período, la información que poseíamos era escasa. Si los atlantes no hubieran sido advertidos con anticipación de la llegada del cataclismo, entonces, todos sus conocimientos se hubieran perdido para siempre.

Me atrevo a decir que si ese hubiera sido el caso, ahora no estaríamos mucho más avanzados que en la Edad de Piedra. Si no empezamos pronto un trabajo de preparación de las arcas para la supervivencia, con los siguientes conocimientos a bordo, entonces, dudo mucho de que haya futuro para la humanidad. En los sucesos que están por venir, los conocimientos que ahora tenemos se destruirán casi por completo. Si no se toman medidas urgentes, las fuentes de conocimientos que permanezcan se perderán, una a una, en el caos después de la catástrofe. Y ese será el fin absoluto de nuestra civilización, lo cual no es del todo imposible. En las antiguas escrituras se encuentran datos de que ya existían en la Tierra, hace 200.000 años, civilizaciones tecnológicas sumamente adelantadas. Si eso es verdad, entonces me temo lo peor para nuestra civilización, porque los sumos sacerdotes han postulado que los poderes destructivos que asolarán la Tierra, ahora serán los más grandes en cientos de miles de años.

La siguiente leyenda escandinava mucho dice al respecto (Hancock, 1955):

> Las montañas colapsaron o se partieron en dos, de la cima a la base. Las estrellas desviaron su rumbo en el cielo y cayeron en el pozo de las profundidades. El gigante Surt incendió todo el mundo; este no era más que un inmenso horno. Todos los seres vivientes, personas, plantas, desaparecieron y sólo quedó la tierra yerma, pero al igual que el cielo, esta no era más que un conjunto de rajaduras y fisuras. Entonces, todos los ríos se elevaron, los mares desbordaron y la tierra se hundió bajo las aguas del océano.

Que esto sea una advertencia para aquellos que no creen. La catástrofe mundial descripta en el texto causó tal impresión, que esa gente quiso advertirnos de lo acontecido. Los atlantes sobrevivientes construyeron sus templos con datos astronómicos, en Egipto y México. De un modo asombrosamente preciso, muestran los códigos científicos que aparecen en los mitos. Cuando la ola gigantesca realice su poderoso trabajo destructivo, miles de millones de personas recordarán esto, dolorosamente.

Los anales dicen lo siguiente: "Y en sólo un día y una noche, la isla Aha-Men-Pta se hundió bajo el mar..."

Esto sucedió hace casi 12.000 años y ahora va a ocurrir lo mismo. Los desenfrenados movimientos de la Tierra y una ola gigantesca pusieron fin a su civilización, formando terribles cicatrices en la superficie de la tierra y en el fondo de los océanos. La vida animal y humana de la Tierra prácticamente fue devastada. Fue una catástrofe de alcance mundial. Las aguas que subieron cambiaron el clima y la proporción tierra/agua, en enormes territorios del mundo. Cuando las aguas volvieron a descender, los esqueletos de animales marinos pequeños y grandes, la fauna marina y los crustáceos y moluscos quedaron allí donde habían sido arrojados. Actualmente, es posible hallarlos diseminados en cadenas montañosas como los Andes, las Rocallosas, los Himalayas (donde se encontraron huesos de ballenas), etc. Un manuscrito maya, el *Popol Vuh* (Berlitz, 1984), dice lo siguiente sobre la catástrofe anterior:

Entonces, el deseo de Hoerakan puso las aguas en movimiento y una enorme inundación tapó las cabezas de estos seres. ... quedaron bajo las aguas y del cielo descendió un fluido resinoso... La faz de la Tierra se oscureció y se inició una densa lluvia ennegrecida, de día y de noche... Sobre sus cabezas, podía oírse un gran ruido que sonaba como si se hubiera originado del fuego. Entonces, pudo verse a los hombres correr, empujándose entre sí llenos de desesperación; querían trepar a los árboles y estos se sacudían derribándolos; querían resguardarse en las cuevas, pero estas se cerraban para ellos.., Y las aguas seguían subiendo cada vez más.

Otra crónica de la América precolombina (Berlitz, 1984) es igualmente notable: "El rostro del cielo fue arrojado de un lado al otro y se dio vuelta... En una enorme y fuerte inundación repentina, la Gran Serpiente fue secuestrada de los cielos. El aire calló y la Tierra se hundió..."

Es probable que el recuerdo de un mundo anterior pueda llegar a ser un apoyo para la conservación del presente, pero yo tengo grandes dudas al respecto. La magnitud de la catástrofe será tal, que no es mucho lo que quedará en pie. Sólo la transmisión de los conocimientos es lo esencial; el resto es secundario.

Mientras escribo estas palabras, me pregunto si hay muchas personas que quieran seguir vivas en este mundo destruido. Cuanto más cuento mi historia a la gente, más son los que no quieren sobrevivir; ellos dicen que no sólo van a extrañar a sus seres queridos sino que van a carecer de todas las comodidades creadas para el hombre. Nada quedará, ni alimentos, ni electricidad, ni vestimenta, etc. ¿Por qué querrían seguir vivos? De hecho, esa es una pregunta que uno debe decidir por sí mismo. Si usted decide luchar por su vida, entonces yo soy su hombre. Los atlantes demostraron poseer gran previsión. Nosotros podemos repetir este *tour de force*, y la humanidad nos dará las gracias por la iniciativa tomada. Luche y sea emprendedor, es eso lo que se necesita para sobrevivir a la inundación venidera. Es el mayor desafío que la humanidad haya enfrentado jamás y si fallamos, todo lo que hemos logrado hasta ahora se ve amenazado con perderse para siempre.

EPÍLOGO

Un año después de la completa aniquilación de la población del mundo, los sobrevivientes del desastre murieron. Los restos radiactivos de las plantas nucleares fundidas, los derrames de petróleo en todo el mundo y los gases venenosos que expulsaba la industria de armas químicas, demostraron ser letales. Aquí, un especial experimento planetario llegó a su fin definitivamente.

La nueva era nunca iba a empezar.

Parte V

Prueba matemática

21

PRUEBA MATEMÁTICA

Una parte importante del ciclo de las manchas solares

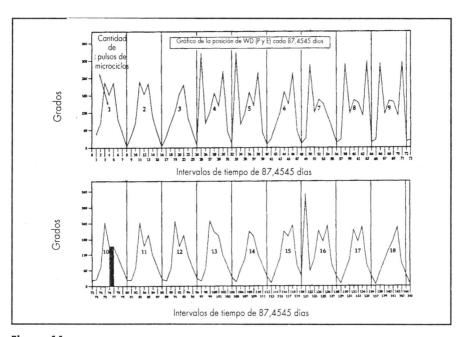

Figura 44.
La teoría del ciclo de las manchas solares, de Maurice Cotterell.

Empleando parte de las matemáticas básicas, se pueden hallar los números esenciales del ciclo de las manchas solares:

68.302 ÷ 26 = 2.627
68.302 ÷ 37 = 1.846

Reste el segundo número del primero:
2.627 – 1.846 = 781

781 es el número de los períodos de tiempo (bits) hallados por Cotterrell en un ciclo de 68.302 días. Divida los números ya hallados, pero en el orden inverso, por el tiempo de rotación de los campos magnéticos y obtendrá:

2.627 ÷ 37 = 71
1.846 ÷ 26 = 71
71 x 11 = 781

Un ciclo tiene 781 bits. Es posible seguir dividiéndolo:
781 ÷ 11 = 71 bits de 87,4545 días

Por este medio, usted puede calcular un ciclo prolongado:
71 x 87,4545 = 6.209,2727

Esto también es igual a lo siguiente (cálculos opuestos):
2,3636 x 2.627 = 6.209,2727
3,3636 x 1.846 = 6.209,2727

Gracias a este número, yo pude descifrar el Códice Dresden de los mayas. Por estos cálculos quedaba claro que este era un número esencial del ciclo de las manchas solares. De ahí que los mayas lo han incorporado a sus códigos.

El período de los campos magnéticos del Sol, calculado desde los ciclos de las manchas solares, de los mayas

A los atlantes, igual que a sus descendientes —los mayas—, les encantaban los juegos numéricos. Esto resultará más claro después de los próximos cálculos. De lo que antecede sabemos que un ciclo importante tiene una duración de 6.209,272727 días. En este número hay una serie infinita del número 27. Conociendo a los mayas, había que hacer algo con este número. Ellos emplearon dos números para la duración del ciclo de las manchas solares. Cuando los dividimos por 27, se halla la primera clave:
68.328 ÷ 27 = 2.530,66666666
68.302 ÷ 27 = 2.529,70370370
2.530,66666666 – 2.529,70370370 = 0,962962

La diferencia indica qué es lo que buscamos: 962 = 37 x 26. La relación no se detiene en este punto:

27 x 37 = 999

Cuando dividimos los ciclos por este nuevo número hallado, obtenemos:

68.328 ÷ 999 = 68,396396396

68.302 ÷ 999 = 68,370370370

68,396396396 - 68,370370370 = 0,026026026

Aparecen dos números importantes a partir de este cálculo: 26 y 37. Más aún, el ciclo magnético de 26 días puede calcularse desde el otro. La serie infinita de 26 es la evidencia. Esto también es posible al revés:

27 x 26 = 702

68.328 ÷ 702 = 97,333333333

68.302 ÷ 702 = 97,296296296

97,333333333 - 97,296296296 = 0,037037037

Si este no es un juego brillante, entonces yo estoy loco.

Comentarios: los magos de las matemáticas debían tratar de crear dichas conexiones. Al cabo de unos días iban a confesar que, en verdad, ¡son brillantes! Y lo que es más importante todavía es que, gracias a estos hallazgos, ¡yo pude descifrar el código principal del Códice Dresden!

El Códice Dresden, decodificado

Lo que sigue es importante en grado sumo: el tema del Códice Dresden es, de hecho, el ciclo de las manchas solares. Muchas personas no se han convencido después de haber leído la decodificación realizada por Maurice Cotterrell. Pero cuando está decodificada correctamente, resulta claro que se refiere al ciclo de las manchas solares. Esto es asombroso porque esta teoría es extremadamente difícil y los astrónomos no tienen noción de su existencia.

En el Códice Dresden hallamos un número gigantesco: 1.366.560. Tras de él se ocultan cientos de códigos secretos. Algunos están relacionados con el magnetismo solar y el ciclo de las manchas solares.

Con la asistencia de Venus se puede hallar rápidamente el primer código:

1.366.560 = 2.340 x 584

1.366.560 = 5.256 x 260 (TZOLKIN)
      = 3.796 x 360 (TUN)   = 73 x 52 x 360
      = 3.744 x 365 (HAAB) = 72 x 52 x 365
      = 2.340 x 584 (Venus)= 36 x 65 x 584
      = 39 x 35.040 = 3 x 13 x 35.040
      = 9 x 151.840 = 9 x 37.960 X 4

Figura 45.

La página más importante del Códice Dresden.

Reemplace 584 por 583,92 que es el número exacto del período sinódico de Venus. La diferencia es 0,08. Cuando multiplicamos este último por 2.340, obtenemos: 0,08 x 2.340 = 187,2. ¡Este número es el período del ciclo de las manchas solares!

Descifrar el Códice Dresden

Dentro del Códice hay dos números:
1.366.560
1.364.360
La diferencia es: 1.366.560 - 1.364.360 = 2.200

Cuando este se utiliza para dividir ambos números:
1.366.560 ÷ 2.200 = 621,163636363
1.364.360 ÷ 2.200 = 620,163636363

Esta serie de números 0,163636363 representa un ciclo completo de 360 grados:
360 ÷ 2.200 = 0,163636363

La diferencia entre ambas series de números es:
621,163636363 - 620,163636363 = 1
1 = 1 círculo!

Dicha solución tiene que ver con una diferencia de 360 grados. Esto es lo que usted ya sabe:
3,363636 círculos – 2,363636 círculos = diferencia de 1 círculo.
Como código primario tenemos el ciclo de las manchas solares de 187,2 años = 68.328 días. Cotterell obtuvo un valor de 68.302 días.

1.366.560 = 20 x 68.328 = código maya para el ciclo de las manchas solares.
El ciclo exacto de las manchas solares es: 68.302 x 20 = 1.366.040
Si dividimos esto por 2.200: 1.366.040 ÷ 2.200 = 620,9272727

¡Usted conoce este número! Ya lo obtuvo antes como un código del ciclo de las manchas solares, ¡pero diez veces mayor!

Cuando se resta este número del correspondiente código maya, se obtiene:
621,16363 – 620,92727 = 0,236363636

El valor real es 2,363636. Esto puede comprobarse de la siguiente manera:
621,16363 x 11 = 6.832,8
620,02727 x 11 = 6.830,2

Multiplique estos números por 10:
6.832,8 x 10 = 68.328 = Código maya para el ciclo de las manchas solares.
6.830,2 x 10 = 68.302 = Ciclo de las manchas solares.

Multiplique los números precedentes por 10:
621,16363 x 10 = 6.211,6363
620,92727 x 10 = 6.209,2727

La resta da el valor correcto:
6.211,6363 – 6.209,2727 = 2,363636

¡Este es el código primario! Luego de 2,363636 rotaciones, un campo magnético del Sol alcanza al otro. Además, el código del otro campo magnético puede recuperarse: 3,363636. Esto es relativamente fácil. Como ya lo sabe de antes, con la división por tres números se puede obtener el código:
999 = 27 x 37
962 = 26 x 37
702 = 26 x 27

Divida 520 por estos números:
520 ÷ 999 = 0,520520520 (¡una serie infinita con 520!)
520 ÷ 962 = 0,540540540
520 ÷ 702 = 0,740740740

Divida las últimas dos series por 2.200:

540 ÷ 2.200 = 0,245454545

740 ÷ 2.200 = 0,3363636363

La diferencia entre el código maya y el real es:

1.366.560 – 1.366.040 = 520. Divida esto por 2.200:

520 ÷ 2.200 = 0,236363636

Este código es 10 veces más pequeño y se demuestra de la siguiente manera:

740 – 520 = 220

2.200 = 220 x 10

Conclusión: 520 ÷ 220 = 2,363636

De inmediato aparece la respuesta correcta:

3,363636 – 2,36363636 = diferencia de 1 círculo

Los códigos de Venus

Los números de Venus conocidos condujeron a la siguiente revelación:

584 ÷ 2.200 = 0,26545454 (26 + serie infinita del 54)

576 ÷ 2.200 = 0,26181818 (26 + serie infinita del 18)

Los códigos siguientes se encuentran detrás de esto:

26 x 54 = 1.404

26 x 18 = 468

Las sumas y las restas confirman la corrección de estos números:

1.404 + 468 = 1.872 = número del código

1.404 - 468 = 936 = número del código

Debemos averiguar más todavía. La siguiente conexión ofrece más revelaciones del antiguo mensaje codificado:

54 ÷ 3,3636363 = 16,054054

1.404 ÷ 16,054054 = 87,45454545

Luego de 87,454545 días, uno de los campos polares alcanza al otro.

El código con 936:

936 = 26 x 36

936 ÷ 87,4545 = 10,7027027

Multiplique esto por la rotación de los campos:

10,7027027 x 2,363636 = 25,297297

10,7027027 x 3,363636 = 36

Reste 25,297297 del número 26:

26 − 25,297297 = 0,7027027

Multiplique esto por la rotación del campo del ecuador y obtendrá la rotación del campo en los polos:

3,363636 x 0,7027027 = 2,363636

26 ÷ 0,7027027 = 37 = período del campo magnético del Sol en los polos.

El código 36 oculto en los códigos de Venus

Esto se comprueba, restando entre sí los códigos de Venus obtenidos antes:

0,26545454 − 0,26181818 = 0,003636363636

Este código tiene un cierto significado. Cuando los valores de los campos magnéticos antes obtenidos se dividen por 10, se concluye lo siguiente:

0,3363636 ÷ 10 = 0,033636363

0,2363636 ÷ 10 = 0,023636363

La serie infinita del número 0,00363636 se encuentra en el mismo orden que en los códigos de Venus. Para lograrlo, tendrá que adaptar los otros números:

740 ÷ 10 = 74

520 ÷ 10 = 52

Si se resta el segundo resultado por el primero, se obtiene 22:

74 − 52 = 22

La solución del Códice Dresden

Los números hallados anteriormente condujeron a la siguiente solución:

74 ÷ 22 = 3,363636

52 ÷ 22 = 2,363636

Los números 3 y 2 también indican un código: 32 x 36 = 1.152 x 10 =

11.520 = período entre las catástrofes anteriores.

Vemos una serie infinita con el número 36, por lo tanto, multiplicando 74 y 52 por 36, se obtiene:

74 x 36 = 2.664 (código primario)

52 x 36 = 1.872 (código primario)

Si se divide por las rotaciones de los campos, se halla el próximo código:

2.664 ÷ 3,363636 = 792

1.872 ÷ 2,363636 = 792

Este número también es el resultado de restar de los códigos primarios lo siguiente:

2.664 – 1.872 = 792 = 72 x 11

La siguiente división conduce a un código adicional:

1.872 ÷ 2.664 = 0,7027027

El número maya del ciclo largo de la mancha solar también da un código:

1.366.040 ÷ 740 = 1.846

1.366.040 ÷ 520 = 2.627

Estos números concuerdan con la precesión (vea el Capítulo 16). Pero, ¡atención!, se trata de una importante evidencia.

Más evidencia:

620,92727 ÷ 0,2363636 = 2,627

2.627 x 26 = 68.302 = ciclo de la mancha solar de 187 años

620,92727 ÷ 0,336363 = 1.846

1.846 x 37 = 68.302 = ciclo de la mancha solar de 187 años

El Calendario Maya

El número 1.366.560 del Códice Dresden es igual a:

1.366.560 = 18.720 x 73

= 18.980 x 72

18.980 = ciclo calendario de 52 años de los mayas, cada 365 días

73 x 72 = 5.256

1.366.560 ÷ 5.256 = 260 = año mágico

Se obtiene el mismo número de manera diferente:

18.980 – 18.720 = 260

260 es un número especial. Es la conexión entre los diferentes calendarios y las rotaciones solares.

Cada día, el campo polar viaja: 360 ÷ 37 = 9,729729 grados.

El campo ecuatorial viaja cada día: 360 ÷ 26 = 13,84615 grados.

Ya se obtuvo varias veces el número 0,7027027. Esto también es igual a: 26 ÷ 37 = 0,7027027027.

El ciclo de 260 días

Luego de 260 días, el campo polar ha viajado 7,027027 rotaciones. La cantidad de grados para este período es:

260 x 9,729729 = 2.529,729729

La cantidad de rotaciones puede calcularse de la siguiente manera:

2.529,729729 ÷ 360 = 7,027027

El campo se encuentra a 0,027027027 rotaciones de su punto de partida. Esto es igual al siguiente número de grados:

0,027027 x 360 = 9,729729

Esto significa que el campo está a un día antes de su punto de partida, ó 9,729729 grados.

El campo ecuatorial ha realizado diez rotaciones después de 260 días y se encuentra en su punto de partida. A continuación he descifrado un código que demuestra la rectitud de este principio:

10 – 9,729729 = 0,27027027027

7,027027 ÷ 0,27027027 = 26

y 7,027027 ÷ 0,027027027 = 260

Esto muestra un código para el calendario maya:

260 x 72 = 18.720

260 x 73 = 18.980

Multiplique esto por la cantidad de grados viajados en un día:

18.720 x 9,729729 = 182.140,54054

18.720 x 13,84615 = 259.200 = ¡número de precesión!

18.980 x 9,729729 = 184.670,27027

18.720 x 13,84615 = 262.800 = ¡número del código!

Cuando se multiplica 72 por el número de rotaciones de un ciclo en 260 días (razón: 18.720 = 72 x 260), se obtiene el siguiente valor: 72 x 7,027027 = 505,945945

Aumente el número en 1.000 veces (razón: los números obtenidos son mayores en la misma proporción): 505,945945 x 1.000 = 505.945,945

He aquí una conexión con el número de los mayas:

505.440 (= 1.872.000 – 1.366.560 = 1.440 x 351)

Reste este valor del número grande obtenido antes:

505.945,945 – 505.440 = 505,945945

El resultado es idéntico al primer número, sólo la unidad es diferente. Y esto no termina aquí. La cantidad de grados que viaja un campo en 72 días también da un código:

72 x 9,729729 = 700,54054054

Dividido por el número anterior, puede calcularse la cantidad de grados que el otro campo viaja en un día:

700,54054054 ÷ 505,945945 = 1,3846153 (x 10 = cantidad de grados viajados por el otro campo en un día).

Si seguimos con el razonamiento sobre el número del código, se obtiene lo siguiente:

700,54054 ÷ 360 = 1,945945 (x 10 = 19,459459 = 2 x 9,729729).

Al cabo de 18.720 días, el campo polar ha viajado 182.140,54054 grados. Esto es 19,459459 grados menos que un círculo completo. El campo ecuatorial se encuentra en su punto de partida. Conclusión: el campo está 2 x 9,729279 detrás del otro. Según los mayas, esto puede describirse de la siguiente manera:

720 – 700,54054 = 19,459459.

Para un ciclo calendario de 18.980 días, obtendremos:

73 x 7,27027 = 512,972972 (como ocurrió antes, es 1.000 veces mayor).

La conexión con el número maya 512.460 (= 1.460 x 351):

512.972,972 – 512.460 = 512,972972 = idéntico al primer número, con excepción de la unidad.

Cuando esto se decodifica de la misma manera que antes:

73 x 9,729729 = 710,27027

720 - 710,27027 = 9,729729

Conclusión: el ciclo de 260 días da una diferencia de 9,729729 grados entre los campos. Luego de 18.980 días, este fenómeno se repite. El ciclo calendario refleja un ciclo entre el polo solar y el ecuador solar.

Cálculo de nuestro tiempo y la fundación de la Atlántida

Como se ha demostrado, hay dos números diferentes de esencial importancia en la fundación de la Atlántida. En los cálculos obtenemos dos números fundamentales: 36 y 144. El 36 representa los 360 grados, lo cual significa que en un día, la Tierra cubre un círculo completo. Esto se relaciona con el segundo número: 144, que representa 1.440.

Ahora me gustaría pedirle que mire su reloj. El primer número hallado (360) representa un círculo. Por cierto, el segundo (1.440) se relaciona con él. En un minuto su reloj cubre un círculo completo, y en un día: ¡1.440 círculos! Entonces, los atlantes se encontraban en la base del cálculo de nuestro tiempo. A continuación se demuestra que esto es correcto:

1.440 = cantidad de rotaciones alrededor del círculo de 360 grados por día = cantidad de minutos por día.

1 minuto = 60 segundos

1.440 x 60 = 86.400 segundos por día.

Como recordará, el número 864 es el primer lapso por el zodíaco. El cálculo de nuestro tiempo es, de hecho, la información que se brinda para calcular la precesión del zodíaco. Para ayudarlo a recordar, le informo nuevamente cuáles son los cinco números principales que dominaron la fundación de la Atlántida antes del primer cataclismo: 12 / 72 / 864 / 2.592 / 2.448.

La cantidad de horas por día puede calcularse de tres maneras. Para empezar el primer cálculo, haga la siguiente operación:

2.592 - 864 = 1.728.

Cuando dividimos el zodíaco completo por 360, se obtiene 25.920 ÷ 360 = 72.

Entonces,

1.728 ÷ 72 = 24 = cantidad de horas por día. También,

$2.592 \div 864 = 3 \qquad 72 \div 3 = 24$

$144 - 36 = 108 \qquad 2.592 \div 108 = 24$

También puede demostrarse de qué manera obtuvieron 60 segundos y 60 minutos. Como ya sabe, el número 5.184 es importante: 72 x 72 = 5.184.

Al dividir este número por 360 obtenemos: 5.184 ÷ 360 = 14,4.

Una última división da el número de segundos y/o minutos: 864 ÷ 14,4 = 60

Puede hallarse más evidencia en lo siguiente: 12 ÷ 72 = 0,166666.

¡Este número simboliza la cantidad de grados cubiertos por segundo!

Yo iba de asombro en asombro y, aparentemente, no iba a detenerse. "Los que conocían los números" habían hecho un trabajo tremendamente eficaz y espléndido, pero tenga en cuenta que el número 60 puede también calcularse de otra manera: 1.440 ÷ 24 = 60.

Para calcular la precesión del zodíaco con nuestro propio cálculo del tiempo como punto de partida, se debe seguir la ruta opuesta. En un día hay 24 horas y la Tierra gira 360 grados en el zodíaco. Para dejar que 24 concuerde con los 12 signos del zodíaco, hay que dividir: 12 = 24 ÷ 2. En un día tenemos 2 x 12 horas. Pero en realidad, esto se corresponde con los seis signos del zodíaco: 12 ÷ 2 = 6. Si lo multiplicamos con el número de segundos en medio día, obtendremos: 43.200 x 6 = 259.200, número que diez veces mayor. Esto puede demostrarse de la siguiente manera: divida el número de segundos por día por 360 y obtendrá: 86.400 ÷ 360 = 240; 240 = 24 x 10.

Esto significa que nuestro número 259.200 debe dividirse por 10. También puede hacerlo con la cantidad de minutos. En medio día tenemos 720 minutos: 720 x 360 = 259.200.

Aún puede demostrarse que todo esto es correcto, de la siguiente manera:

$86.400 \div 360 = 240$

$360 - 240 = 120$

$240 - 24 = 216$

$216 \times 120 = 25.920$

En el Capítulo 7 descifré un importante código del zodíaco. Me dio tres números: 2.592; 2.016 y 1.440. Los dos últimos pueden hallarse también en el cálculo de nuestro tiempo. A los atlantes les encantaba dividir, multiplicar, sumar y restar, y nosotros estamos haciendo lo mismo: 24 x 24 = 576.

Reste esto de 2.592: 2.592 – 576 = 2.016. Luego, hágalo otra vez:
2.016 – 576 = 1.440.

Acomódelos uno debajo del otro y divídalos por 864:
2.592 ÷ 864 = 3,0
2.016 ÷ 864 = 2,333333
3 – 2,333333 = 0,666666

1.440 ÷ 864 = 1,666666
2,333333-1,6666 = 0,66666

Ahora, tendría que estar muy ciego para no ver el código. Algo debe dividirse y multiplicarse por 6:
864 x 6 = 5.184
864 ÷ 6 = 144

Ambos números son de extrema importancia:
5.184 = 72 x 72 = 144 x 36 = 72 x 2 x 36
Prueba: 72 representa los 720 minutos. 720 x 2 = 1.440 minutos por día y 36 representa los 360 grados.
El número anterior, 5.184, fue obtenido multiplicando por sí mismo el número de minutos en medio día. Ahora, haga lo mismo para el otro número 144 (144 representa 1.440 minutos).
144 x 144 = 20.736
20.736 = 864 x 24
Prueba: 864 representa 86.400 segundos y 24 representa 24 horas.

Aquí, demostramos nuevamente que nuestro tiempo indica la precesión del zodíaco:
20.736 + 5.184 = 25.920.

La demostración de los atlantes en cuanto a esta proposición es así:
5.184 ÷ 24 = 216. Este último número indica el ciclo completo de 25.920 años (ver: La duración del ciclo zodiacal).

5.184 ÷ 36 = 144
216 – 144 = 72; ó 72 + 144 = 216.

Conclusión: sume el producto de ambos números ¡y obtendrá el número final!

Similitudes entre los egipcios y los mayas

Luego de que la Atlántida pereció, los sobrevivientes se dispersaron por todo el mundo. Basándome en sus números, yo podré demostrar eso. Para empezar:

$25.920 = 360 \times 72$ y $72 \div 360 = 1 \div 5$

Si divide todos los números importantes de los atlantes por 5, obtendrá el siguiente resultado:

$25.920 \div 5 = 5.184$	$72 \div 5 = 14.4$	$24 \div 5 = 4,8$
$365 \div 5 = 73$	$360 \div 5 = 72$	$60 \div 5 = 12$
$12 \div 5 = 2,4$	$260 \div 5 = 52$	$30 \div 5 = 6$

El supernúmero 5.184 es divisible por todos los números resultantes, excepto por el 52 y el 73.

$5.184 \div 2,4 = 2.160$	$5.184 \div 6 = 864$	$5.184 \div 14,4 = 360$
$5.184 \div 4,8 = 1.080$	$5.184 \div 12 = 432$	$5.184 \div 72 = 72.$

$$2.160 \times 12 = 25.920$$
$$1.180 \times 24 = 25.920$$
$$864 \times 30 = 25.920$$
$$432 \times 60 = 25.920$$
$$360 \times 72 = 25.920$$

Cuando empezamos por las series precedentes, ¡pueden obtenerse importantes números de los mayas!

$360 + 360 = 720$ $\qquad$ $260 + 260 = 520$ $\qquad$ $720 - 520 = 200$

Si multiplicamos 720 por 200 obtenemos: $720 \times 200 = 144.000$

Números mayas y sistemas numéricos:

Baktun	Katun	Tun	Uinal	Kin
144.000 días	7.200 días	360 días	20 días	1 día

$7.200 = 144.000 \div 20$ (para los egipcios: $72 = 1.440 \div 20$)
$7.200 \div 20 = 360$

He aquí la primera prueba de que los egipcios y los mayas originalmente tenían la misma manera de calcular. A continuación podrá encontrar una evidencia más sólida.

La conexión entre el ciclo de Venus y las series numéricas egipcias

Con el propósito de calcular la destrucción de la Tierra, los mayas, al igual que los egipcios, utilizaron a Venus para medir el tiempo. Luego de investigar durante mucho tiempo, al fin hallé la clave. Para empezar, en Egipto se usaban calendarios diferentes, basados en 360 días y 365 días. Al dividir un año de 365 días por 360, se obtiene el siguiente número: 365 ÷ 360 = 1,01388888.

Al multiplicarlo por 576, siendo este último un importante número de código como se ha demostrado en otras series, hallamos que: 576 x 1,01388888 = 584 = período de tiempo sideral de Venus. El tiempo sideral de un planeta es el tiempo que tarda para retornar al mismo lugar en el espacio. Aparentemente, los mayas, al igual que los egipcios, trabajaban con este número, dada la sorprendente similitud.

Luego, por supuesto, tenemos el supernúmero maya 1.366.560. Si dividimos este número por 584:

1.366.560 ÷ 584 = 2.340

Antes de continuar, se necesitan algunos cálculos adicionales:

260 ÷ 12 = 21,6666666666
260 ÷ 30 = 8,66666666666
21,6666666666 - 8,66666666666 = 13
260 ÷ 13 = 20.

Los mayas decían que la reversión del campo magnético del Sol se produciría después de 20 pasajes de Venus:

2.340 ÷ 20 = 117

Una serie está integrada por 117 pasajes siderales de 584 días. La veracidad de estos datos se comprueba por los siguientes cálculos adicionales:

30 – 12 = 18 (los mayas tenían 18 meses de 20 días)
18 x 20 = 360 (un año en Egipto)
18 x 12 = 216 (el ciclo de precesión de la Atlántida)
1.366.560 ÷ 360 = 3.796

584 ÷ 18 = 32,44444

3.796 ÷ 32,4444 = 11,7 x 10 = 117

Hay más evidencia todavía:

584 ÷ 360 = 1,622222

584 ÷ 365 = 1,6

1,622222 – 1,6 = 0,0222222

260 ÷ 0,0222222 = 11.700

11.700 ÷ 100 = 117

Hay más conexiones entre los números mayas y egipcios:

1.366.560 ÷ 360 = 3.796   3.796 ÷ 260 = 14,6   14,6 = 1.460

En Egipto, 1.460 era el período del tiempo sideral de un año sotíaco (de Sothis = Sirio). Aquí queda demostrada claramente la conexión con el supernúmero maya. Además, usted sabe que el número 144 era importante en Egipto.

1.366.560 ÷ 144 = 9.490   9.490 ÷ 260 = 36,5   36,5 = 365

Más datos se basan en el siguiente cálculo:

1.366.560 ÷ 72 = 18.980   18.980 ÷ 365 = 52

El número 52 representa a 260 ÷ 52 = 5. Si multiplica el resultado por 18.980, obtendrá:

18.980 x 5 = 94.900

Cuando se multiplica este último número por 14,4 vuelve a obtenerse el supernúmero maya (1.366.560).

Hay una última prueba y es la siguiente. Divida el supernúmero por el ciclo de precesión:

1.366.560 ÷ 25.920 = 52,72222222

Ahora, divida el número mayor, 18.980 —que era sagrado para los mayas—, por su valor calculado y obtendrá:

18.980 ÷ 52,72222222 = 360

52,72222222 – 52 = 0,72222222

260 ÷ 0,72222222 = 360

Creo que esta evidencia es suficiente para demostrar que existe una clara conexión entre los mayas y los egipcios.

Ciclo de las manchas solares mayas, calculado desde el zodíaco egipcio

Previamente ya hemos hallado dos números "especiales", donde 5.184 no es divisible por ellos; estos son el 73 y el 52. Si los multiplica entre sí, obtendrá: 73 x 52 = 3.796. He aquí un número al que también se arriba cuando se calcula el supernúmero maya de la destrucción. 3.796 x 360 = 1.366.560. En este momento, uno claramente puede hablar de una conexión.

En su libro *The Mayan Prophecies* [Las profecías mayas] Cotterell afirma que un ciclo de las manchas solares es igual a 117 pasajes de Venus (117 x 584 = 68.328).

Como se comprobó más arriba, el número 52 es especial. Basándonos en esto, podemos hallar el ciclo de las manchas solares. Multipliquemos este número por 36 y 36,5 (que son los equivalentes de 360 y 365 respectivamente):

52 x 36 = 1.872

52 x 36,5 = 1.898

El número 1.872 representa el tiempo más corto del zodíaco, siendo el más largo, 2.592 años.

2.592 – 1.872 = 720.

Si multiplica 720 por 1.898, obtendrá: 1.898 x 720 = 1.366.560.

Este ciclo es demasiado grande y puede demostrarse de la siguiente manera:

360 x 72 = 25.920 = precesión del zodíaco

365 x 72 = 26.280 = demasiado grande.

Multiplique este último número por 52 y obtendrá el número maya superlargo:

26.280 x 52 = 1.366.560.

El número 73 puede calcularse del ciclo que es demasiado largo:

26.280 ÷ 14,4 = 1.825   1.898 – 1.825 = 73.

Sabemos que la precesión del zodíaco tarda 25.920 años; 26.820 apunta a un número mayor que el necesario y puede calcularse cuánto es el exceso:

1.898 – 1.872 = 26 y

1.898 ÷ 73 = 26

Este es el valor del ciclo corto que equivale a 68.328 días. Para referirse a la cuenta superlarga, hay que multiplicar por 20.

26 x 20 = 520 días. Entonces, el período que indica la reversión del campo magnético del Sol es el siguiente: 1.366.560 – 520 = 1.366.040 días.

A continuación le muestro de qué manera tan hermosa puede unirse todo:
1.898 – 1.872 = 26.

Un ciclo corto tiene exactamente 68.302 días.

Esto es igual a: 68.328 – 26 = 68.302 días.

El ciclo demasiado largo es posible calcularlo de la siguiente manera:

1.872 x 36,5 = 68.328

1.898 x 36 = 68.328

Cada 187 años, la cantidad de manchas solares aumenta o disminuye. Los mayas y los egipcios sabían esto:

68.302 ÷ 365,25 = 187 años.

Para sus cálculos, utilizaban números "sagrados". Por lo tanto, primero hay que introducirse en su patrón de pensamiento, antes de poder descifrar un código. De varias maneras se obtiene que en sus cálculos cuentan muchas veces 26 días. He aquí algunos ejemplos:

68.382 ÷ 26 = 2.628

Réstele a esto los primeros números que obtuvimos:

2.628 – 1.872 = 756   2.628 – 1.898 = 730

756 – 730 = 26   730 = número sagrado en Egipto.

68.328 ÷ 365 = 187,2   187,2 ÷ 72 = 2,6

1.872 = 26 x 72

68.328 ÷ 144 = 474,5   2.628 ÷ 144 = 18,25

Divida ambos números entre sí y obtendrá:

474,5 ÷ 18,25 = 26

Podemos extraer todavía más información de sus "juegos numéricos", de la siguiente manera:

18,25 x 2 = 36,5

36,5 x 5 = 182,5

182,5 x 2 = 365

365 x 5 = 1.825

Y finalmente, regresamos por un momento al zodíaco.

El ciclo más corto y el más largo se expresan matemáticamente de la siguiente manera:

36 x 72 = 2.592   36 x 52 = 1.872   72 – 52 = 20.

Otra vez, esto significa que el período corto debe multiplicarse por 20 para calcular la reversión del magnetismo del Sol. Si hay alguien que todavía dice que no eran extraordinariamente brillantes, ¡debería hacerse examinar la cabeza!

Mediciones con el sistema GPS II en Egipto [1]

Dendera. *Sobre el zodíaco. 25 de marzo de 1997*
- N: 25°08'18"
- E: 32°40'22"
- LAT.:   131°

Esna. *A la entrada del templo. 26 de marzo de 1997*
- N: 25°17'24"
- E: 32°33'32"
- LAT.:   132°

Hawara. *En medio del eje norte–sur de la pirámide. 2 de abril de 1997*
- N: 29°16'16"
- E: 30°54'05"
- LAT.:   130°

Keops. *31 de marzo de 1997*
- 1)   N: 29°58'39"
-      E: 31°08'19"
-      LAT.:   129°
- 2)   N: 29°58'31"
-      E: 31°08'18"
-      LAT.:   129°
- 3)   N: 29°58'30"
-      E: 31°08'09"
-      LAT.:   129°
- 4)   N: 29°58'37"
-      E: 31°08'08"
-      LAT.:   129°

Kefrén. *31 de marzo de 1997*
- 1)   N: 29°58'26"
-      E: 31°08'05"
-      LAT.:   129°
- 2)   N: 29°58'17"
-      E: 31°08'05"
-      LAT.:   129°
- 3)   N: 29°58'19"
-      E: 31°07'57"
-      LAT.:   129°
- 4)   N: 29°58'25"

E: 31°07'58"
LAT.:   129°

Micerinos. *31 de marzo de 1997*
1) N: 29°58'22"
    E: 31°07'57"
    LAT.:   129°
2) No está medido.
3) N: 29°58'08"
    E: 31°07'50"
    LAT.:   129°
4) N: 29°58'11"
    E: 31°07'51"
    LAT.:   129°

Más códigos secretos del zodíaco de la Atlántida

Al enumerar los códigos secretos del zodíaco de la Atlántida hasta la era actual, se obtienen las siguientes series de números:

Duración	Era	Duración acumulada	
1.440	Leo	27.360	27.360 ÷ 2.592 = 10,555555
1.872	Cáncer	29.232	29.232 ÷ 2.592 = 11,2777777
1.872	Géminis	31.104	31.104 ÷ 2.592 = 12,0
2.304	Tauro	33.408	33.408 ÷ 2.592 = 12,888888
2.304	Aries	35.712	35.712 ÷ 2.592 = 13,777777
2.016	Piscis	37.728	37.728 ÷ 2.592 = 14,555555

Con el cálculo de este último número, me topé con un gran interrogante. Los tres cataclismos siguientes tuvieron lugar en una era donde, dividida por 2.492, nos da una serie de números. Primero, ingresé el número 2.012 en mi calculadora de bolsillo, porque la Era de Piscis empezó en el año antes de Cristo. Con esto, llegamos al número 37.724 como el año. Al dividirlo por 2.592 obtuve:

37.724 ÷ 2.592 = 14,554012.

Entonces intenté con otros números (como 2.002, 2.004, etc.), pero sin ningún resultado. ¡Sólo 2.016 da una serie de números! ¿Cómo se conecta esto con la fecha 2.012? Hay tres posibilidades:

1) El código era una coincidencia.
2) El código ya no está en línea, después de tanto tiempo.
3) El próximo cataclismo es tan grande, que el código nos está dando una advertencia.

No obstante, hay más códigos vinculados con estos números.

Al calcular lo mismo, pero empezando desde cada cataclismo, arribamos al siguiente resultado:

Duración	Era	Duración acumulada			
1.440	Leo	1.440	1.440 ÷ 2.592	= 0,555555
2.592	Virgo	4.032	4.032 ÷ 2.592	= 1,555555
1.872	Libra	5.904	5.904 ÷ 2.592	= 2,2777777
1.872	Escorpio	7.776	7.776 ÷ 2.592	= 3,0
720	Sagitario	8.496	8.496 ÷ 2.592	= 3,2777777
576	Acuario	576	576 ÷ 2.592	= 0,222222
2.016	Piscis	2.592	2.592 ÷ 2.592	= 1
2.304	Aries	4.896	4.896 ÷ 2.592	= 1,888888
2.304	Tauro	7.200	7.200 ÷ 2.592	= 2,777777
1.872	Géminis	9.072	9.072 ÷ 2.592	= 3,5
1.872	Cáncer	10.944	10.944 ÷ 2.592	= 4,222222
576	Leo	11.520	11.520 ÷ 2.592	= 4,444444
1.440	Leo	1.440	1.440 ÷ 2.592	= 0,555555
1.872	Cáncer	3.312	3.312 ÷ 2.592	= 1,2777777
1.872	Géminis	5.184	5.184 ÷ 2.592	= 2,0
2.304	Tauro	7.488	7.488 ÷ 2.592	= 2,888888
2.304	Aries	9.792	9.792 ÷ 2.592	= 3,777777
2.012	Piscis	11.804	11.804 ÷ 2.592	= 4,5540123

Una vez más, destacamos que la fecha esperada no concuerda con las series numéricas. ¿Será esta la mayor catástrofe que jamás hayamos tenido?

---

[1] N. de la T.: GPS en inglés, *Global Positioning System*. Es un sistema de satélites, computadoras y receptores, que puede determinar la latitud y longitud de un receptor en la Tierra, calculando la diferencia de tiempo para las señales desde los diferentes satélites hasta el receptor.

APÉNDICE

Cálculos del Capítulo 6

Hay dos números que describen la "creación" de la Atlántida, son el 864 y el 12. Con estos pueden calcularse otros tantos números. Si seguimos empleándolos en sus cálculos, arribamos a los 25.920 años, que es el período del zodíaco completo. Usted ya lo ha comprobado antes, pero ahora lo hará de manera diferente, para que sepa comprender la manera de razonar de los atlantes:

$$\frac{864}{12} = 72 \qquad\qquad \frac{72}{12} = 6$$

$$864 \times 12 = 10.368$$
$$864 \times 6 \;=\; 5.184 = 72 \times 72$$

Con los números precedentes, se puede obtener un importante número para completar el código del zodíaco:

$$\frac{10.368}{72} = 144$$

Hallamos este número varias veces en las construcciones egipcias, como también en cálculos posteriores.

144 es igual a 72 x 2, y 12 x 12. Este número es especial; con cálculos posteriores obtenemos:

$$\frac{5.184}{144} = 36 \qquad\qquad \frac{36}{144} = 5$$

Con esto nos encontramos al final de nuestra historia:

10.368 x 0,25 = 2.592 = 1 / 10 ciclo.

Ahora ya ha hecho un avance en cuanto a la manera de pensar de los atlantes. Debo admitir que me llevó meses comprenderlo, por lo tanto, no espere lograrlo así, en un solo intento.

De lo siguiente se puede entender que el ciclo tiene un período de 25.920 años:

36 corresponde a los 360 grados (círculo completo del zodíaco)

2.592 corresponde a 25.920 años = ciclo completo

Correcta duración para el final de un gran ciclo

La siguiente es otra evidencia adicional.

$144 \times 144 = 20.736$

$20.736 + 5.184 = 25.920$

Los egipcios empelaban un ciclo de 25.920 años en sus cálculos. Pero la duración exacta al final es de 25.776. Puede estar seguro de que ellos también sabían esto que puede hallarse al comienzo de su era. Se trata de lo siguiente:

864 / 2.592 / 2.448 = cataclismos.

2.592 representa un ciclo zodiacal completo = 25.920 años

2.448 = ciclo del cataclismo

Al restar 2.448 de 2.592, obtenemos: 2.592 – 2.448 = 144 = 12 x 12. Entonces, el cuadrado de 12 tiene que ver con la solución. Por eso decidí hacer lo opuesto y dividí por 12:

$$\frac{2.592}{12} = 216 \qquad \frac{2.448}{12} = 204$$

(216 = es el código para el ciclo de precesión de la Atlántida)

Al restar estos resultados, ¡otra vez se obtiene doce!

216 – 204 = 12

El ciclo zodiacal para calcular el final, entonces, es el siguiente:

25.920 – 144 = 25.776.

Traducción: para obtener un ciclo correcto, debemos restar la diferencia entre ambos números del ciclo completo. Se demuestra que esto es válido en otros cálculos adicionales. Por lo tanto, yo utilicé el número 72 que ya había hallado. Al dividir los dos ciclos por 72, obtuve:

$$\frac{25.920}{72} = 360 \qquad \frac{25.776}{72} = 358$$

La diferencia arrojó el número dos: 360 − 358 = 2. Si multiplicamos los cocientes de estas dos divisiones, obtenemos: 358 x 360 = 128.880. Entonces, aún debía hacer algo con el número dos. Una corta multiplicación me dio el resultado que estaba esperando:

128.880 x 2 = 257.760

257.760 ÷ 10 = 25.776

Cálculos del Capítulo 14

Imagine mi asombro cuando me enteré de que existe una conexión entre los códigos de Venus y el ciclo egipcio de Sothis (Sirio). Estos descubrimientos estaban ocultos en el tiempo entre el cataclismo del año 21.312 a.C. y el 9.792 a.C. Si los resta, obtendrá 11.520 años.

El número representaba un lenguaje de símbolos que transmite acontecimientos del mundo real. Describe la historia, la astronomía, etc., sin el uso de un idioma destinado a los pueblos futuros como los nuestros. Al sumar o restar otro "número sacro", hallaron otras cifras que hacen posible una posterior decodificación.

No es sorprendente que la elección del ciclo de Sirio haya confundido por más de tres siglos a los eruditos. Al estudiar la decodificación, verá cómo desarrollaron un sistema de claves increíblemente inteligente. Lo que esto demuestra es que los egipcios no querían que develaran el significado de sus ciclos, salvo aquel investigador que comprendiese la importancia astronómica de los números 1.460 y 1.461 del ciclo de Sothis (de la estrella Sirio).

La longitud correcta para un año solar es 365,2422 días, pero los mayas la estimaron en 365,242. Esto está sólo a 17,28 segundos del valor real. Como ya lo he afirmado, deben haber sabido que un año solar tiene 365,2422 días. Su cálculo sólo falla en 0,08 segundos del valor real, es decir, ¡una falla de 0,000000003%!

Conclusión: mi punto de partida fue que existe una conexión entre Venus y el tiempo entre los cataclismos anteriores. En mis cálculos, hallé similitudes entre el ciclo egipcio de Sirio y el ciclo de Venus. Puedo demostrar que esto es incuestionablemente cierto, por vía de la deducción. El tiempo entre los cataclismos anteriores es de 11.520 años (21.312 – 9.972 = 11.520).

Multiplíquelo por los días en un año: 11.520 x 365,25 = 4.207.680

11.520 x 365 = 4.204.800

11.520 x 360 = 4.147.200

Divídalo por el número sagrado 72 (en el año 21.312 a.C., la Tierra giró 72 grados en el zodíaco):

4.207.680 ÷ 72 = 58.440

4.204.800 ÷ 72 = 58.400

4.147.200 ÷ 72 = 57.600

584 = al tiempo sinódico de Venus

576 = al número de Venus (ver el capítulo sobre el Códice Dresden). Venus desaparece ocho días después del Sol (584 – 8 = 576).

58.440 – 58.400 = 40

58.440 ÷ 40 = 1.461 = ciclo de Sirio

58.400 ÷ 40 = 1.460 = ciclo de Sirio

Un círculo completo tiene 360 grados: 72 + 288 = 360. Divídalo por 288:

4.207.680 ÷ 288 = 14.610

4.204.800 ÷ 288 = 14.600

1.460 y 1.461 = ¡ciclo egipcio de Sirio!

En el Códice Dresden, los mayas emplearon 365 días:

11.520 x 365 = 4.204.800.

Esto es:

584 x 7.200 = 4.204.800

576 x 7.300 = 4.204.800

Los mayas conocían el número correcto para Venus, es decir: 583,92: 7.200 x 583,92 = 4.204.224.

Reste esto del número hallado antes:

4.204.800 - 4.204.224 = 576 = número de Venus

Los mayas sabían que un año tiene 365,242 días, pero con esto se puede demostrar ¡que sabían que un año tiene 365,2422 días!

11.520 x 365,242 = 4.207.587,84 y 11.520 x 365,2422 = 4.207.590,144

Reste esto del número hallado antes:
4.207.590,144 - 4.204.224 = 3.366,144
4.207.587,84 - 4.204.224 = 3.363,84 = número maya calculado a partir de su año.

La diferencia es:
3.366,144 - 3.363,84 = 2.304

Divida esto:
3.366,144 ÷ 2.304 = 1.461 = ciclo de Sirio
3.363,84 ÷ 2.304 = 1.460 = ciclo de Sirio

Se puede demostrar que la decodificación es correcta, con el número maya:
3.363,84 ÷ 576 = ¡584!

Utilizando el mismo método, pueden decodificarse todos los calendarios mayas.

Cálculos del Capítulo 16

Aquí está la evidencia de la conexión entre el ciclo de la mancha solar y el corrimiento del zodíaco. El número 72 se recompone en la precesión: 72 x 360 = 25.920. Después de esto, muchos interrogantes fueron contestados rápidamente. Pronto vi la conexión con el número hallado en el ciclo del zodíaco. Cuando se resta 72 de 2.664, se obtiene el número de precesión, pero diez veces menor: 2.664 – 72 = 2.592. Hasta ahora, yo usé dos veces el número 72 y sólo una el 360. Me preguntaba si no habría otra conexión, y sí la había.
Haga la siguiente resta: 2.664 – 1.872 = 792
Dado que hallé un ciclo de precesión diez veces menor, multipliqué este

número por 36: 792 x 36 = 28.512. Sé las tablas de multiplicar hasta 20 x 20, lo cual me ayudó a observar el código de otra manera. Cuando se resta el número de precesión de este número, se obtiene el número menor hallado previamente: 28.512 – 25.920 = 2.592. Esto es un décimo de ciclo. ¿Significa que los círculos producen un ciclo que es un diez por ciento más grande? Por cierto que sí; existe investigación que reconoce esta presunción. Cada 68.302 días, una mancha solar transita por su ciclo. En el Capítulo 15 hemos calcula do el número de rotaciones de los campos magnéticos que lo utilizan. Cuando empleamos el método de resta incluido antes, se obtiene lo siguiente:

1.872 – 1.846 = 26

2.664 – 2.627 = 37

BIBLIOGRAFÍA

A continuación, detallamos la bibliografía seleccionada. Todos los datos tomados como referencia pueden hallarse en estos libros. Dada la excepcional importancia de esta obra, sólo se mencionan los libros relevantes, para que los lectores y los investigadores no pierdan su tiempo inútilmente.

Bauval, Rober y Graham Hancock, *Keeper of Genesis*, Heinemann, 1997.

Berlitz, Charles, *Atlantis*, G.P. Putnam & Sons, Nueva York, 1984.

Cotterell, Maurice M. y Gilbert Adrian, *The Mayan Prophecies*, Element Books, 1995.

Felix, W. Robert, *Not by Fire but by Ice*, Sugarhouse Publishing, 2000.

Flem-Ath, Rand y Rose, *When the Sky Fell*, Weidenfeld, 1995.

Hancock, Graham, *Fingerprints of the Gods*, Heinemann, 1995.

Hapgood, Charles, *Maps of the Ancient Sea Kings*, Adventures Unlimited Press, 1995.

Hapgood, Charles, *The Path of the Pole*, Adventures Unlimited Press, 1999.

Hoffer, Frank, *Lost Americans*, Nueva York, 1961.

Moore, Patrick, *The Atlas of the Universe*, Mitchell Bearly Ltd., 1970.

Morton Chris y Ceri Louise Thomas, *The Mystery of the Crystal Skulls*, Thorsons, 1979.

Poechan, Andre, *L'Enigme de la Grande Pyramide*, Laffont, 1971.

Sagan, Carl, *Cosmos*, Carl Sagan Producciones, 1980.

Slosman, Albert, *Le grand cataclysme*, Laffont, 1976.

Slosman, Albert, *Le livre de l'au-delà-de la vie*, Baudouin, 1979.

West, John Anthony, *Serpent in the Sky*, Wildwood House, 1979.

Wilson, Colin, *From Atlantis to the Sphinx*, Virgin, 1996.

ÍNDICE

Mibros
IMPRESIONES

Este libro se terminó de imprimir
en julio de 2004. Tel.: (011) 4204-9013
Gral.Vedia 280, Avellaneda
Buenos Aires - Argentina

Tirada 2000 ejemplares